# INCREMENTAL BREAKTHROUGH

How to Develop Enterprises Across Orders of Magnitude

# 增量突破
## 企业如何跨量级发展

祖林 怀海涛 —— 著

机械工业出版社
CHINA MACHINE PRESS

### 图书在版编目（CIP）数据

增量突破：企业如何跨量级发展 / 祖林，怀海涛著 . —北京：机械工业出版社，2023.7

ISBN 978-7-111-73338-6

I. ①增… II. ①祖… ②怀… III. ①企业发展 – 研究 – 中国 IV. ① F279.23

中国国家版本馆 CIP 数据核字（2023）第 106101 号

机械工业出版社（北京市百万庄大街 22 号 邮政编码 100037）
策划编辑：张 楠　　　　　　　　责任编辑：张 楠　王 芳
责任校对：龚思文　王 延　　　　责任印制：单爱军
北京联兴盛业印刷股份有限公司印刷
2023 年 8 月第 1 版第 1 次印刷
170mm×230mm・24 印张・3 插页・274 千字
标准书号：ISBN 978-7-111-73338-6
定价：129.00 元

电话服务　　　　　　　　　网络服务
客服电话：010-88361066　　机 工 官 网：www.cmpbook.com
　　　　　010-88379833　　机 工 官 博：weibo.com/cmp1952
　　　　　010-68326294　　金 书 网：www.golden-book.com
封底无防伪标均为盗版　　　机工教育服务网：www.cmpedu.com

| 推荐序 |

## 志本经营新时代

作为全新时代的经营模式，以志向为基轴的经营正备受世界瞩目。

明确志向（Purpose），胸怀梦想（Dream），全体员工抱持坚定的信念（Belief）创造共享价值（Creating Shared Value），这就是日本一桥大学名和高司教授所说的"志本经营"。

日本很多百年以上的大型长寿企业最初也是小企业，通过志本经营已经发展成为十亿级、百亿级甚至千亿级的企业。

本书以"志本"为基础，从企业经营的多维度阐述了创造增长的具体方法，是一本指导性极强的实践性图书，是企业掌舵人、经营者的必携之书。

木元哲　松下（中国）前总裁、木元塾塾长

| 前 言 |

# 创造增量突破,实现跨量级发展

以技术为基,以产品立企。打造冠军单品,成就亿级企业;打造单品龙头,突破十亿营收;打造品类龙头,建设全国品牌,越过百亿门槛;打造产业龙头、多产业经营,锻造全国领导品牌,进入千亿俱乐部;打造世界级企业、无国界经营、产融结合,迈向万亿经济王国。

这是一本总结商业组织发展规律的图书。

我们不是鼓动企业盲目做大,而是倡导企业因应时势的变化,用ABC三级战略动力(A指大盘业务——碗里的,B指拓展业务——锅里的,C指战略探索业务——田里的)朝着正确方向前行,通过战略驱动、资本助飞、硬实力突破和软实力跨越的组织力,在朝着亿级、十亿级、百亿级、千亿级和万亿级攀登的不同阶段,抓住主要矛盾,牵住"牛鼻子"(即关键抓手),创造增量突破,少走弯路、少犯错误、不犯重大错误,实现跨量级发展。

企业在攀登"珠穆朗玛峰"的道路上,有顺风顺水的坦途,也有狂风暴雨的险境,有持续增长的春风,也有徘徊跌宕的冷雨(见图0-1)。亿级有亿级的诀窍,百亿级有百亿级的规律,万亿级有万亿级的道和术,企业掌舵人需要研究商业组织跨量级发展的规律。

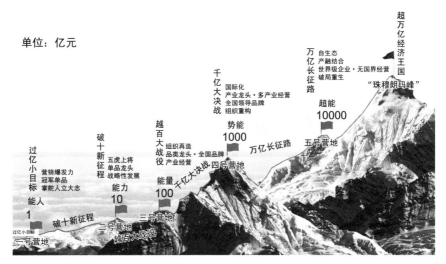

图0-1 企业跨量级发展、攀登"珠穆朗玛峰"

那些中途受挫、破产倒闭的企业,给我们留下了宝贵的教训;那些与时俱进、如日中天的新锐企业,带给我们创新的启迪;那些黯然衰退、卧薪尝胆的企业,让我们一起沉静思考;那些大破大立、力挽狂澜的企业,激励我们自我蜕变、断臂重生;那些兴衰起伏、宠辱不惊的长寿企业,更是我们长期经营的榜样。

跨量级发展没有一招制胜的秘籍,企业经营是系统工程。企业既需要有独特的优势,又需要有全面的能力、一体化作战,否则增长难以持久。

本书除了详细论述增量突破的关键抓手——"牛鼻子"外，还介绍了企业跨量级发展的组合拳——十二维度组织力。本书的观点和体系不是学术研究，而是众多优秀实践的总结，是启势商学 20 多年服务千余家咨询客户和万余家培训客户的技术沉淀。

感谢机械工业出版社的大力支持，多位老师对本书的策划和创作给予了宝贵的建议。在跨量级技术体系构建的过程中，启势商学合伙人团队和新锐顾问团队群策群力、共创共享，郭亚东、徐艺林、李翼和张思萱等老师有一定的原创贡献，黄日星、何伟立和谢丹丹等老师参与了相关工作，北京航空航天大学欧阳桃花、松下（中国）前总裁木元哲、华南理工大学许晓霞等老师对相关工作给予了无私的支持与宝贵建言，在此特别表示感谢。

跨量级发展是目标，增量突破是抓手。伴随本书的撰写，启势商学开发了"增量突破四轮驱动系统"，剖析了近两百家全球企业案例，并从 2022 年 5 月起开设"增量突破"实训营，通过公众号、短视频和线上直播等途径，与企业掌舵人及其左膀右臂分享互动，收到众多积极反馈和宝贵建议。

当前，广大中国企业正在工业强基、强链补链的征途中奋斗，希望本书的出版，为中小企业尤其是"专精特新"企业提供发展借鉴。希望各企业以技术为基、产品立企，循着商业组织发展的规律，创造增量突破，打破徘徊跌宕，实现跨量级发展。

**祖林　启势商学董事长、技术导师**
**怀海涛　启势商学总裁、技术导师**
2023 年 2 月 24 日，广州

| 目 录 |

推荐序

前言

## 第 1 章　这才是跨量级发展的秘密

| 你的企业正陷于徘徊的泥潭吗 | 3 |
| "小而美"为什么是个伪命题 | 14 |
| 企业可以不做大，但必须求增长 | 24 |
| 高质量经营，跨量级发展 | 31 |

## 第 2 章　跨量级发展的四大步骤

| 认知是因：从赚钱养家到贡献于人类 | 53 |
| 能力是核：从自然增长到战略驱动 | 63 |

组织是翼：从英雄老板到组织智慧　　　　　　76
战将是魂：从创始团队到人才运营　　　　　　93

## 第 3 章　在量级坐标中定位企业

定位系统：企业发展的三套量级坐标　　　　　103
导航系统：如何研判企业的发展阶段　　　　　138
探路系统：企业发展量级的自查路径　　　　　171

## 第 4 章　牵住"牛鼻子"，创造增量突破

五大营地：串起企业"珠穆朗玛峰"登顶线路　184
"三大战役"：增量突破的 ABC 工程　　　　　192
突击登顶：牵住"牛鼻子"，创造增量突破　　210

## 第 5 章　跨量级发展：增量突破的组合拳

勾拳：原动力之战略驱动　　　　　　　　　　289
刺拳：原动力之资本助飞　　　　　　　　　　303
直拳：组织力建设之硬实力突破　　　　　　　317
摆拳：组织力建设之软实力跨越　　　　　　　353

后记　　　　　　　　　　　　　　　　　　　369
附录　　　　　　　　　　　　　　　　　　　371

| 第 1 章 |

# 这才是跨量级发展的秘密

你的企业正陷于徘徊的泥潭吗

"小而美"为什么是个伪命题

企业可以不做大,但必须求增长

高质量经营,跨量级发展

INCREMENTAL
BREAKTHROUGH

How to Develop Enterprises Across
Orders of Magnitude

世界上有大型企业，也有中型企业，还有小微型企业，这就是"量级"的概念。

这个世界，成功者永远是少数。从比例上说，永远只有少数老板胸怀宏图大志。

一家企业在年销售收入几百万元到上千万元的时候，一般不太敢把1亿元作为目标；一家企业在年销售收入刚破10亿元的时候，也不太敢把100亿元作为目标。为什么？因为这些企业的老板没有建立起量级的概念，对企业处在什么发展阶段还不够清晰。

徘徊不前是常见的现象，跌宕起伏也是常见的现象，但寻求增量突破则是主动的行为。

主动追求增量突破、跨量级发展的结果，必然是企业掌舵人越来越清晰地认识到商业组织的发展规律，进而在产业经营、组织发展和资本经营方面，掌握应对变化的主动权，大破大立，直挂云帆济沧海。

## 你的企业正陷于徘徊的泥潭吗

增长是解决一切企业问题的入口。

世界大型企业联合会（The Conference Board）曾做过一次调研，请全球大型企业 CEO 对"商业要素"进行优先级排序。结果发现，这些 CEO 最关心的要素是企业增长。宝洁前 CEO 罗伯特·A.麦克唐纳（Robert A. McDonald）强调："对企业来讲，增长是第一要务。"强生前执行总裁拉尔夫·拉森（Ralph Larsen）说得更加直接："增长就像纯净的氧气。它可以造就一家充满活力的企业，在这里人们可以发现真正的机会。他们能够抓住机遇，更加苦干、巧干。从这一点来看，增长不仅是重要的财务推动力，而且是企业文化不可或缺的一部分。"

对于当下的中国企业来说，增长已经越来越成为掌舵人关注的核心问题，尤其是在全球经济持续低迷、中国经济进入新常态的大环境下，企业正在失去宏观经济增长红利、传统产业增长红利等外部增长要素。

如何实现增长，成为企业家需要思考与解决的重大问题。

## 企业经营，徘徊跌宕是"自然现象"

徘徊跌宕是企业发展的常态。跟爬山一样，正是在高低起伏当中，人们才登上了一座又一座高峰。

怎么判断一家企业是不是处于徘徊跌宕的状态中呢？

从经营业绩的曲线可以很直观地看出来（见图 1-1）：爬上新的高

度之后止步不前，经营业绩在同一个水平上起起伏伏，看不到突破的希望，这就是徘徊；经营业绩从一个层次剧烈下滑，大幅度波动，看不到稳定和突破的希望，这就是跌宕。

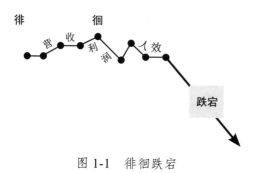

图 1-1　徘徊跌宕

要衡量企业经营业绩是好是坏，最基本的方法是同时看三个年度指标：营收、利润和人效。营收是指全年的主营业务收入，利润是全年的税前净利润，人效则包括年人均销售收入和年人均利润两个指标。

当然，判断一家企业是不是在发展，不能只看一两年，而是要看3～5年。

## 案例 1-1　富耐克走出徘徊跌宕

富耐克超硬材料股份有限公司（证券代码831378，以下简称"富耐克"）是河南省第一批国家级专精特新"小巨人"企业，根据富耐克年报和网络公开信息，2017年营收达到2.04亿元之后，富耐克连续三年营收徘徊、利润跌宕（见图1-2），虽然没有具体数据，但是可以猜测其人效也是徘徊跌宕的。

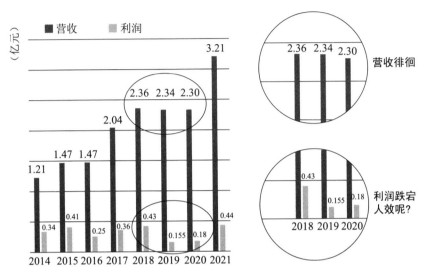

图1-2 富耐克连续三年营收徘徊、利润跌宕

基本上可以判断，在2018～2020年，富耐克基本没有发展，如果不能在2021年实现突破，其将面临很多问题。

2022年3月29日，富耐克发布年报[一]，2021年营收为3.21亿元，同比增长了39.6%，利润为0.44亿元，同比增长了144.4%，徘徊跌宕三年之后富耐克终于走出困局。

人们常说"逆水行舟，不进则退"。连续几年徘徊不前的企业，要么厚积薄发进入快速上升期，要么就会开始面临各种问题。

---

[一] "富耐克2021年预计净利5100万—5800万元，同比增长177%～215%，产品销量增加"，金融界，2022年1月13日。

企业营收在爬上一个新的高峰之后企稳，三年以内增长不多是正常的，但超过三年不增长就基本上可以判断该企业存在问题。企业更要避免看似徘徊实为跌宕的情况。因为跌宕往往隐含着巨大的危机，一旦跌宕向下的趋势形成，企业就可能会失去发展势能。

## 企业经营，犹如登山，山外有山

企业经营就像登山，登顶这个山峰还有下一个高峰。从这个山峰到下一个高峰之间，看似路途不远，实际上上坡下坡、蜿蜒曲折，只有顺着地形、努力攀登、坚持不懈，经历艰辛才能够到达。

待到登高一览众山小，又发现更高的山峰在远处召唤，于是使命感和奋斗者精神激励着企业家率领团队继续攀登。

### 案例1-2 泰豪科技的两次爬坡

泰豪科技股份有限公司（证券代码600590，简称泰豪科技）2004年营收不到8亿元，在2005年加强制造体系建设时，掌舵人黄代放提出企业新愿景："中国的泰豪，世界的泰豪。"它在营收攀登百亿元高峰的道路上，曾经历了两次爬坡的过程（见图1-3）：第一次是在2008年营收突破20亿元后，用了约六年时间才突破30亿元；第二次是在2017年营收突破50亿元之后，用了三年稳定在60亿元山坡上。

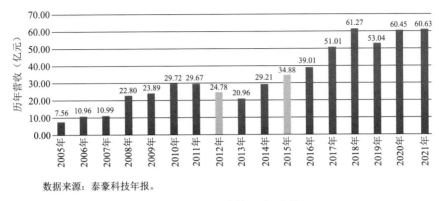

数据来源：泰豪科技年报。

图 1-3　泰豪科技历年营收

## 从增长到发展：看自己，更要看行业

如果经营业绩无法实现持续增长，企业就将面临生死攸关的大问题。所以，不管怎样，业绩持续增长是对企业的必然要求。

在我们看来，只有做到以下三点，企业业绩才处于真正意义上的增长：

- 营收、利润和人效至少有一项在增长，最好三项同步增长。
- 收入结构发生重大变化，面向未来五年，企业在营收和利润方面都有具体的增长动力。
- 增长动力符合时代大趋势，具有可持续性。

如果只看自己，不看同行，很容易将业绩增长简单判定为企业发展。而企业到底有没有发展，还要对照行业大势来研判，重点要看收入结构的调整和市场占有率的变化。有些时候,从数据上看企业业绩在增长,但是如果企业业绩增速低于行业平均增速,就意味着企业的市场占有率在下降。这样的话,企业就不是在发展,而是在衰退。

### 案例1-3 某建材企业的十亿爬坡路

图1-4是一家建材企业的22年营收曲线。伴随中国房地产行业的发展,该建材企业在2018年之前发展得顺风顺水,2019年房地产行业开始调整,尤其是多家大型地产商经营出现问题,该建材企业陷入了徘徊跌宕的困局。

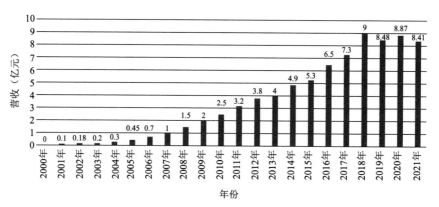

图1-4 某建材企业22年的营收曲线

战略与品牌定位专家郭亚东评价这家企业时说:虽然经营业绩看起来十多年持续增长,但也只是攀爬到国内同行业第二甚至是第三梯队,这家企业实际上与战略机遇期擦肩而过,错过了行业的第一次红利期与爆发期。凭该企业的技术实力，原本是有机会进入行业第一梯队的。

## 什么是自然发展

为什么很多企业容易陷入徘徊跌宕的困局呢？原因就在于很多企业长期以来都是自然发展，而不是战略性发展的。

自然发展的企业通常都有五个共同特征：

- 经营业绩随着行业周期和经济周期高低起伏。

- 根据当年经营业绩，决定下一年度经营目标。

- 根据行业的变化，调整经营目标。

- 根据经济环境的变化，调整经营目标。

- 根据掌舵人的战略意图，拓展新的业务。

自然发展并非没有经营目标，而是目标随波逐流，经营结果也是潮涨潮落：外部环境好的时候，经营业绩好；外部环境不好的时候，经营业绩不好。还有一种情况是：外部环境好的时候增长缓慢，外部环境不好的时候则剧烈衰退、遭遇危机。

自然发展的根本原因是企业没有中长期的大目标，没有战略驱动。企业要对照行业判断自身发展情况，在收入结构上进行多维度分析，判断不同阶段的增长动力是什么以及增长动力的可持续性。

## 什么是增长动力

增长动力是给企业创造业绩增量的收入来源，包括营收增长动力和利润增长动力。

在我们看来，企业需要三级增长动力：

- 第一级 – 当前增长动力：大盘业务（A业务）的增长点，确保企业现金流和利润的增长。

- 第二级 – 中期增长动力：支撑未来3～5年销售收入和利润增长的新业务（B业务）。

- 第三极 – 中长期增长动力：为了创造未来6～10年销售收入和利润增长，现在应该部署的战略探索业务（C业务）。

增长动力是企业持续发展的基础，没有战略规划的增长是缺乏后劲的。复盘过去3～5年的增长结构，企业可以发现徘徊跌宕或持续发展的原因；规划未来6～10年的增长结构，可以创造企业中长期的发展后劲。

## 找出真正原因，打破徘徊跌宕的发展困局

一家企业经营业绩徘徊的极限是三年，超过三年便会有大问题，如果不打破徘徊的困局，企业就可能陷入跌宕的险境。

要打破徘徊的困局，首先要找到真正原因（即真因），然后大破大

立，用新战略、新能力打破徘徊、防止跌宕（见图1-5）。

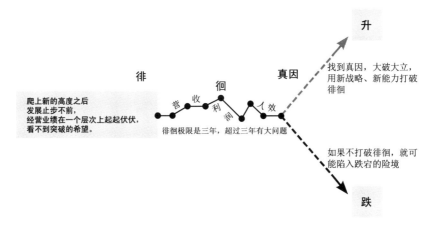

图1-5 不打破徘徊就可能陷入跌宕

如何分析企业徘徊不前的真因呢？

关键要看过去三年的收入结构为什么没有重大变化？过去企业有增长规划吗？企业想增长的点在哪里？为什么没有突破？按照行业大势，应该增长的点在哪里？为什么没有突破？

增长动力首先是规划出来的，规划增长动力也就是制定战略。接下来，增长动力是锻造出来的，锻造增长动力的过程就是执行战略的过程。

## 转型升级，由自然发展到战略性发展

坦诚地面对增长乏力的现实，反思徘徊跌宕的真因，企业急需由随波逐流的自然发展，升级到规划未来的战略性发展。

## 什么是战略性发展

用正式的战略决定经营目标和资源投入，由未来拉动现在，战略性发展采用拉式思维，用战略动力抵抗经济波动，从而实现穿越周期、超过行业平均增速的高质量发展。

战略性发展有五大特征：

- 不论经济好坏，业绩都能持续增长：营收增长、利润增长和人效增长。

- 收入结构持续发生积极变化，有战略性增长动力，符合产业发展的趋势。

- 有明文发布的使命、愿景（十年蓝图）和战略（五年目标和重大举措）。

- 实实在在地执行战略，用ABC三级战略动力，调结构、求增长。

- 战略性应对外部环境的变化，既规避风险，也抓住机会。

得益于战略性发展，外部环境好的时候，企业业绩快速增长；外部环境不好的时候，企业业绩仍然快速增长。积极向上的企业文化、高质量的战略和成熟的战略管理机制，必然产出战略性发展的果实。

直接一点说，自然发展是顺其自然的，依赖于经济大势和企业的一般性努力；战略性发展则是主动求得的，有 ABC 三级战略动力，可以使企业在浪潮中主动掌握方向，有战略意志、充满战略智慧，竭尽全力、顺势而为甚至逆流而上地团队作战。

战略是什么？战略是企业的发展意志和组织志向。

# "小而美"为什么是个伪命题

"小而美"企业的典型特征是：规模不大，产品单一、技术含量高、利润丰厚，不盲目扩张。但掌舵人如果把成为"小而美"企业当成目标，那么"小而美"就成了彻底的伪命题！因为企业对经营必须有远大抱负，不能小富即安，更不能随遇而安，要抛弃"小而美"的伪命题。小型企业也要有大志向。

## 日德"小而美"企业其实都是"大而强"企业

日本和德国的众多隐形冠军企业，看起来都是小而美的企业。如果以此为依据，将"小而美"作为企业愿景，对中小型企业来说是危险的，因为日本和德国的"小而美"企业其实都是"大而强"企业。

"小"其实就是"大"："小"是从细分市场（小市场）切入，目的是在利基市场做"大"——成为单项冠军，在这个意义上，"小"就是"强"，战略上的"小"（利基）也是战略上的"大"（第一）；一个又一个"小"（细分市场的单项冠军）叠加起来，就会使企业逐步做大，在客观结果上，"小"必然成为"大"。

"小而美"，"小"体现在人员规模小、细分领域和默默无名，"美"体现在极致产品、独门绝技和匠人精神；"大而强"，"大"体现在高远志向、全球业务和占有率第一，"强"体现在盈利能力强、超高人效和霸主地位。

客观结果上,"小而美"的企业实际上是"大而强"的企业——在细分市场竞争力强、市场份额大、占有率高,生命力强。

"小而美"的企业最早的时候几乎都是小溪小河里的鱼虾,后来因强而大,游向了大江大河甚至大海。

**案例 1-4 五家"大而强"的日本隐形冠军企业**

根据 2018 年五家日本隐形冠军企业的数据(见表 1-1),其营收在 2 亿元到 200 多亿元,有的企业为百人规模,有的则过万人,人均年销售收入在 100 万～300 万元/(人·年),无一例外它们的市场占有率都很高,最低的都有 30%,高的达 70%。

表 1-1 "大而强"的日本隐形冠军企业

| 企业名称 | 主营业务 | 行业地位 | 员工数 | 年营收 | 人均年销售收入 |
| --- | --- | --- | --- | --- | --- |
| 石野制作所 | 回转寿司带式传送带 | 日本国内市场占有率60% | 100人 | 2018年30亿日元(1.68亿元) | 约168万元 |
| 铃茂机工 | 寿司机器人 | 日本国内市场占有率70% | 350人 | 2018年91亿日元(约5.10亿元) | 约146万元 |
| 内山工业 | 密封垫片材料 | 车轮速度检测磁性橡胶圈全球市场占有率30% | 1049人 | 2018年528亿日元(约29.38亿元) | 约282万元 |
| 日本电子株式会社 | 透射电子显微镜 | 隐形冠军产品11种,全球市场占有率最高的达70% | 3008人 | 2018年1046亿日元(约58.61亿元) | 约195万元 |

（续）

| 企业名称 | 主营业务 | 行业地位 | 员工数 | 年营收 | 人均年销售收入 |
|---|---|---|---|---|---|
| 禧玛诺 | 自行车零部件 | 几乎所有的中高端自行车都用禧玛诺零部件 | 11600人 | 2018年3786亿日元（约212.13亿元） | 约183万元 |

数据来源：各企业年报和官网。

人们通常认为隐形冠军企业都是小型企业，其实日本和德国的不少隐形冠军企业都是中大型企业，是由小型企业发展而来的集团。

日本的全球利基市场头部企业（GNT企业）也就是日本的隐形冠军企业，几乎都不是"小而美"的：有的营收规模确实不大（小），但是人效（人均年销售收入、人均年利润）却很高（大）；有的则营收规模很大（不小），人效也很高（大），但人员规模却不大（小）。无一例外，这些企业的市场占有率都很高（大）。

在众多日本和德国的隐形冠军企业当中，几乎没有哪家企业将追求"小而美"作为发展目标，无一例外地都追求做细分市场的"老大"，通过一个又一个隐形冠军产品（单项冠军产品）实现营收和利润同步增长——不断长大，进而持续活下去。

从结果来看，企业可以是人员规模不大、营收规模不大的小型企业，但是企业宣告追求做"小"、不求做"大"则是不可取的，冠军单品、高市场占有率、高人效、细分市场冠军等，就是本质意义上的"大"，也是真正意义上的"强"。

## 小型企业要大经营，警惕自满

说到小型企业，人们通常想到五个方面的"小"：营收规模小，人员规模小，市值规模小，市场范围小，经营范围小。

在大多数场景中，小型企业总是被忽略的；而在另外少数场景中，小型企业又是有活力、反应敏捷、灵活有弹性、有创新能力的代名词。

小型企业其实需要大经营。抛弃"小"的自怜，用"大"创底气、强自信，奋发图强，努力攀登，用"大"的格局创造"小"的优势，打磨一个又一个细分单项冠军，由小叠大。

小型企业要像大型企业一样有追求，像大型企业一样有战略，像大型企业一样重组织，像大型企业一样用大才，像大型企业一样有魄力。

小型企业要向大型企业学习，从小市场（利基）切入，创造"小"中的"大"；小型企业要与大型企业合作，要在大生态中创发展。

管理专家秦杨勇说：现实中的另一种情形是，很多小型企业吹嘘自己"大"，找一个细分得不能再细分的领域把自己说成"国内第一""世界第一"，老板浑身填充着这样的自满情绪。

从细分第一起步，这是小型企业由弱致强、从小到大的必经之路，不能忘记的是：是不是细分第一，一定要客观地用市场占有率来衡量，不能凭感觉，要用数据说话。真正的细分第一一定是来自第三方评价的，冠军产品、冠军企业一定会出现在有公信力的第三方榜单上，否则就是企业自满。

## 大型企业要小经营，大小辩证

大型企业是由小型企业发展而来的，用"小"的优势保障"大"的持续，这是大型企业经营的根本。

对于大型企业而言，何谓大？大视野，大格局；行大义，大担当；大目标，大举措；经济主场，大市场；光明正大，大气磊落。

大型企业要小经营，何谓小？不忘由弱致强、从小到大的来时路。

做得好、做得久的大型企业，都是从五个方面保持小的优势的：

◆ 努力攀登：永葆小型企业的创业心态。

◆ 利基战略：做细分市场第一，求强叠大。

◆ 客户第一：永远像小型企业一样敬畏客户。

◆ 敏捷反应：保持市场敏锐度，快速反应。

◆ 资源效率：像小型企业一样，保证资源利用效率高。

大型企业像小型企业一样，谦虚经营，保持危机感，才能让"大象"跳舞。

千亿级企业由几个百亿级二级集团构成，百亿级营收由几个数十亿或者几十个数亿业务组成……穿透表象可以看到，大由小而来，小因"大"而强，大因"小"而实。

企业经营中，所谓的大，是指大型企业、大规模（经济主场）、大志向、大手笔和大破大立等；所谓的小，是指小型企业、小规模（细分市场）、小步快走、快速响应和抓关键点（"牛鼻子"）等。

实际上，企业经营的大和小是统一的，包括大型企业要小经营，小型企业要大经营，大型企业依赖小伙伴，小型企业要有大合作，大小相融共生。只有深刻理解了大和小的内在逻辑，企业才能在多维生态中迈向繁荣、生生不息。

## 大和强的辩证，穿透表象

大型企业通常营收规模大、人员规模大、市值规模大、市场范围大、经营范围大。千亿营收、上万员工、万亿市值、布局全球市场、子公司遍布全球，这些都是大型企业的标志。

人们常说这家企业很厉害，实力很强，那么什么是强呢？

通常企业的强体现在五个方面：第一，利润率高，高于同行业、同规模（量级）的企业；第二，人效高，人均年销售收入、人均年利润高于同行业、同规模（量级）的企业；第三，占据冠军地位，有冠军产品，有数一数二的市场占有率；第四，资产回报率高，总资产回报率（ROA）或者净资产收益率（ROE）高于同行业、同规模（量级）企业；第五，战略结构质量高，ABC三级战略动力有机一体，有持续的增长动力，发展后劲足。

企业只有穿透表象，深刻理解大和强的内在逻辑，才能实现战略性发展。

企业的发展实际上是大和强统一的结果：大追求、大目标，强产品力、高占有率和强生命力。

不强不大，因强而大。大而不强的企业是"虚胖"，经营质量不佳，发展不可持续；强而不大的企业，则是时机未到，一旦外部环境适合其发挥优势，企业抓住机会，必然会厚积薄发、释放势能、快速增长，结果就是高质量发展。

强是大的内核，大是强的结果，强是大的意义。高质量、可持续的大是企业基业长青的根本。

## 德鲁克：小型企业更需要管理

德鲁克在几十年以前就得出结论：相比大型企业，小型企业更需要管理[一]。他说，小型企业甚至比大型企业更需要有组织的、系统的管理。它的确无须拥有庞大的决策和服务部门，在许多领域中也无须拥有复杂的程序和技术，但德鲁克认为：小型企业也要有战略，不能稀里糊涂、浑浑噩噩地经营；小型企业也要有高管班子，确保经营关键活动落实到位；小型企业也要有数据思维，确保有限的资源为经营成果而工作。

### 小型企业也要有战略

小型企业经不起处于边缘状态，却长期处于这种危险之中。因此，小型企业必须仔细思考并提出一种能显出自身特色的战略，必须找到一个特殊的生态位置，以便使自身具有优势并能在竞争中存活。

---

[一] "小型企业比大型企业更需要管理"，彼得·德鲁克，《销售与管理》，2015年9月。

在某一细分市场上的领先地位对小型企业是至关重要的。无论是在地理位置、消费需求方面，还是在对消费者的价值方面，如提供某种服务的能力、有某种独特的技术，只要小型企业在某一方面非常卓越，即使它非常小，也都需要制定战略。

## 小型企业也要有高管班子

小型企业有必要确定实现其目标所必需的关键活动，并确定这些关键活动已分配给能负责的人，保证这些关键活动得以完成。

小型企业也需要一个高管班子，班子成员只是用部分时间从事高层管理工作，其主要任务可能是职能工作——保证领导团队知道有哪些关键活动，每项关键活动的目标是什么，以及谁负责完成每项活动。

小型企业的资源尤其是优秀的人才是有限的，因此集中使用资源有极为重要的意义。如果不明确规定关键活动并委派给负责人，那就会使资源分散而不是集中。

## 小型企业也要有数据思维

小型企业通常非常需要但又难于得到财务和经济信息，小型企业在人力、财力方面的资源是有限的，必须保证把资源用在能产生成果的地方，必须确保不会超出自己的财务能力的限度。

小型企业的成功依赖于它在一个小的生态领域中的优先地位，小型企业必须了解环境中的重大变化，以及任何变化的可能性。小型企业必须了解自己的每一个关键人员在什么职位上，以及他是在为"成果"工作，还是为"解决问题"工作。小型企业也必须了解自己稀缺资源——人员、资本、原料和供应品的生产率。此外，小型企业还必须了解客户结构，既要避免对个别客户的过度依赖，也要避免客户过度分散而降低经营效率。

## 长寿企业时大时小，生命力却越来越强

追求大志向、大目标是企业持续增长的精神源泉，本质上来说是企业致力于为客户、为社会、为国家和为人类做出更大的贡献。只有拥有更大的目标，才能发挥聪明才智、创造增长动力，这样的追求恰恰会缔造组织基因，沉淀为企业文化。

### 案例 1-5 美国通用电气公司：万亿经济王国的分拆决断

2021 年 12 月，美国通用电气公司（GE）宣布重大重组计划，企业将"一分为三"，重组为三个上市企业，分别专注于航空、医疗健康和能源⊖。

---

⊖ "一个时代结束了：通用电气解体，帝国不复存在"，程兆谦、邢若阳，《企业管理》，2021 年 12 月。

GE的"解体"在全球企业界和学界引起强烈反响，各种观点喷涌而出。实际上巨无霸企业本身就是分分合合的结果，长寿企业都是九死一生之后存活下来的。

拥有130多年历史的GE主动变革，做出断腕求生的分拆决策，自我纠错，这样的战略决断正是组织智慧的结晶。本质性来讲，从多元化向专业化转变，为业务发展提供专属性、灵活性、匹配性资源配置，是GE准备通过做强、做深、做专，持续创造价值的新战略选择。拆分后的GE将更具战略灵活性，也许用不了多久GE又会重回高峰。

在历史的长河中，长寿企业往往能顺势而为。尽管它们经历了千辛万苦，规模也时大时小，但是对长期主义的追求会使企业的生命力越来越强，最终上演凤凰涅槃的经典桥段。

## 企业可以不做大，但必须求增长

营业收入之所以特别重要，是因为它是当家之本、立业之基。

营业收入（以下简称"营收"）是企业在一个财务年度内主营业务的销售收入，营收规模大小直接反映了企业大小，还反映了一家企业的五大方面：客户开发能力，市场占有力，现金流能力，竞争优势和地位，发展势能。

企业跟家庭一样，要有钱进、有钱花、有钱剩。企业经营以营收为先，因为有钱进才有钱花，没钱进就没钱花，收入少日子会很难过。

## 要么增长，要么衰退

对企业而言，不增长就是衰退。企业要有钱进、有钱花、有钱剩，通过业绩增长保证利润，企业可以不追求做大，但必须追求增长，否则必然陷入徘徊甚至跌宕的困局。

追求增长，就是要销售上量、占领市场，创造规模效应。任正非说：没有市场就没有规模，没有规模就没有低成本。没有低成本、没有高质量，难以参与竞争，必然衰落。㊀

不管怎么强调生态思维、产业协同，弱肉强食、丛林法则和马太效应都永远存在。企业掌舵人追求"小而美"，团队就可能认为这意味着"不求做大"，从而对变化麻木、漠视机会，这种"小"的结果就是

---

㊀ 《再论反骄破满，在思想上艰苦奋斗》，任正非，1996年。

在行业集中度越来越高的进程中，企业的竞争力越来越弱，市场占有率越来越低，行业地位逐渐丧失。企业的生存力不足，一旦遭遇危机企业就会瞬间消亡。

除了影响成本外，规模还能带来品牌效应、溢价能力、资源聚合和议价力量等。强者越强，弱者越弱，马太效应更加明显。不把规模做上去，企业就容易被产业生态淘汰。

不论是小而美的企业还是大而强的集团，业绩增长应落实于企业每天的工作中，企业必须不断谋求做大做强。

从长远来看，对于绝大部分企业而言，规模效应仍然是企业主要的护城河。追求做大，才能致强。

## 追求有质量的增长

企业经营不只要追求增长，其更要追求有质量的增长，也就是有客户价值和社会价值、有盈利和持续性的增长。

用什么方式创造的增长才是有高质量的增长呢？

- 有明确的事业概念、十年愿景和五年战略。
- 扎扎实实打造实现愿景所需要的独特组织能力。
- 面向客户和市场，锻造全员改善、每天进步的"会思考的现场"，创建"日日新"的学习型组织。
- 有扎扎实实的战略管理机制，在环境剧变中优化结构、创造增长。

- 在经济低迷时期能持续盈利，保持合理的、高于同行的利润率。

也就是说，有质量的增长不是唾手可得的，需要用愿景引领、战略驱动来获得，是团队经营的成果，是组织成熟度不断提高的反映。通过长时间有质量的增长，企业的战略质量不断提高，这必然会带来高质量的发展。

## 追求有质量的发展

从广义上说，增长就是发展；从狭义上说，增长未必就是发展，没有新价值的增长就不是发展，没有创新的增长也不是发展。

也就是说，增长也存在质量问题。企业不能盲目做大，更不能杀鸡取卵，而是要实现四位一体的可持续增长。四位一体是指客户价值＋社会效益＋环境效益＋企业经济效益。这个由前到后的顺序代表了思考的次序，前后既有因果关系，又是一体化的。

没有客户价值，企业无以为继。企业用健康、节能、环保的产品为客户提供价值，这样才能够同时具备社会效益和环境效益，前三者综合在一起。企业还要做到低成本、高质量、有利润，确保企业的经济效益，只有这样才能持续经营下去。

为了实现有质量的发展，企业应该从五大方面着手，由宏观到中观再到微观推进：

- 大方向：符合时代大势和国家战略，即符合数字经济、"双碳"目标、智能化。

- 主航道：为国家产业振兴和人民幸福生活做贡献，致力于共同富裕、国内国际双循环、人民物质精神双幸福。

- 结构上：面向未来十年，ABC三级战略动力持续滚动管理，大盘业务、拓展业务和战略探索业务推陈出新。

- 速度上：由科技驱动，实现规模增长和盈利能力提高有机平衡。

- 组织上：由团队经营到组织经营，组织成熟度不断提高。

企业有质量的发展是组织经营的结果，是主动的，不是消极被动的，不透支未来，攻守兼备，是组织成熟度不断提高的反映。

## 世界500强排行榜：可持续性增长的晴雨表

1955年诞生的《财富》世界500强排行榜，历经60多年仍然是全球企业界最权威、最受关注的榜单之一，且引发了各个国家和地区的效仿，各种企业排名方兴未艾，原因何在？

世界500强企业评选最重要的依据只有一个——上年度营业收入。

营业收入是衡量增长和成功可靠、有力的证明，也是非常有意义

---

⊖ "66年，世界500强榜单为何经久不衰？"，祖林、谢丹丹，《企业家》，2021年7月。

的指标。只要加上时间（年度）这个维度，榜单变化就是全球企业发展的晴雨表。它考验的是企业增长的可持续性，是对企业"做强"实力的历史性见证。

经营数据是企业发展的基本坐标，年度营收规模可用来衡量企业发展的状态。把眼光放到十年以上，榜单体现的就是"增长"而非"规模"，这也是世界500强排行榜经久不衰、各种排行榜风起云涌的根本原因。

## 立大志：做大是目标，做强是手段

战略选择是企业阶段性发展的适合性问题。

企业要先做大还是先做强，这个问题已经不需要讨论了。作者认为在我国当前的环境中，企业要先做大以图生存。由于员工追求个人发展以及家庭建设，其希望随着年龄的增长，收入不断提高，因此希望企业有更好的产品、更高的盈利能力。这就要求企业既做大又做强，做大就必然要做强，做强的结果自然是做大。

做大和做强不是选择题，做大是企业追求的目标，做强则是做大的手段。

做精跟做强本质上是一样的。一开始选择一个细分领域做一个小而美、小而精的企业，意味着企业精准定位，找到非常适合自己的道路，在这个细分领域做得很强。把这个经验总结、提炼出来变成组织能力，再把这种组织能力应用到第二个细分领域，并在第二个细分领域做强，成为这个领域数一数二的企业。第二个小而精叠加第一个小而精，企业自然做得更大了。接下来把原来的技术、优势用于第三个细分领域，又把做得小而美、小而精，叠加起来是不是做得更大了？

## 案例1-6　双童吸管：隐形冠军企业为什么不再只做吸管

全球吸管行业隐形冠军企业——义乌市双童日用品有限公司（简称双童吸管），曾依靠"专注""做减法"把一根小小的吸管做到了全球第一。

随着吸管产业链的瓶颈逐渐显现，为了避免企业掉入"温水舒适区"，也为了满足年轻团队的成长诉求，创始人楼仲平意识到必须寻找企业未来发展的"第二曲线"，以实现企业的跨越式持续发展。在专注吸管生产26年后，双童吸管开始推动一定程度的产业内多元化，正式进入可降解生物质塑料包装领域，同时为客户提供快餐领域的餐具整体解决方案。

楼仲平说：创业者唯有不断理解变化、拥抱变化，提高思考力、洞察力、决断力，坚持"长期主义"，才能够更从容地面对时代巨变所带来的严峻挑战，带领企业继续前行。

企业必须有志向。从掌舵人的个人愿望，到团队的共同意志，再到企业的长期导向，企业志向是一代又一代员工努力的方向。

企业志向需要澄清五个长期性问题。

- 企业存在的目的和意义：为谁而经营？要做出什么样的贡献？

- 企业中长期努力的方向：企业的十年愿景、发展蓝图是什么？

- 产业定位：企业为什么产业服务？要达到什么样的地位？

- 中期发展：企业未来五年的营收规模、收入结构和经营效率目标是什么？

- 价值创造：企业为目标客户创造的核心价值是什么？如何长期贡献于目标客户？

站得高自然看得远。立大志，才能奋发图强；立高志，才能长期坚持；立长志，才能行稳致远。立志，是掌舵人觉醒的第一个标志，也是企业作为人格化组织觉醒的第一个标志。

## 高质量经营，跨量级发展

每家企业都要客观地知道自己的状态，并提高经营质量、实现高质量发展，只有这样企业才具备可持续性。

为此，掌舵人应该建立量级概念，琢磨企业跨量级发展的组织规律，把握跨量级发展的关键矛盾，进而牵住企业跨量级发展的"牛鼻子"，在不同发展阶段实现突破。

### 什么是量级

不同行业、不同地域、不同规模、不同资本属性的企业众多，怎么判断不同企业的发展阶段、价值大小和竞争力高低？掌舵人怎么判断本企业目前处于什么状态？如果要通过收购一家企业来进军一个新领域，怎么寻找和判断目标对象？要回答上述问题，需要建立量级的概念。

建立量级的概念，要从市场外部、用全球眼光和第三方评价，客观判断企业当前所处发展阶段和发展状态。可以从五个方面建立量级概念。

- 营收规模有五大量级，即个、十、百、千、万，单位是亿元。

- 行业地位也就是企业在市场当中的领先度，也有五大量级：专精特新"小巨人"或制造业单项冠军，领航企业，龙头企业，国家级企业，世界级企业。

- 企业市值也就是企业值多少钱，也有五大量级，即个、十、百、千、万，单位是亿元。

- 发展状态的量级包括增长、稳定、徘徊、跌宕、衰退。

- 从当前量级判断下一量级发展目标，如营收破亿之后自然是迈向十亿，十亿级企业自然是向百亿目标奋进的。

用量级衡量企业，用量级衡量外部资源，才能打开企业家认知的天窗。

**案例 1-7　亿纬锂能营收与市值推移对照**

惠州亿纬锂能股份有限公司（简称亿纬锂能）成立于 2001 年，根据公开信息，2005 年亿纬锂能营收首次过亿，2013 年营收突破十亿，2021 年营收越过百亿，目前正在奔向千亿。

在 2009 年上市之初，亿纬锂能的市值就破了 10 亿元，2015 年 5 月市值突破 150 亿元，2020 年 7 月突破 1000 亿元，2021 年 1 月突破 2000 亿元。

从营收来看，亿纬锂能是百亿级企业，正在向千亿俱乐部迈进；从市值规模来看，亿纬锂能是千亿级企业，正在迈向万亿级。

## 企业量级的三大维度

判断企业处于什么量级，不是从单一的维度，而是通常从三个维度同时进行的，这三个维度分别是：营收、地位和市值。

## 营收量级

主营业务的年销售收入是判断企业营收量级的依据。个、十、百、千、万五大量级，即年销售收入1亿元、10亿元、100亿元、1000亿元和10000亿元，也就是说，按照营收量级，有亿级企业、十亿级企业、百亿级企业、千亿级企业和万亿级企业。

A企业年营收为2.5亿元，属于亿级企业；B企业年营收为89亿元，属于奔百亿企业；C企业年营收为612亿元，属于奔千亿企业。注意，营收量级反映的是收入规模的层次。

在国际上尤其是在发达经济体中，一般使用美元为货币单位，通常五大量级为1亿美元、10亿美元、100亿美元、500亿美元和1000亿美元。考虑我国的巨大市场容量和成长空间，特别是根据我国企业的财务规范和国际化程度，我们在本书中以人民币为计量单位。

营收量级之所以重要，是因为它代表了以下五种能力。

- 企业抓订单的能力：先有订单，再有交付。
- 企业交付的能力：有成功交付，才有应收款。
- 企业现金流的能力：及时回款，才能持续交付。
- 企业规模效应的层次：扩大营收规模，才能创造总成本最低的优势。
- 企业的市场占有力：扩大营收规模，才能提高资源动员力。

如果把年营收平均到每一天，企业每天应该有多少销售收入呢？专精特新专家谢丹丹做了一个粗算：年营收1亿元的企业，平均每天的销售收入应是27.40万元；年营收10亿元的企业平均每天的销售收入应是274万元；年营收100亿元的，则平均每天要销售2740万元。

试想：这样的量级变化，对企业实力有什么样的要求？

企业规模小的时候，考验的是营销、研发和生产的一体化能力；企业规模大，则关系到业务结构、资金、人才和风险管理；百亿级企业考量的是生态能力、产业结构、资源动员力和政商关系；千亿级企业则一定要做国际业务。量级变化对企业家个人能力和组织智慧都提出了不同层次的要求。

营收是由企业内在能力转化而成的外在收入，是企业生存的首要条件，是经营的第一大基础。营收量级是企业行业地位的重要衡量指标。

营收量级是衡量企业量级的核心维度，体现的是企业的经营规模与综合实力，是对企业所处发展阶段和发展状态最直接、最客观的评价标准。

营收量级有五大影响因素：所在市场的经济总量，政治经济环境，产业布局，市场规模，企业战略能力。前四项是战略选择，第五项是战略执行。

营收量级是企业发展的里程碑，也是企业判断现状、认清自我的计量器，是企业迈向未来可持续经营的起跑点。

不同营收量级的企业，其高质量发展面临的主要矛盾和关键抓手也不同。通常来说，营收量级越高，企业规模越大，其资源动员力越强，抗风险能力也越强。

## 案例 1-8 三家奔万亿企业的海外营收占比

对比 2020 年日本松下和中国美的、格力三家企业的营收情况（见图 1-6），它们的营收分别在 4000 亿元、3000 亿元和 2000 亿元三个级别上。

| | **Panasonic** | **Midea** | **GREE** |
|---|---|---|---|
| 营收： | 约 3973 亿元 | 2857 亿元 | 1682 亿元 |
| 海外营收： | 约 2127 亿元 | 1211 亿元 | 200 亿元 |
| 海外营收占比： | 53.5% | 42.4% | 11.9% |

图 1-6 三家奔万亿企业的营收结构对比

在 2020 财务年度，我国家电巨头美的的营收约为 2857 亿元[一]，其中海外营收约为 1211 亿元，接近半壁江山。美的国际总裁表示，2025 年美的海外市场或将突破 2000 亿元。

格力 2020 年营收约 1682 亿元[二]，其中海外营收约为 200 亿元，占比为 11.9%。

海外营收占比体现了三家企业的国际化或者说全球化程度。

鲨跨海、鲸穿洋，龙飞天又潜海。千亿级企业一定是国际化的，奔万亿企业的经济主场一定是全球。

---

[一] "美的集团 2020 年营收与净利润双增 海外收入占比提升"，《每日经济新闻》，2021 年 4 月 30 日。
[二] "格力电器 2020 年年度报告"，格力电器于 2021 年 4 月发布。

## 地位量级

行业地位是被有公信力的第二方或者第三方认定的、代表企业比较优势（领先优势）的竞争力评价和领先度。企业在获得了一定的行业地位之后，会加速融入生态。

通常来说，以下五种情形标志着企业获得了行业地位：

1）得到第三方认定。

2）与大型企业战略合作，也就是和有很强实力、很大影响力的大客户结成战略合作关系。

3）迈上省市、国家合作平台或行业平台，跟其他优势资源开展业务。

4）迈上国际合作平台，可能是区域级（大洲）的，也可能是全球级的，与全球优势资源开展业务。

5）登上强企榜单，也就是在一种或多种排行榜上出现，如全球榜单、国家榜单，或者行业、省市榜单。

这里先重点说说强企榜单。强企榜单是在不同的经济主场，由有公信力的第三方认定的企业排行榜。从历史纵深来看，强企榜单的本质是增长而非规模，是质量而非数量。全球榜单，如财富世界500强；国家榜单，如中国企业500强、中国制造业企业500强；行业榜单，如中国电池行业100强、中国全屋定制十大品牌；省市榜单，如浙江企业100强、广东民营企业100强。

企业发展到一定程度，一定要重视上榜，上榜后能产生很强的品牌效应，企业可以快速链接产业资源，因为被社会关注，上榜企业的资源动员力也会比没有上榜的企业更强。

放在全球坐标上，企业的地位有五大量级（见图1-7）："专精特新"单项冠军，领航企业，龙头企业，国家级企业，世界级企业。

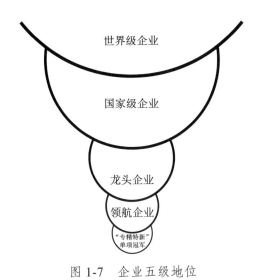

图1-7　企业五级地位

## 地位量级1："专精特新"单项冠军

"专精特新"企业是基于工业和信息化部相关标准得到认定的企业。"专精特新"企业分为四类：创新型中小企业，"专精特新"中小企业，"专精特新"小巨人企业，单项冠军。什么是"专精特新"呢？在市场、用途、技术、工艺、装备和制造等方面创造高度专业化；在设计、工艺和制造等方面精细化，打磨精致产品；向客户提供特色产品和特色服务，永远追求特色化；创造领先的、高技术含量和高附加价值的产品，创新产品、创新经营。

"专精特新"企业可持续发展路径,这些企业要用产业思维,建立专业化、精细化、特色化和创新型四大能力,与中大型企业一起为产业发展做贡献。

"专精特新"道路的本质,是用利基战略、冠军思维发现机会,从求专、求精、求特、求新,到做专、做精、做特、做新,极致产品力是专精特新道路的"哈雷摩托"。

小巨人企业极具发展潜力与成长性,有望在未来成为相关领域国际领先企业,它们有五大特点。

- ◆ 产品力强:有亿级单品、冠军单品甚至有单品龙头。

- ◆ 占有率高:在细分领域国内领先,数一数二。

- ◆ 创新力强:有技术内核,掌握关键核心技术。

- ◆ 冠军能力:有能力打造第二个、第三个冠军单品。

- ◆ 持续盈利:有良好的经营质量和发展趋势。

"专精特新"是道路,小巨人才算起步。小巨人企业是"专精特新"企业当中的佼佼者、行业的"排头兵"。

单项冠军企业由工业和信息化部、中国工业经济联合会认定,包括单项冠军示范企业和单项冠军产品两类。

单项冠军示范企业有五个特点。

- ◆ 创新领先:专注创新和质量提升,处于细分领域全球技术领先地位。

- 全球冠军：在细分领域的全球市场上有单项冠军产品。

- 国际竞争力：在全球细分市场上具有综合竞争优势。

- 产业地位：在相应产业领域，已经或者正在迈向价值链中高端。

- 发展势能：由冠军产品拉动，在国际市场上有良好的发展势能。

单项冠军产品是由我国企业创造的全球单项冠军产品（冠军单品），是市场竞争和客户选择的结果，是企业提高市场占有力的最直接的武器，市场占有率是冠军产品的唯一评价标准。

单项冠军企业由企业自愿申报，各地工业和信息化主管部门、中央企业推荐，经过行业协会限定性条件论证和国家级专家组论证，最后由工业和信息化部、中国工业经济联合会最终认定。

推广单项冠军示范企业有五大目的：提升企业专业化能力和水平，突破制造业关键领域短板，培育具有全球竞争力的世界一流企业，推动我国相关产业整体迈向全球价值链中高端，促进我国制造业高质量发展。

工业和信息化部和中国工业经济联合会要求各地工业和信息化主管部门、各地工业经济联合会、有关行业协会加强对企业的服务和支持。可以想象，获得认定的企业将获得政府、社会和市场更多的资源支持。

## 地位量级 2：领航企业

领航企业是我国"专精特新"体系之上的大型企业。

领航企业在国内市场领先,在国际市场有影响力,营收规模大;在国内外技术、标准和市场等方面具有较强话语权,影响力大;综合实力强,具有生态主导力,能够提升我国产业链竞争力;管理成熟度高,抗风险能力强。领航企业以产业链为纽带,与中小型企业、"专精特新"企业相融共生,协同发展。

领航企业是国际化经营、有国际竞争力的大型企业,它们与中小型企业组成"航空母舰战斗群",共同出海,提升我国产业链的国际竞争力。

虽然网络上和民间机构时不时推出领航企业榜单,但真正意义上符合工业和信息化部定义的领航企业还是很少的,更多的是准领航企业。

"十三五"以来,通过持续创新、深化应用,我国机器人产业呈现良好发展势头。当前新一轮科技革命和产业变革加速演进,新一代信息技术、生物技术、新能源、新材料等与机器人技术深度融合,机器人产业迎来升级换代、跨越发展的窗口期。工业和信息化部鼓励骨干企业通过兼并重组等方式培育机器人领航企业。㊀

相信越来越多的领域将涌现出领航企业,国家也开始推出一些领航企业名单,有引领作用的企业集团受到了政府、资本和产业的重视。

## 地位量级 3:龙头企业

龙抬头,上青云,行云布雨,五谷丰登。龙头企业是在某个领域

---

㊀ "工信部:鼓励骨干企业通过兼并重组等方式培育机器人领航企业",澎湃新闻,2021 年 12 月 28 日。

处于第一梯队、对其他企业有很强引领作用的大型企业。

龙头企业有五大特征。

- 营收规模大：在相应领域占据半壁江山，贡献于国家经济。

- 产品领先：产品科技含量高，代表了时代大势，市场潜力大。

- 经营稳健：综合竞争力强，市场占有率遥遥领先，经济效益好。

- 后劲十足：掌舵人和经营团队长期勤奋、务实经营，厚积薄发、扶摇直上。

- 领头羊作用：拉动产业发展，带领其他企业共同进步。

龙头企业是绝对的行业老大或产业老大，不仅是经营数据上的第一名，而且是综合实力和发展势能的第一名。

## 地位量级 4：国家级企业

国家级企业是拥有国家级地位、具备国家级担当和国家级影响力的超大型企业。

国家级企业有五大特征。

- 在某个领域处于龙头地位，扛大旗，代表中国实力。

- 在该领域及相关领域有举足轻重的作用，代表了中国相关产业的发展方向。

- 历史业绩良好、发展势能充足，贡献于国家经济。

- 在国家重大项目、重大工程当中担当重任、发挥重要作用。
- 代表中国参与国际合作，做出贡献，树立中国形象。

除了中央企业，越来越多的民营企业和上市企业正在迈向国家级企业。随着混合所有制改革和企业公众化推进，越来越多的国家级企业将迈向世界级企业。

## 地位量级 5：世界级企业

世界级企业（World-Class Enterprise）是在所在领域长期处于第一梯队、代表全球最高水准和科技趋势、有全球重大影响力的顶尖（Top）企业。

世界级企业有以下五大特征：

- 覆盖全球市场，在营收规模上长期处于第一梯队甚至数一数二，活跃在全球经济主场。

- 全球知名品牌，全面渗透全球高、中、低三层次市场，长期保持高占有率和强占有力。

- 全面科技领先，代表了该领域的时代大势，引领世界相关产业。

- 无国界经营，遭遇危机后仍受到市场广泛欢迎，企业成熟度高。

- 全球事业、全球人才，在所在领域进入无人区，全球人才在前沿探索时协同作战。

世界级企业是全球卓越实践的代表，被广泛作为标杆学习对象。显然，在某个领域的世界级企业通常不止一家。

站在2023年的历史节点，你认为以下这些企业中，哪些是世界级企业？哪些是准世界级企业？哪些是普通企业？

中国企业：华为，中集，三一，美的，格力，中石化，国家电网，大疆。

日本企业：东芝，小松，丰田，松下，京瓷。

美国企业：苹果，微软，谷歌，特斯拉，SpaceX。

欧洲企业：西门子，博世，斯凯孚，空客，LV。

总之，地位是企业竞争力的客观测量，是有客观载体的评价、得到背书的，不是企业的自认为。地位可以加速企业品牌化，创造资源效应，蓄放企业发展势能，是企业战略性发展的重要条件。

如果企业现在没有什么地位，就要尽快着手建立。

## 案例1-9　三一是龙头企业、国家级企业还是世界级企业

根据中商产业研究院2021年5月5日发布的《2020年中国机械设备行业上市企业营收排行榜（top50）》，中国中车2020年的营收是2276.56亿元，三一重工是1000.54亿元，而山推股份是70.98亿元，安徽合力是127.97亿元，中联重科是651.09亿元。

显然，在重工机械行业，中国中车是国家级企业，三一重工是名副其实的龙头企业。实际上，三一集团通过工程机械树立了"三一重工"产品品牌，现在正在建设"三一"企业品牌。

根据《参考消息》2019年11月24日报道,《日本经济新闻》调查发现,三一重工已经跻身全球工程机械三强。根据2021年的网络公开报道,2020年美国卡特彼勒营收为328.82亿美元,市场份额占比达到16.2%,继续保持全球第一的位置;排名第二的是日本小松,2020年营收为232.98亿美元,市场份额占比为11.5%;中国的三一重工2020年营收为1000.54亿元,按照国家统计局公布的2020年全年人民币平均汇率(1美元兑6.8974元),三一重工2020年营收折合约145亿美元,不到卡特彼勒的一半,市场份额占比为5.4%,全球排名第五。

《日本经济新闻》报道:"在激烈竞争的中国建机(建筑机械)市场,2018年三一重工的占有率达到23%。该企业的总市值激增,目前逼近小松(排在第二位)的逾七成水平"。

显然,作为龙头企业的三一重工,离成为世界级企业还有不短的距离。

## 市值量级

如果要买卖一家企业,应该按什么价格交易?企业在兼并和收购(Mergers and Acquisitions,M&A,简称并购)时经常面临这个问题。

企业在融资、股权转让、接受战略投资和并购时,需要进行价值评估。整个企业被当作标的进行价值衡量,值多少钱,这就是企业价值,上市企业的企业价值直接表现在市值上,非上市企业则要进行企业估值。

广义的市值指企业的市面价值,也就是市场交易的整体价值,这是资本经营的基础。为了看清楚这个概念,需要了解企业价值、企业估值和企业市值(见图1-8)。

图1-8 市值的三种情形

## 企业价值

企业价值即企业本身的价值,是对企业资产(有形资产和无形资产)的市场评价,通常企业价值远远超过其账面资产的价值。

按照百度百科的定义,有形资产是企业价值的基础部分,无形资产是未来可变现的预期价值;预期现金流量体现资金的时间价值;整体自由现金流量用于计算企业整体价值,包括股权价值和债务价值;股权自由现金流量 = 利润 + 折旧 – 投资,用于计算企业股权价值。

以提升企业价值为目标的管理被定义为"企业价值管理",旨在使企业所有利益相关方都能获得满意回报。

## 企业估值

企业估值是对企业内在价值的评估,是投融资和产权交易的前提。企业内在价值取决于企业的资产及其获利能力。

《资本运营和战略财务决策》一书中提到,对企业进行估值的时候,通常考虑五大方面:用公平的市场价值来评判所有的实物资产,对知识产权赋予真正的价值,对品牌赋予真正的价值,对未来预期收益进行贴现估值,用市盈率倍数法计算企业价值。

## 企业市值

一家上市企业的发行股份按市场价格计算出来的股票总价值就是企业市值,计算公式为

$$企业市值 = 企业总股本 \times 每股价格$$

式中,企业总股本是指企业发行的股票数量;每股价格是在股票市场实时交易的股票价格,动态反映企业市值。显然,市值最大化就是股东价值最大化。

换一个角度看,企业市值 = 净利润 × 市盈率。其中,净利润是企业上一会计年度的净利润,反映企业的盈利能力;市盈率(PE)= 股票价格 ÷ 每股收益,意味着预期的投资回本年限。显然,市值最大化就是企业价值最大化。

市值是资本市场对企业未来预期和信心的数字化表现,其背后是用钱衡量、"用脚投票"的投资行为。市值的大小和量级,意味

着资本背后的产业资源能量，提高市值是上市企业的第二大经营目标。

市值有五大量级：个、十、百、千、万，单位是亿元。也就是说，如果拿到资本市场去卖，有的企业可以卖到 1 亿元，有的企业则可以卖到 10 亿元、百亿元甚至千亿元。

在国际资本界用美元衡量，有 1 亿美元、10 亿美元、100 亿美元、500 亿美元和 1000 亿美元五大市值量级。

按照市值的量级和经营业绩，在资本界还有独角兽等划分，反映了资本对企业的追捧程度，是一家企业在资本层面地位的体现。

## 企业跨量级发展

有了量级的概念，所有的企业都在同一个数字坐标上奔跑，不论企业在哪个国家、在哪个行业、做什么市场、有什么资本属性，企业都是在跨量级发展的道路上奋斗、攀登。

## 什么是跨量级发展

企业不断创造增量突破，从一个层次发展到更高层次，实现本质上的量级突破，这就是跨量级发展。

营收规模跨量级发展：企业年营收从几千万元到过了 1 亿元、10 亿元、100 亿元，乃至进入千亿俱乐部、迈向万亿经济王国。

地位跨量级发展：企业从碌碌无名到被认定为专精特新企业，从专精特新"小巨人"或制造业单项冠军到领航企业，从领航企业到龙头企业，从龙头企业到国家级企业，从国家级企业到世界级企业。

企业市值跨量级发展：企业市值从几千万元到1亿元，到过10亿元、100亿元，乃至进千亿元、万亿元。

企业的跨量级发展可能是自然发展的结果，也可能是战略性发展的结果。从规律上来说，量级越高，跨量级的难度就越大，只靠自然发展是难以为继的，必须进行战略性发展，主动追求增量突破、跨量级发展。

## 研究商业组织的发展规律

企业是商业创新组织，其掌舵人必须研究商业组织的发展规律，必须了解在宏观经济和人类发展中，企业的长期生存之道是怎样的。

研究商业组织的发展规律重点可以从五大角度着手。

长期角度，研究组织的生命力：如何穿越时代和危机生存下去，也就是企业做久之道。

中期角度，研究组织的发展力：如何顺应大势，积蓄和释放发展势能，也就是企业做大之道。

短期角度，研究组织的经营力：如何立足市场把企业经营好，也就是企业做强之道。

长期—中期—短期递进的角度，研究企业过亿、破十、越百、进千、迈万的组织规律，也就是企业增量突破、跨量级发展之道。

短期—中期—长期递进的角度，研究企业过亿、破十、越百、进千、迈万的战略抓手，也就是企业大破大立的改革之道。

创业20多年的企业要看100多年的企业，营收200多亿元的企业要看1000多亿元的企业，商业组织的发展规律不以个人意志为转移，是共性的、普适性的。

## 不断打破认知天花板

一家企业只能在其掌舵人的思维空间之内成长，它的成长受限于其掌舵人思维空间的大小。想得到不一定做得到，想不到就一定做不到。掌舵人的思维、知识和能力构成企业成长的极限。

企业家认知是指掌舵人作为"企业家"，对企业经营和发展的行动化观点。企业家认知通常包括五大方面：

- ◆ 对商业组织发展规律的理解。

- ◆ 对所在经济主场发展趋势的洞察。

- ◆ 对产业定位和产业逻辑的把握。

- ◆ 对企业发展规律和发展模式的总结。

- ◆ 对企业发展的战略定力和组织力建设的改革自信。

企业家认知的改变带来企业家思维的更新，真正的企业家思维就是创新思维和创业思维。创新思维包括历史时空思维、增长思维、发展思维和结构思维，而创业思维包括可持续经营、增量突破、跨量级发展和调结构、求增长。

伟大或长寿的企业往往都经历了九死一生。研究跨量级发展，掌舵人最终都会做出经营哲学的思考：什么样的企业才能持续发展？企业如何基业长青、长寿经营？这不仅仅是价值观、人生观和世界观的问题，更是人类观和宇宙观的问题，它超越国度和人类，最终都指向顺应天地之道、遵循自然法理。

| 第 2 章 |

# 跨量级发展的四大步骤

认知是因：从赚钱养家到贡献于人类
能力是核：从自然增长到战略驱动
组织是翼：从英雄老板到组织智慧
战将是魂：从创始团队到人才运营

INCREMENTAL
BREAKTHROUGH

How to Develop Enterprises Across
Orders of Magnitude

为什么跨量级发展对于企业和企业家而言如此重要？本质上，跨量级发展是绝大部分企业问题的原点。低增长、不确定时代的到来，使跨量级发展再次成为企业家、管理者及创业者关注的焦点问题。

具体该怎么做呢？概括起来是迈上四大台阶：立大志，创大业，改组织，引战将。

立大志，就是制定企业发展的新愿景；创大业，就是打造迈向新愿景的新能力；改组织，就是构建形成新能力的新组织；引战将，就是招引运营新组织的新战将。

## 认知是因：从赚钱养家到贡献于人类

企业的边界，其实就是创始人的认知边界。

过去的世界是基本确定的，有清晰的地图，大家比的是在地图里奔跑的速度。而现在的世界基本不确定，出现了大量的陌生地带、混合地带、沧海变桑田的地带，早前的地图早就变得不清晰、不稳定了。

过去，按照前人经验路径提升，只要努力到位，企业就能成长。而现在，只能通过不断地自我突破，还要加上一点运气，企业才能有成长。

换句话说：打破认知边界，才有成长空间。

## 企业的死：失去战斗意志

抓住爆发的机会，实现人生的跃迁，这是每个创业者一开始都会怀抱着的美好想法。但是有多少人思考过一个更严肃的问题——企业在什么情况下会死？

《总体战》这本书对战争结束的定义非常准确："战争以一方失去战斗意志为结束。"类似的，企业的死，其实是以掌舵者失去战斗意志为标志的。

当诺基亚在智能手机时代到来后举步维艰时，三星也面临了同样的危机。三星跟诺基亚一样，都是功能机时代的霸主，是当时全球市场份额领先的手机品牌。但与诺基亚的命运截然不同，它不仅没有倒下，反而完成了跨越，在智能手机时代拿到了2022年全球市场份额第一的位置。没错，崇拜乔布斯的人很多，赞美苹果的人也很多，但是全球市场份额第一的手机品牌，在相当长的时间内都是三星。

为什么三星做到了，诺基亚却做不到呢？

也许有技术研发、产品营销的问题，也许有渠道铺设、资本运作的问题，还有一个很多人没有注意到的背景：诺基亚是一家由投资人和经理人主导的企业，在危机面前他们有大量的退路；三星是家族企业，掌舵者没有退路。从某种意义上说，没有退路就是必胜之路。就这一点，三星和诺基亚的战斗意志就完全不同。

因此，企业遇到巨大困难不是最关键的问题，很难跨越周期也不是最关键的问题，最关键的问题是掌舵者的战斗意志。

企业的死亡，更多地是来自掌舵者战斗意志的消亡。

掌舵者只要战斗意志不息，其实他总有机会再募到资源，再找机会，再干一把。

譬如，当年史玉柱破产，他找遍所有认识的人，拿到50万元的投资，做出了脑白金，然后东山再起。又如，罗永浩做"锤子"手机把自己做成了"老赖"，他没有真的"赖"下去，而是主动出击，当起了主播，上演了一出"真还传"。

这都是掌舵者战斗意志和作战技巧的典范。

"如果正常经营，就和人的成长一样，企业就会成长。"松下幸之助说，事业失败时一定是有不自然的行为。如果能够拥有这样的认知，正面看待事情、判断是非，企业发展一般就不会走错路。

## 使命召唤：构建"意义系统"

下面这个小故事，可谓流传甚广，让人回味无穷。

三个泥瓦匠正在建造一座教堂。

有人问他们："师傅，你们在干什么？"

第一个泥瓦匠随口应道："我在砌墙。"

第二个泥瓦匠十分自豪地答道："我在为建一座教堂而砌墙。"

第三个泥瓦匠带着闪亮的目光回答："我在为人类建造一个内心平和的场所。"

从表面看，这三个泥瓦匠干的事情都是一样的：砌墙。但是三个人的认知不尽相同。如果你只能帮助其中一个人，你会帮谁呢？你很可能会帮第三个泥瓦匠，因为他构建了一个更广泛而长远的意义系统。

马克斯·韦伯说：每个人都生活在他自己编织的意义之网上。真正重要的不是事实是什么，而是人们怎么看待事实。

在商业场景中，意义系统就是我们常说的使命、愿景、价值观。

微软近20年经历波折，有人说它错过了整个互联网时代。现在，微软凭借云业务跻身顶级企业的行列，其底层有一个逻辑在牵引。

微软的使命在20世纪70年代就已确定：让每个家庭、每张办公桌上都有一台计算机。非常伟大！使命，可以理解为企业的远大目标，也就是大义担当。幸运又不幸的是，微软的使命事实上在21世纪的第一个10年就已基本完成。也就是说，鲍尔默时代（2000—2014年）的微软是在一个没有使命牵引力的状态下发展的。鲍尔默是销售出身，以为按照原来的路径盯好执行，增长就会自然实现：卖Windows（操作系统）和Office（办公软件），更多地卖Windows和Office，这就是鲍尔默工作的全部。而在到达某个极限点之后，企业陷入了越想增长越难增长的境地，微软的股价一度连年走低。

纳德拉在2014年成为微软的CEO之后，在战略上做的第一件事就是将微软的使命刷新为：助力全球每个人、每个组织成就不凡。

微软自此重新获得了使命牵引力，之后才有了云业务的崛起，才有了与其他生态开放共荣的姿态，这是通过改变意义系统的方式重启结构性增长。

接下来，让我们讲回前面的中集集团，看看掌舵人麦伯良如何用使命和愿景引领出一家世界级的中国企业。

## 案例2-1 中集集团："饿"出来的世界级企业

1980年，招商局和丹麦宝隆洋行合资成立中国国际海运集装箱（集团）股份有限公司，也就是"中集集团"。1982年9月，中集集团一投产就遭遇全球集装箱行业的下行周期，订单严重不足，价格一路下跌，做得越多亏损越大，开门就是"烧钱"，在1985—1986年的整整一年间，中集集团几乎一个订单都没有，濒临倒闭[1]，不得已1986年中集集团大量裁员，只留下关键岗位的59名员工。

**勒紧裤带打粮食**

中集集团停止集装箱生产，临时转向钢结构产品机械加工，所有员工厚着脸皮出去找"饭"吃，改革薪酬，降低固定工资，提高浮动

---

[1] "中集集团：打造全球领先的跨国产业集团"，《中国证券报》，2019年9月19日。

比例，终于在 1986 年 11 月中集集团实现了历史上第一个月盈利。

当"开张大吉、生意兴隆"的愿望遭遇市场寒流，勒紧裤带打粮食，这段 59 个人拧成一股绳的奋斗史，成为中集人自强不息的精神源泉。

### 确立世界级愿景

1996 年，中集集团干货集装箱产销量世界第一，从此一发不可收拾，连续多年保持世界第一。

2002 年 3 月 10 日，中集集团总裁麦伯良参加《对话》节目，做出"给我 15 年，还你一个世界级企业"的郑重承诺。从此，在麦伯良的领导下，中集集团确立了"世界级企业"的发展愿景，并选择了复制冠军产品的多元化发展路径。

从 1996 年至今，中集集团的集装箱产销量连续 26 年保持世界第一，目前全球市场占有率超过 60%，中集集团在集装箱行业确立了世界级地位。

## 充满烟火气的创业初心

大多数人的创业都是从发现商业机会、希望做生意多赚钱开始的，接着他们就要考虑钱、办公室、客户和订单等现实问题，跟过日子一样，创业之初充满了烟火气。

生活就是这么现实，赚钱养"家"往往是创业者的初心，这个"家"早期是个人的小家，很快就变成企业这个大家。为了赚钱养家，赢得客户、获取订单、开发创新产品、高质量交付并提供后续服务等一系列企业经营行为自然展开。

　　充满烟火气的创业，首先都是为了更美好的生活，所有的创业初心几乎都可以归结到这一点：从给自己创造更美好的生活，到给所有人创造更美好的生活。

## 案例 2-2　橡果美健：从减肥业务到美健事业

　　广州市橡果生物科技有限公司（简称广州橡果）创始人聂静洁，2006 年创业的初衷很简单：第一次创业失败，吃喝解闷一段时间，准备去找工作的时候才发现自己发胖不少，爱美之心猝然崩溃，开始用进口代餐食品减肥，辅之以适当的运动，瘦身成功之后发现健康食品大有商机，于是从代理销售起家，从事健康食品的开发、生产和销售。

　　13 年苦战，广州橡果获得了很大发展，陆续投资成立了贸易企业、制造基地和新营销企业，并在香港开设了国际业务窗口，在国内健康食品领域广受关注。2018 年 4 月，在广州木元塾跟随松下（中国）前总裁木元哲学习时，聂静洁意识到企业文化的重要性，在启势商学团队辅导下进行文化升级。

　　全球企业文化理论的原型企业是日本松下，创始人松下幸之助说：一家企业无论大小，除了追求利润之外，还应该有明确的目标证明企业存在的意义。如果掌舵人有这种使命感，就可以告诉员工企业的目标是什么，并解释目标的意义。当员工明白自己不止是为了生计而工作，就会有动力为实现目标而更加努力。在这个过程中，除了获得薪水外，员工还将学习到更多东西，将开始成长为社会公民和产业人士。

启势商学的文化专家在研讨中发现，童装的本质是亲情、幸福、爱，化妆品的本质是美丽、自信，功能食品的本质是健康、美丽等。接着，启势商学的文化专家从企业的核心能力、对客户的核心价值上进行深度思考，在本质上挖掘企业经营的事业概念，做出相应的产业定位，广州橡果的新使命就呼之欲出了。

广州橡果将健康食品的业务定位，升华到美健（美丽健康）事业，萃取出四大核心价值观（爱，担当，创想，乐享），决定将"橡果美健"作为企业品牌，于2018年成立橡果美健实业投资股份有限公司（简称橡果美健），开启集团化管理，并确立了新的企业经营宗旨、使命和愿景。

经营宗旨：融入时代潮流，通过健康和美丽事业，为社会提供新的生活方式，帮助人们提高生命质量、享受幸福里程。

使命：引领时尚的食·饮·生活，放眼全球，帮助人们创造健康的身心，建立由内而外的自信，速递惊喜和满足，成就"醉美"人生。

愿景：成为全球美健行业的领军企业。

2020年，橡果美健再次携手启势商学，制订了第一个五年战略计划，确立了营收50亿元、领军中国、全球同步的中长期发展目标，并做出了未来十年发展的业务规划（见图2-1），涵盖健康食品、保健食品、母婴食品、化妆品、特殊医药用途食品和特殊膳食用途食品六大业务板块。

| 生活需求 | | 目标客群 | | | | | | |
|---|---|---|---|---|---|---|---|---|
| | | 婴幼儿<br>(0~3岁) | 儿童<br>(4~12岁) | 青少年<br>(13~21岁) | 青年人<br>(22~30岁) | 中年人<br>(31~45岁) | 中老年人<br>(46~60岁) | 老年人<br>(60岁以上) |
| | 瘦 | 母婴食品 | | | 母婴食品 | | | |
| | 美 | | | | | | | |
| | 健 | | | | | | | |
| | 瘦 | | | | 健康食品 | | 保健食品 | |
| | 美 | | | | 化妆品 | | | |
| | 健 | | | | | | 特殊医药用途食品<br>特殊膳食用途食品 | |

图 2-1 橡果美健的业务规划

2021年9月橡果美健第二基地在广东肇庆奠基，2022年3月新总部开业投产。经历新冠疫情大考，橡果美健抓住危机之中蕴含的机会，吸纳"五虎上将"，跟华南理工大学产学研合作，事业稳健发展。橡果美健以体重管理为核心，在细分领域中坚持和深耕，产品满足全生命周期需求，未来覆盖全年龄段，打造以美丽、健康事业为基础，以膳食营养为新型产业链及普通食品规模化生产的现代高新技术企业集团，打造中国优质大健康品牌孵化基地，为广大大中小型企业提供专业的OEM、ODM一站式服务，提供大健康产业综合性服务。

## "世界级愿景"带来"世界级企业"

企业的使命是指在企业经营宗旨的指引下，企业的定位和担当。

企业的愿景是企业未来十年想要达到的状态，是企业希望实现的蓝图。

愿景一旦提出，企业就可以在愿景的指引下思考：这一愿景对应的全球标杆企业是哪一家？国内标杆企业是哪一家？它们现在的营收规模是多少亿元？市场范围、产业结构、产品矩阵、研发组织和人才战略等是什么样的？对照标杆企业，本企业的愿景应该如何具体落实呢？不论是掌舵人还是经营团队，通过不断思考可以使经营思路越来越清晰。

企业的愿景一定是美好的、有价值的、有格局的，也一定是令员工激动、欢欣鼓舞的。因为这个愿景跟每一位员工有关，员工可以从企业的愿景产生联想，看到未来的机会，看到自己的未来。

## 案例 2-3 中集集团的"世界级"愿景实现了吗

"成为所进入行业的世界级企业"，这是 2002 年之后中集集团明确提出的愿景。

当时中集集团进入的行业有集装箱、木地板、特种车辆和登机桥等，中集集团对标相应领域的世界级企业后，其世界级愿景一下子变得清晰起来。

其实中集集团的世界级愿景不是一开始就有的，也不是想出来的，而是做出来的。1996 年中集集团的干式集装箱产销量首次超过全球龙头企业——韩国现代重工集团和韩国进道集团，以 20% 的市场占有率成为全球第一[一]，到 2002 年中集集团的干式集装箱销量一直是世界冠

---

[一] "中国'集装箱大王'：连续 25 年全球第一，拿下 45% 的市场份额"，新浪新闻，2021 年 8 月 24 日。

军。就是这样的经验和底气，才使得麦伯良敢于提出世界级愿景。

2002年中集集团的年营收为90.78亿元，2020年为941.59亿元，2021年为1636.96亿元。2020年，中集集团在全球集装箱市场的占有率在45%左右，干货箱占有率基本稳定在50%以上，冷藏集装箱占有率一直保持在55%以上，特种集装箱在品种和占有率上同样是世界第一[⊖]。

时光荏苒，如今中集集团的新愿景是：成为所进入行业的受人尊重的全球领先企业。新的愿景将指引中集集团开启万亿元长征路。

---

⊖ 深圳特区成立40周年，"麦伯良：中集下一站"，于惠如，《经济观察报》，2020年8月19日。

## 能力是核：从自然增长到战略驱动

企业往往会经历各种周期里，如技术周期、产业周期、市场周期、用户生命周期、历史周期、企业家个人的人生周期。周期无始无终，永远波动震荡。

很多时候，企业的成功靠周期，衰亡也是因为周期。当企业开始衰落，表象也许体现为企业的股价跌了 90%，背后的原因则可能是企业未能为下一个周期做准备。

可以说阿里巴巴已经三次成功地跨越了周期，从 PC 互联网到移动互联网，再到智能商业。

华为 30 年四次跨越周期，从模拟通信到架设互联网，到移动互联网，再到数字时代的云计算。

抓住一次机会，也许是靠天赋加运气。一次跨越周期，也许还可以说人家是靠天赋加运气。但是有的企业，能够持续三次、四次跨越周期成为百年企业，那就是企业战略能力强。

## 五大量级与五种能力

在当今这个变幻莫测的时代，为帮助企业实现从自然式增长转向驱动式增长、从要素型增长转向能力型增长、从规模性增长转向结构性增长，本书提供了一份行动蓝图。

营收跨量级发展有五大阶段：过亿小目标，破十新征程，越百大战役，千亿大决战，万亿长征路。

要实现跨量级发展，战略是第一驱动力，资本是第二驱动力，战略驱动和资本驱动有机一体、交织进行，企业才能稳健而有效率地迈向万亿经济王国。

有了新的愿景就需要新的战略，有了新的战略就需要新的能力，只有这样企业才能实现从自然发展转向战略性发展，松下（中国）前总裁木元哲把这种企业称为"愿景先行的企业"。

对于需要什么新的能力，不同企业是不一样的，从跨量级发展的角度和共性上看，在不同发展阶段企业所需要的关键组织能力是有规律的：营收要过亿，重在产品经营能力；营收要破十，重在客户经营能力；营收要越百，重在产业经营能力；进千亿俱乐部，重在资本经营能力；迈向万亿经济王国，则重在产融平衡的能力。

## 过亿小目标的产品经营能力

产品经营创造经营现金流和营业利润，是经营质量和发展质量的第一保证。

### 什么是产品经营

产品经营就是经营产品，以打造强力产品为中心展开经营活动，实现过亿小目标。打造差异化极致产品是产品经营的核心。

产品经营有五大抓手。

- 产品思维：用极致产品服务目标客户。

- 打造极致产品力：持续创造冠军单品。

- 拜技主义：为了打磨冠军单品，在独门绝技上下功夫。

- 以极致的产品力，打造长期合作的客户群。

- 以极致的产品力，开拓全国乃至全球市场。

经济能力是企业的第一生存力，产品经营能力是第一生存力的根基。

## 围绕产品客户做产品经营

花钱购买企业产品的组织或个人，就是企业的产品客户。只有正确认知产品客户，才能围绕产品客户做产品经营。

- 企业根据客户潜在或现实需求开发差异化产品，选择目标客户很重要。

- 企业通过差异化产品为客户提供新价值。

- 客户"用钱"投票，选择优质的产品。

- 客户"用脚"投票，选择长期的合作伙伴。

- 企业根据增量突破、跨量级发展的需要，提高客户质量、优化客户结构。

产品经营服务产品客户，持续提高客户的满意度，这是经营团队的第一大责任。

## 提高产品经营能力

要提高产品经营能力，就必须构筑为客户提供新价值的卓越业务体系，提高七大方面的具体能力：差异化产品；魅力质量；极速交付；差异化价格；差异化服务（Service），快速响应客户（即柔性，Flexibility）；持续技术升级和产品迭代，推出新技术、新产品和新服务。

## 破十新征程的客户经营能力

毋庸置疑，用产品选择目标客户之后，要实现客户价值最大化，就要以客户为中心，提供整体解决方案，全面满足客户需求。企业经营要以产品经营为根基，同时升级到客户经营。

## 客户经营就是经营客户

有的时候靠掌舵人的个人能力，可以打造强力产品甚至亿级单品，但是要做到10亿元营收，就必须依赖企业的整体组织能力。只有产品能力是不够的，必须构筑长期的客户关系，打造以客户经营能力为中心的企业经营能力，把掌舵人能力移植到团队和组织。

客户经营就是以客户为中心,用整体解决方案全面服务客户,给客户提供最大价值。

- P(产品):以产品为载体建立客户关系。

- P×n(多产品):以品类为对象,全面提高客户采购占有率。

- P×n+α(全面服务):通过服务来提供整体解决方案,提高销售连带率。

- 战略合作:成为客户整体分包商,帮助客户整合供应链。

- 交付力(第五级、最高级):跟客户战略协同,全球布局,战略陪伴。

客户对企业的价值在于年度订单额和年度利润,客户价值最大化是提高营销效率和经营效率的第一手段。

以上是以 B2B 业务为载体来说明的,实际上和 B2C 业务在规律上也是相通的,童装店里卖奶粉和益智玩具就是这个道理。

### 提高客户经营能力

要提高产品经营能力,就必须为客户提供战略陪伴,构筑长期牢固的合作关系,这需要提高企业四大方面的具体能力:解决客户问题,消除客户困扰(不限于投诉);跟客户联合开发、协同创新;快速响应客户的个性化需求,做到一对一甚至是单件定制服务;不断优化客户结构,保障客户质量。

## 越百大战役的产业经营能力

把自己定位在做某一个行业,而不是定位在服务于客户所在的行业,这是传统的企业思维;把自己定位在服务于客户所在的行业,而不是定位在服务于客户所在的产业,这是很多企业的思维局限。

实际上,营收要越过百亿,就要升级到产业定位,要做产业经营。

## 产业经营就是经营产业

把贡献于产业发展作为经营定位,这就是产业经营,即以经营好一个产业作为企业目标。产业经营具体来说有以下特征:

- 顺应时代大势,定义企业所在的产业。

- 洞察产业逻辑,进行产业定位:企业在哪个位置上为产业发展做贡献。

- 用生态思维分析产业资源,确定目标客户。

- 理解目标客户,打磨强力产品。

- 持续技术迭代,为产业发展做贡献。

只有用产业经营思维建立中观能力,企业才能打破以自我为中心的小格局,其产品经营才能游向产业发展的大海。

## 从五个方面着手进行产业经营

服务于客户所在的产业是企业获得经营现金流和营业利润的最高级别。产业经营可以帮助企业迈上百亿台阶，多产业经营能够助力企业进入千亿俱乐部，迈向万亿级则需要多产业经营加产融结合。

提高企业产业经营的能力，可以从产业规划、产业定位、产业资源链接、产业贡献和产业升级五大方面着手。

## 锻造产业经营力

产业经营的能力称为"产业经营力"，产品经营的能力称为"产品经营力"。

企业经营产品的能力，是微观经营能力，表现为是否能打造冠军单品、单品龙头和品类龙头。企业经营一个或多个产业的能力，是企业的中观经营能力，具体表现在：

- 基于时代大势，判断传统产业升级的方向，发现新兴产业。

- 根据宏观经济走势，基于国家倡导，在中长期战略层面进行产业布局。

- 在一个或多个产业上恰当定位，融入产业生态，建立独特优势。

- 活用产业资源，为产业创造独特价值，在一个或多个产业上赢得地位。

- 通过产业经营为产业发展做贡献，获得业绩增长，创造持续的发展后劲。

产业经营力是大规模企业可持续发展的后劲所在，营收规模小的时候企业靠微观经营能力就可以实现持续增长，奔百亿、进千亿企业必须具有产业经营力才能实现可持续增长。

## 千亿大决战的资本经营能力

华为在很早就有了资本经营的战略。"华为基本法"⊖在第二章"基本经营政策"当中首次提出"资本经营"一词，在第三十八条明文规定："我们在产品领域经营成功的基础上探索资本经营，利用产权机制更大规模地调动资源。"

实际上，企业不但在进行以产品为中心的产业经营，而且还在进行以资本为载体的资本经营（见图2-2）。

图 2-2　企业同时在做产业经营和资本经营

---

⊖ "华为基本法"，华为官网。

营收过百亿之后,企业进入千亿大决战,以进千亿俱乐部为长远目标,必然要提高以多产业经营为核心的资本经营能力(见图2-3)。

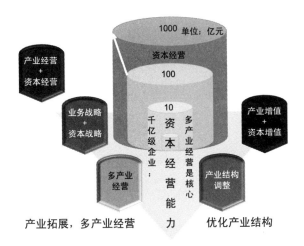

图2-3 进千亿俱乐部,重在提高资本经营能力

## 认知企业的资本客户

中国建材集团前董事长宋志平说:企业有两类客户,一类是产品客户,一类是资本客户。

企业作为被投资方,通过经营将资本增值并回报投资方,投资方是企业的第二类客户——资本客户。

股东是企业的资本客户,提供融资的金融机构是企业的资本客户,提供融资的民间资本也是企业的资本客户。广义上,员工作为智力资本投入者,也是企业的资本客户,资本属于社会,社会也是企业的资本客户。

产品经营服务于产品客户，资本经营回报资本客户。持续提高资本客户的满意度，这是经营团队的第二大责任。

## 资本经营就是经营资本

资本经营就是经营资本，目标是实现资本增值。

资本经营有五个层次。

第一层：经营业绩增长，提高资本回报率（ROA）。

第二层：做好资产配置，实现资产保值增值。

第三层：提高战略质量，实现市值增长。

第四层：做好风险管理和危机应对，确保企业安全、可持续发展。

第五层：适度进行产业投资，为长期发展积蓄势能。

## 锻造资本经营力

资本经营的能力称为"资本经营力"，具体是指企业运用资本的力量，活用社会资源进行多产业经营，实现资本增值的能力。资本经营力包括五个方面：

- 依托于产业经营进行资本经营，产业经营与资本经营双螺旋发展。
- 将投资和股权转让作为多产业经营和产业结构调整的重要手段。

- 面向产融结合,为了产业发展进行资本经营。
- 同步创造产业增值和资本增值。
- 实现营收和市值同步突破。

资本经营力是企业进入千亿俱乐部、迈向万亿经济王国的重要能力。

## 万亿长征路的产融平衡能力

在营收达到 3000 亿元以后,企业就迈向了万亿级,这种超大规模的商业组织就像航空母舰群一样,需要陆海空一体化系统才能安全航行、稳健发展。在人类的企业实践当中,万亿级企业最终都呈现了产融结合的经营形态。

### 产融结合是企业经营的最高形态

产业与金融业为了共同的发展目标和整体效益,以股权关系为纽带,通过参股、持股、控股和人事参与等方式,进行内在结合或融合,这就是产融结合[一]。

产融结合有两大路径:由融而产和由产而融。

由融而产是由金融业向产业渗透,由金融母公司管控整个集团,

---

[一] "从通用电气看产融结合变迁史",个人图书馆,2016 年 8 月 12 日。

以摩根财团为代表；由产而融则是由产业向金融业扩张，形成能发挥产融优势、服务于产业的金融核心，以通用电气为代表。

产融结合的本质是混业经营，是企业进入超大规模以后，确保实现营收和利润的持续增长、提高竞争力的重要手段。

## 万亿经济王国追求产融平衡

不论是由产而融还是由融而产，产大于融不能有效发挥金融杠杆作用，融大于产则脱实向虚，金融业务的高杠杆特性会放大经营风险，产融平衡才是企业迈向万亿经济王国所追求的最高境界。

### 案例 2-4　产融平衡：通用电气去金融化

产融结合是从 1981 年到 2001 年杰克·韦尔奇主持通用电气期间创造的卓越实践，通用电气产融结合成功的一个重要原因是金融业务为实业竞争力的提升提供了有力支撑，这主要体现在以下三个方面：一，实业与金融业的业务协同，是通用电气产融结合的基础；二，实业与金融业的财务协同，是通用电气产融结合的巨大动力；三，富有成效的战略调整，是通用电气实现跨越式增长的核心竞争力。

2008 年金融危机后，美国企业加速"再工业化"进程。2015 年 4 月 10 日，通用电气宣布将剥离旗下 90% 的金融资产，只保留航空金融、能源金融和医疗设备金融继续为实体服务，上述金融业务分别并入通用电气集团相关业务板块。相关报道说：通过一系列举措，通用电气实现了金融业务的瘦身，独立的金融板块已不复存在，这使通用电气业务板块更专注于制造业。

通用电气选择适当的时机剥离金融业务，获取充足的现金，通过发展高端制造业实现战略转型。

实际上，通用电气并非是彻底去金融化的，而是由过度金融向产融平衡回归。专家解读说：由产而融、产融结合还是要以"产"为核心，通用电气剥离金融业务并非"由产而融"的产融结合模式的终结，而是对过往"重金轻实"战略的矫正，更是应对产业发展趋势的重生。

## 组织是翼：从英雄老板到组织智慧

任何一个新商业文明，都是众多新商业组织卓越实践汇聚而成的历史结果。

从历史上看，企业所有权和管理权分离，释放了组织活力；精细化管理，让规模化组织成为可能；包括谷歌在内的互联网企业，又通过组织革新，实现了个人能力的最大释放。

目前，人类正在进入人工智能时代，但从根本上看，人工智能企业的长期核心竞争力还是人。人作为企业的核心竞争力，必须通过组织和管理来保证。

## 从五大方面积蓄组织能量

做到一定程度后，企业是有能量的，很多掌舵人都会有这样的感受或认知。

什么是组织能量？组织能量附着在企业的外部影响力上，表现为对外部的资源动员力。

组织能量包括五大方面。

- ◆ 客户价值：组织能量第一承载于产品和产品力上。
- ◆ 经济能力：组织能量第二承载于营收和利润量级上。
- ◆ 做大事的能力：组织能量第三承载于战略和战略执行力上。

- 核心团队能量：组织能量第四承载于掌舵人和"五虎上将"上。
- 思想感召能力：组织能量第五即最高承载于企业文化和品牌上。

组织能量在大才做大事的过程中积蓄和释放，聚合为企业的发展势能。

企业的能量在哪里？它既附着在组织身上，又附着在人身上，组织的能量和人的能量交织在一起，相互作用，就形成企业的发展势能。

## 跨量级发展的五"能"突破

亿级企业靠能人，十亿级企业靠能力，百亿级企业靠能量，千亿级企业靠势能，万亿级企业靠超能。基本规律是，低量级看高量级，高量级要兼容低量级：十亿看百亿，百亿看千亿，千亿里有百亿，百亿里有十亿。奔十亿企业也应该积蓄能量、加速发展，奔千亿企业也要积蓄超能；另外，百亿级企业也要靠能力，十亿级企业也要靠能人。

## 从第一个五虎上将开始蓄能

优秀的员工引来优秀的员工，优秀的客户引来优秀的客户，这就是同边效应；优秀的员工引来优秀的客户，优秀的客户引来优秀的员工，这就是跨边效应（见图2-4）。

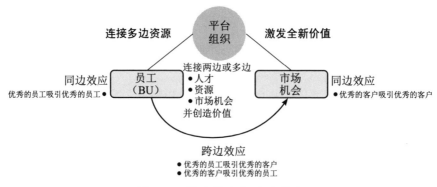

图 2-4　同边效应和跨边效应

企业有大人才，就能引来其他的大人才；企业有大客户，就能引来其他大客户。企业有大人才，就能链接大资源、开发大客户；企业有大资源、大客户，又能引来大人才。其中不但有品牌背书、信任转移的原因，还有相互激发、相融共生的作用，持续下去，企业就能不断吸纳能量，积蓄发展势能。

同边效应和跨边效应在哪个点上开启？

从吸纳第一个大人才开始，这里说的"大人才"，是具备企业跨量级发展所需要的新能力的五虎上将，显然，过亿小目标、十亿新征程、越百大战役和千亿大决战所需要的大人才完全是不同层次的。

企业不断积蓄能量，释放能量，获得业绩增长和持续发展。发展势能是马太效应现象，表现在以下五个方面。

- 组织营销力：企业对外部资源的撬动力。

- 吸力：企业对优质资源的吸引力、链接力和吸纳力。

- 动员力：聚合内部能力，调动外部资源做大事。

- 同边效应：某类优质资源吸引同类优质同类。

- 跨边效应：某类优质资源吸引其他类别的优质资源。

这里所说的资源包括全球资源、国家资源和地方资源、产业资源、社会资源、内部资源。

发展势能对外释放为：快速动员相关资源，不断做大事，创造外部机会，持续增长，后劲十足，表现出健康的、欣欣向荣的发展趋势。

## 用新组织配置人才

沿着旧地图找不到新大陆。新愿景引领新战略，新战略要用新组织落实。根据十年愿景制定五年战略，有什么样的战略就要匹配什么样的组织，用新组织调整资源配置，尤其是人才配置。

企业资源在最底层就是两类：资金和人才。在新愿景、新战略指引下，资金作为资源的第一载体转化为硬件、软件和系统，表现在装备、厂房、办事处和运营系统等各方面。关键问题有：投入的资金如何发挥作用？资金怎么转化为战略绩效？这两个问题的答案都与人才，特别是担当主战一方、开疆拓土大任的五虎上将密切相关。

这个时候，掌舵人面临的一个大挑战，就是情理平衡的能力。不改革组织，企业资源仍然按惯性投放，难以大破大立；改革组织，必然要调整上一代战将也就是"老臣子"的位置，很多掌舵人磨不开情面。

俗话说：慈不掌兵，情不立事。实现新愿景需要新能力，建立新能力需要用新组织，新组织才能吸纳新战将、建立新能力，这个逻辑是通透的，改革组织才能大破大立，为情所困、不能切断历史的羁绊，这正是很多掌舵人率领老战队徘徊跌宕、难以突破的根本原因。

## 用新组织筑巢引凤

不改革组织，企业吸引不了新战将。外部大人才凭什么愿意到小庙堂屈尊呢？怎么才能把内部冒出来的高能人才或者高潜人才拔高使用呢？唯一的方法就是改革组织，设立新的组织模块，筑巢引凤。

新组织其实是企业架构的新庙堂，因为组织改了，所以人事要调整，要引进大人才。旧的岗位都没有了，那些居功自傲、难以担当新战略大任的"老臣子"自然就要接受新的人事调整。

掌舵人重情，容易为情所困；企业发展又需要大破大立、阔步向前。要做到情理平衡，一个好的方法就是：团队参与战略制定，巧妙进行变革动员，改革操刀要有大旗手，掌舵人做好思想工作、照顾好人。

## 用新愿景、新战略设计组织

制定中期战略的最后一步，就是设计未来五年的组织。某企业将未来五年营收目标定为从 20 亿元增长到 60 亿元，接下来要做 60 亿元的组织设计，也就是用什么样的架构、什么样的人才来操作 60 亿元的大盘。新组织能使60亿元规模的企业有效运转的话,还要能满足70亿元、80亿元的需要。当然,要支撑100亿元大业就要进行下一阶段的组织设计了。

组织设计要有顶层设计的思维。企业不能在今年围绕明年目标来做组织设计,而是应围绕未来五年的大目标进行组织设计。做好的未来五年组织设计,并不是马上就要实施,而是作为组织改革的指引。接下来一年又一年企业通过进行组织改革、人事调整,有节奏地迈向新的组织,有的时候是组织微调,有的时候是组织大改革。

## 老板经营→团队经营→组织经营

企业经营一般会经历三大阶段:老板经营、团队经营和组织经营。早期企业依靠老板的超人能力,可以从0做到1,也许是几百万元、几千万元营收;规模扩大,就需要专业化分工才能提高效率、保障大批量订单的交付,因为个人精力和体力有限,所以企业需要依靠团队经营,老板也需要左膀右臂,最好是一个好汉三个帮;规模越大、经营年限越长,尤其是营收破十亿元之后,一定要迈向组织经营,也就是依靠组织职能的连动作用,企业自主运转、响应市场、应对变化,这也是企业经营的最高境界,人才在组织中发挥作用,组织对个别大人才的依赖度降低,团队在组织经营中贡献集体智慧。

企业在跨量级发展的过程中,从过亿、破十、越百、进千到迈万,一般会经历单体企业、总企业、集团化企业、二级集团企业和经济王国几个大的组织阶段（见图2-5），追求跨量级发展的组织改革必然也要遵循这一规律。

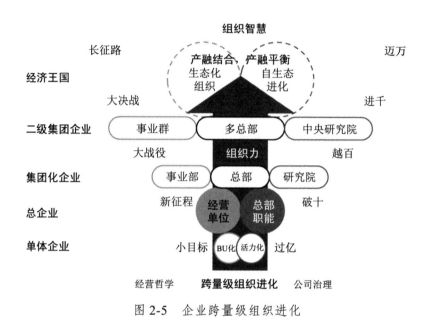

图 2-5 企业跨量级组织进化

## 用中期组织架构创造动力

改革组织、调整人事，用新的组织明确大盘业务、新增业务和战略探索业务的战略责任；ABC三级战略动力由不同的战队挑相应的担子，责任清晰、资源匹配、结果导向。给了战队机会和时间，如果结果不行就要及时换将。

## 一亿小目标：构建打造冠军单品的组织

单体企业以产品经营为核心，打造极致产品力。亿级企业要构建打造冠军单品的组织，重点是 BU 化和活力化。

BU 是 Business Unit 的简称，即业务单元或经营单元。所谓 BU 化，就是化小业务单元、核算经营价值，提高员工自主经营的意识，激发员工创造性工作，创造业绩增量、分享增量价值，实现活力化。

京瓷的阿米巴经营是 BU 化、活力化的代表案例，虽然阿米巴经营在中国企业中的实践成果褒贬不一，但是通过 BU 化和活力化激发组织活力、促进全员自主经营已达成共识。实际上，阿米巴经营的原型是松下的商店经营，松下以科室为单位进行经营计划编制和收支费用管理，最小规模是 6～10 个人。

单体企业的组织设计本身并不复杂，难点在于：在打造亿级单品和冠军单品的过程中，有的企业弱在技术，有的企业弱在营销，有的企业弱在生产，有的企业弱在销研产一体化。根据实际情况，企业制定合适的 BU 设计和激励机制来激活团队，确定用什么样的组织来"筑巢引凤"，从外部招募或在内部提拔五虎上将，突破技术、营销或生产方面的短板，带领销研产一体化作战。

## 破十新征程：分开总部职能和经营单位职能

企业做到一定规模或者一定年限时，掌舵人要开始建立"总企业"的概念，也就是将总部职能和经营单位职能分开：经营单位负责产品经营，创造营业收入和利润，创造现金流；总部负责企业的战略和整体管理，并给经营单位赋能。

比如，一家企业靠一个产品做到 1 亿元营收之后继续发展，奔向 2 亿元、3 亿元，这个时候从增长动力的角度看需要导入第二个产品。这个产品可以放在现有经营单位孵化上量，也可以孵化第二个经营单位实现过亿营收，用第二种方案更有利于责任到人、增量激励、激发组织活力，创造比学赶帮超的良性局面。这种情况下就需要强化总部职能，为两个经营单位赋能，并提供战略和整体管理。

把总部职能独立出来进行建设和强化，可以更好地孵化新的经营单位，做好战略和整体管理，更有效率地进行大规模经营，更好地创造三级增长动力，做好风险管理。

很多企业过亿之后爬坡乏力，一个主要的原因就是用亿级企业的组织迈向破十新征程，总部职能没有建立或者太弱，不能提供强劲的增长动力。

一般来说，十亿级企业既有营收几亿元的产品，也有营收几千万元的产品。企业进入破十新征程，就要设计好总部和多个经营单位的组织架构来集结五虎上将，组建多个战队协同作战。

## 越百大战役：重在产业经营能力

只要营收突破十亿元，企业就进入了奔百亿的发展通道，掌舵人要有"百亿"大意识，用迈向百亿级大集团的高端思维，用做大事业的豪迈之情，高屋建瓴地进行顶层设计。

营收有个十百千万（亿元）的量级，不同量级的企业就像从小鱼、小虾、鲨、鲸、祥龙，鱼虾游河江，鲨、鲸跨海洋，祥龙飞天又潜海。亿级企业靠产品经营，十亿级企业靠客户经营，百亿级企业靠产业经营，千亿级企业靠多产业经营——只有定位于产业经营，企业才能获得足够的市场空间，才能顺利发展为百亿级企业。要提高产业经营的能力，企业就要具备强化总部职能、导入事业部制、建设研究院这些百亿级企业的共同组织特征。

## 案例 2-5　事业部制支撑美的突破百亿

事业部制被公认为 20 世纪最有效的分权组织形式之一，是美国杜邦和通用汽车创立的组织形式，东方事业部制的鼻祖则是日本松下。

美的是中国第一批上市的企业之一（美的电器，当时证券代码为 000527），上市之后美的大规模扩张，到 1996 年已经有五大类 200 多种产品，1997 年美的营收罕见下滑，从上一年的 25 亿元减少到不足 22 亿元，空调销量从行业前三后退到第七。

面对严峻局面，掌舵人何享健透彻分析原因，果断进行组织改革[一]，以产品为中心将企业划分成五个事业部：空调事业部、风扇事业部、电饭煲事业部、小家电事业部和电机事业部（见图 2-6）。

---

[一] "美的 1997：跨越百亿规模背后的事业部改造"，苗兆光，《洞察：华夏基石管理评论》，2020 年 12 月。

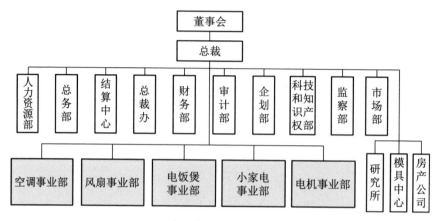

图 2-6 美的集团 1997 年组织架构

"美的的分权是被逼出来的",美的前高管刘欣说,为了加强高管们对事业部制的认识,何享健特意请专家来培训⊖,何享健甚至厉声宣布"美的只有搞事业部才有出路,事业部是美的必须要走的一条道路"。他的言外之意很明显:谁阻碍变革,谁就出局。

事业部制激发出美的的新活力,1998—2000 年美的连续三年营收大增长,分别达到 36 亿元、56 亿元和 88 亿元,2001 年突破百亿元大关,达到 105 亿元,2004 年突破 200 亿元(见图 2-7)。

---

⊖ "从集权之痛到分权之美:美的如何用分权把企业做大?",刘欣,卓越运营实战,2022 年 3 月 4 日。

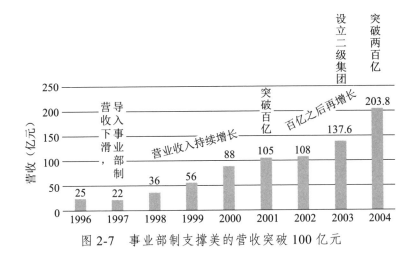

图 2-7　事业部制支撑美的营收突破 100 亿元

## 进千亿俱乐部：重在资本经营能力

越过百亿之后，爬坡千亿必然艰难，可能是一两段爬坡辛苦，也可能是千难万险，企业要有千亿大决战的宏观战役思维，尤其是要看营收稳定在 1000 亿元以上的大集团是怎么走过这段历程的，现在又是什么发展状态。

亿级企业靠能人，十亿级企业靠能力，百亿级企业靠能量，千亿级企业靠势能，万亿级企业靠超能。什么样的组织能够积蓄发展的势能？

美的自 1993 年上市后九年越百亿，三个 1000 亿台阶的跨越分别用了十七年（1993 年—2010 年）、七年（2010 年—2017 年）和四年（2017 年—2021 年），如图 2-8 所示。美的前高管刘欣说：外界看美的，是一个规模近 3000 亿元的航空母舰；内部看美的，是多个规模超百亿元的联合舰队；外界看美的，是一列高速前进的列车；内部看美的，是多个动车组推动的高铁。

图 2-8　三个 1000 亿台阶，美的分别用了十七年、七年和四年跨越

超大型企业的发展势能来自哪里？当然来自于系统的组织力。

战略驱动、资本助飞是两大根本性的原动力，细分下来有十二个维度：战略突破、资本经营，组织进化、人才突破、营销突破、制造升级、降本突破、科技突破、品牌突破、数字化突破、激励突破和文化升级（见图 2-9）。

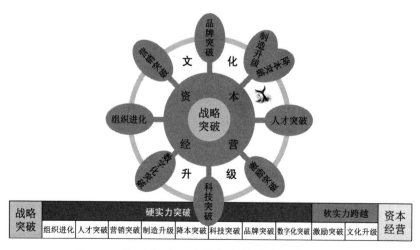

图 2-9　增量突破、跨量级发展的十二维组织力

千亿级企业以产业经营的能力为基础，都是做多产业经营的，资本经营是其必须导入的组织能力，资本经营和产业经营交织进行，业务战略和资本战略相互促进（见图2-10）。

图2-10　企业发展双螺旋：产业经营和资本经营

在2004—2010年期间，美的开展大量并购，多次对事业部进行整合，在事业部之上设立二级集团：制冷集团（大家电部分）、日用家电集团（小家电业务）；此后，美的通过资本运作进行产业链整合的动作就没有停止过，2015年8月开始收购被称为"国际工业机器人四大家"之一的德国库卡集团，2022年3月底完成全面收购，库卡成为美的全资子公司，从法兰克福交易所退市。

进千亿俱乐部，重在资本经营能力，企业需要资本经营人才。财经作家江勇说：实业如吃草，投资如食肉。企业要进入千亿俱乐部，不但要"吃草"，还要"吃肉"，要进化为"杂食动物"。

无一例外，千亿级企业都有多个事业群（Business Group，BG），都是二级集团模式的，都有中央研究院，都在迈向全球多总部，都在做资本经营。

## 迈向万亿经济王国：重在产融平衡的能力

营收达到万亿元以上的企业，在全世界都是屈指可数的，什么时候才算是过了千亿级迈向万亿级呢？我们认为：营收达到500亿美元也就是约3000亿元。迈向万亿经济王国的企业，营收高一点或低一点并不是什么大问题，关键是要稳健经营：企业拥有这么大的营收规模，在现金流管理、资金需求和资金池管理等方面都面临非常大的挑战。这与巨大的航空母舰群对燃料和信息的需求与管理提出高要求是一个道理。

要保障航空母舰级的超大型集团安全运营，就要做到大方向基本正确、组织充满活力，这个大方向除了多产业结构外，还包括产融结合——迈向万亿经济王国，超大型集团都需要金融能力。

### 案例2-6 美的也做金融业务

2021年9月1日，网络媒体开甲财经转发了一篇作者不详的文章，题目是"美的集团市值半年蒸发2800亿，金融业务仅贡献1.17%的营收"。该文章披露：2021年上半年，美的金融业务营收为8.58亿元，占比1.17%，包括吸收存款、同业拆借、消费信贷、买方信贷及融资租赁等。

实际上，美的的金融业务早在 2010 年就开始了：2010 年 5 月成立佛山市顺德区美的小额贷款股份有限公司，2011 年 9 月成立美的小额贷款股份有限公司，2015 年 11 月成立宁波美的小额贷款有限公司，2017 年 6 月成立重庆美的小额贷款有限公司，而早在 2013 年美的就入股了顺德农村商业银行（简称顺德农商银行）。

从营收曲线和时间节点上看，美的的金融业务是在营收达到 1000 亿元时开始的，主要是消费信贷业务。从案例实践来看，消费金融和供应链金融最容易成为由产而融的第一个台阶。

根据网络信息，美的还在加强消费金融产品的人才招聘，美的有意在自身渠道内拓展消费信贷业务。

产融结合是企业经营的最高形态，产融平衡是产融结合的最高水平。企业进入千亿俱乐部之后，在顶层设计上，必然考虑导入金融业务、构筑金融能力，这不是讲道理讲出来的，而是全球诸多奔万亿企业实践出来的。

为什么企业做大后，要有科学家、金融家、经济学家？

对于商业组织来说，跨量级发展所需要的能力往往是附着在人身上的，没有新战将的加入，靠老团队掌握新能力几乎是不可能的，至少非常缓慢、贻误时机。例如，企业破十之后奔百亿，中途必然要建设研究院，研究院怎么建？越百之后进千亿俱乐部，适当的时候要开始建设中央研究院，中央研究院怎么建？

## 从英雄老板到组织智慧

创业者（老板）一般都有超出常人的勇气和才干，然而傲气也是他们身上常见的。企业要做大、做强，不能只靠老板一个人，而要凝聚越来越多能力和能量都超过老板的大将，只有老板保持"每登高，必自卑"的谦逊，才能大树引得凤凰来。

新能力往往附着在新人身上，企业的组织设计必然要筑巢引凤，新人带来新能力，新能力又由人转移到组织。随着时间推移，通过团队、流程、制度和机制等的建设，新人的能力就会沉淀为组织能力。随着人员的流动，组织能力不断强大，这就是人们常说的"铁打的营盘，流水的兵"，其实还有"铁打的营盘，流水的干部""铁打的营盘，流水的老板"。

企业小的时候靠英雄老板、业务精英，企业要做大一定靠团队，企业要做久必然靠组织。英雄老板、团队和组织是三位一体的关系。企业要做大、做久，就必然要实现从英雄老板到组织智慧的能力进化。

## 战将是魂：从创始团队到人才运营

中化集团董事长宁高宁在全国组织干部学院授课时，分享了自己对战略和人才的看法。在宁高宁看来，战略一样，执行不同的话，得到的结果也不同，而人是战略和执行的最大联结点。企业的"企"字，是"人在上"，人是企业里最核心的要素。在企业管理中，有动力系统，也有承力系统。想不想去做，取决于有没有动力系统；能不能做好，取决于有没有承力系统。

日本战略咨询之父大前研一认为，一家企业的能力反映在"对看不见的未来的风险对冲"和"对看得见的未来的布局"。人才布局，就属于这个"看得见的未来的布局"。

从历史纵深来看，面向未来一百年，企业经营是接力赛，从一代经营团队交接给下一代经营团队，要顺利交接，就要有一段陪跑的时间，不能掉棒子。

## 不同量级的战队匹配不同量级的营收

放在量级坐标上看，十亿级营收靠十亿级团队，百亿级营收靠百亿级战队，不要指望一起奋斗到亿级的伙伴继续打下十亿级江山，也不要指望一起打下十亿级江山的队伍能够共同迈上百亿级大台阶，至于进千亿俱乐部和迈向万亿经济王国更是如此：一定要有新的战将加入，新战将带来新能力。

## 开疆拓土的五虎上将

对创业者和掌舵人而言,跨量级发展要靠五虎上将打天下,不能靠自己孤家寡人。创业者和掌舵人一定要避免身边无人可用,要集结五虎上将打天下。

所谓五虎上将,是企业新战略落地时主战一方的大将,五虎上将的使命是攻城略地、开疆拓土。

五虎上将一般具备五大特征:

- 高气质:有将帅之气。

- 大担当:拓边界,能实现从 0 到 1、从 1 到 10、从 10 到 100 的大突破。

- 高能量:运筹帷幄,操大盘、打大仗、打硬仗。

- 高能力:勇谋兼备,在战争中学习,常打胜仗。

- 壮队伍:在战斗中升级战术战法,提升战斗力,扩大战斗队伍。

## 打江山、坐江山的四梁八柱

新人带来新能力,大才吸引大才。除此之外,要打江山、坐江山,追求增量突破、跨量级发展,企业还需要不断吸纳和培养四梁八柱。

所谓四梁八柱,是企业新战略落地时参与攻守作战的统领,也就是核心骨干人才,四梁八柱的使命是战并守一方。

四梁八柱的三大职责是：

- 攻山头：担当作战主力，分担从 0 到 1、从 1 到 10、从 10 到 100 的具体任务。

- 守城池：作为中流砥柱，主战从 1 到 10。

- 带队伍：积小胜成大胜。

栋梁人才是在战斗中冒出来的，四梁八柱一般都有很高的潜力，从四梁八柱中选拔五虎上将是企业人才培育和发展的有效方式。

## 从人才招聘到人才运营

做中国市场，用全国人才；做全球大业，用全球人才。

掌舵人要升级人才观念，从人力资源管理升级到人才运营——从人才为我所有转变为人才为我所用。主要从以下五个方面转变：

- 升级人才思维：做中国市场，用全国人才；创全球大业，用全球人才。

- 拓宽人才视野：在全国甚至全球范围内物色人才。

- 链接全球人才：用大平台、大资源、大项目接触人才。

- 多元化合作：用多种角色、多种途径跟人才合作。

- 帮助人才成功：跟人才共创价值、共享成果。

破除管控思维，把员工和社会人才当作资源来活用。用共创大业的豪气，真正做到不拘一格用人才。

## 案例 2-7　从你教人才怎么做，到人才教你怎么做

多氟多新材料股份有限公司（简称多氟多）是锂离子电池等三大领域的国家龙头企业。2021 年 4 月，启势商学技术导师祖林跟多氟多董事长李世江就人才升级有过一次交流。

李世江说："前段时间到上海，想去挖人才。当时跟一些朋友交流，他们对此有两种观点。一种认为企业必须到外面挖人才，否则没办法干，不可能发展起来；另一种认为，你就是个四线五线城市的企业，把人才挖过来也不行。"

这个问题怎么解决？当时有个朋友跟李世江说了这么一句话："其实这个事情也很简单，你在上海搞个办事处或者运营中心，不管起什么名字都好。"

李世江问："这里面区别有多大？"

朋友说："你如果把人才招到焦作来，你要教这些人才怎么办；你如果在上海挖到人才，那是这些人才教你怎么办。这就是最大的区别。"

上海也好，深圳也好，过去多氟多也尝试过，但觉得成本很高，没有下这个决心。自那次交流之后，李世江下定决心，必须到上海等人才集中的地方设点，不一定奔着非常特定的目标，但是一定要有个目标——就是把人才搞到手，有些是长期的人才，有些是短期的人才。

李世江说："人才是阶段性使用的。实际上，很多企业已经开始在

国内设立第二总部,其中一个目的就是链接全国甚至全球人才。"

多氟多是从焦作冲出来的大型企业,李世江有他独特的用人之道:项目出人才、人才促创新,用高平台拉动大人才。各层次人才在多氟多如雨后春笋般涌现出来:国家级专家、行业领军人才、省级专家、学术带头人,还有一大批科研技术精英。即便是这样,也不足以满足多氟多的发展需要。

2020 年多氟多营收为 42 亿元,2021 年增长到 78 亿元,显然,奔百亿企业必须有更大的人才格局,因为越百亿之后就是进千亿俱乐部,迈向全球第一梯队的多氟多仍然需要世界级人才助力。

## 人才外溢与大才吸纳

人们在很多年以后才发现人才在国际化流动中的外溢现象。20 世纪 90 年代日本经济泡沫破裂,加速了日本企业的全球化布局,大量日本人才到世界各地工作,随着日本企业的战略调整和干部年轻化,大量技术专家和管理人才从日本企业流向韩国企业,2000 年前后开始流向我国企业。2010 年之后,随着我国经济的快速发展和我国企业的国际化,越来越多的日本、韩国、新加坡、美国和欧洲的高端人才加入我国企业。

人才外溢是人才从内部向外部、从高地向洼地流动的现象,常见的有五种人才外溢:从卓越企业向优秀企业,再向新锐企业外溢;从跨国企业向本土企业外溢;从国际化企业向国有企业、上市企业,再向民营企业外溢;从发达国家和地区向发展中国家和地区外溢;从高能量企业向中低能量企业外溢。

从经济能力上看，我国企业当然完全雇得起日本人才、美国人才和欧洲人才。问题是为什么国际大才愿意背井离乡来我国企业工作呢？尤其是具体到某一家企业的时候，这家企业用什么才能吸纳大才加盟、共创大业？

显然不是钱的问题，大才为什么愿意到发展中企业工作？凝聚大才需要用大事业、大目标。

人才在流动中增值，人才流动有四大方向：由边缘向中心流动，跨职能横向流动，由基层向高层流动，内外流动。提高影响力、成为专家、职务晋升（担当大任）和社会化，都是人才增值的表现。

新冠疫情出现之后，人才外溢现象更加明显。对接收人才的企业来说，人才外溢使其能够招募五虎上将、四梁八柱，从而人丁兴旺；对溢出人才的企业来说，人才外溢可能是新陈代谢，也可能是竞争力和生命力消减。

## 人才没有"二手货"

为了经营培养人才，通过经营培养人才；为了跨量级发展招募战将，通过跨量级发展锻造战将。不论是世界级企业、普通跨国企业还是国内第一梯队的优秀企业，员工和企业之间存在阶段性的匹配问题。"人才就是人才，没有所谓的'二手货'"，从大型企业和优秀企业流出的人才，不管是主动辞职还是被动流动，对于其他企业而言也都是人才。

## 案例 2-8  为什么奔百亿、进千亿民企喜欢用美的战将

好莱客爱用美的人,这不是个别现象。高效管理成就"黄埔军校",美的高管人才获得高端制造业普遍认可。

2021年8月,帅康集团总裁孙命阳说了句心里话:"在美的打工十几年,现在找到了感觉。"[1]孙命阳在美的厨电事业部十几年深耕,从基层营销做到主管、区域经理、销售公司总经理、事业部产品经理。2014年,他出任中国按摩仪品牌SKG公司总裁,2017年至今供职于帅康集团,"帅康给了我施展才华的大舞台"。

难道美的的舞台还不够大吗?不!是太大了!

为什么奔百亿进千亿民企喜欢用美的战将?

华创证券研究员秦一超点评说:在复杂多元的业务对接背景下,美的高效成功的管理机制成就了众多高管人才[2]。美的坚持开放文化,将人才培养放在首要位置。据不完全统计,美的背景出身的高层管理者遍布制造业,"优秀架构不断被模仿参考,侧面证明了美的成熟且高效的组织机制"。

# 人才跨量级,支撑企业跨量级发展

其实,我们不缺中短期的市场机会型人才,现在我们的应用创新

---

[1] "揭秘帅康集团总裁孙命阳:他曾在美的打工十几年如今找到了感觉",韩莎莎,运营商财经,2021年8月20日。

[2] "美的:坚定生长,科技帝国的大中台时代",秦一超,华创证券,未来智库,2022年1月17日。

和模式创新引领世界。

其实，我们也不缺中长期的基础科研人才，每年毕业的大学生、研究生、博士生人数是全球最多的。国家现在对科研单位的科研投入也越来越多。

我们缺的是把中长期的科研储备与中短期的市场机会协同起来的战略人才与产业机制。只要这个链条转动起来，我们迸发的创新力量一定会照亮整个世界。我国企业的发展也是如此。

战略执行拉动人才发展，人才发展推动战略落地。只有人才增量突破得以实现，企业的跨量级发展才有了支撑。

从创始团队认知到全球人才运营，企业通过行动，快速创造四个新，即提出新愿景、明确新能力、设计新组织、引进新战将。历程虽然艰难，企业只要坚持下来，就必将走出徘徊跌宕的泥潭，逃出生天，创造新生，实现跨量级发展。

愿世界如同画卷，在你的面前逐层展开。

你可以一直看到新空间、新机会，没有止境。

愿你斗志不息，探索不止。

# 第 3 章

# 在量级坐标中定位企业

定位系统：企业发展的三套量级坐标

导航系统：如何研判企业的发展阶段

探路系统：企业发展量级的自查路径

INCREMENTAL
BREAKTHROUGH

How to Develop Enterprises Across
Orders of Magnitude

星河万里印长空,七星北斗指乾坤。北斗是古代人定方向、定季节、定时辰的标尺。如果你不小心在漆黑的野外或者茫茫的大海中迷失了方向,请不要慌张,天空中北斗星会给你指引方向,让你找到回家的路。

在发展过程中,企业周边的环境变化纷繁复杂,企业家的创业之路常常是"战战兢兢,如履薄冰"的。就像古代人需要依靠北斗星指引方向一样,企业也要找到自己的"北斗星",为战略规划提供方向指引,对内让大家的劲都往一处使,对外让所有的资源都往一处聚。

# 定位系统：企业发展的三套量级坐标

思考：

企业要发展，首先要搞清楚："我在哪儿？"复盘成败得失，梳理资源和机会。接下来要明确："我要去哪儿？"清晰现状、明确目标，路径自然逐步浮现出来。再然后要清晰："我怎么去那儿？"设置节点，配置资源，排兵布阵，步步为营。

北斗星，自古为人们定方向、辨四季、定时辰。我国以"北斗"命名的全球卫星导航系统，实现了中国科技与浩瀚宇宙的时空接力。

北斗卫星导航系统是我国自行研制的全球卫星导航系统，也是继GPS、GLONASS之后的第三个成熟的卫星导航系统。

企业发展也需要一套"全球卫星导航系统"。

构建起营收规模、地位和企业市值这三套量级坐标后，就能立体地衡量企业的现有量级和下一量级，接下来就可以为企业发展"导航"了："我在哪儿？我要去哪儿？"

过亿、破十亿、越百亿、进千亿，由现有量级跨越到下一量级，这就是跨量级发展（见图3-1）。如果有时间界定，必须要在短时间（五年以内甚至两三年以内）由现有量级迈向下一量级，则可以称为"跨量级突破"。

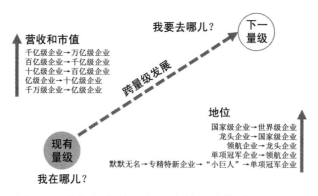

图 3-1　跨量级发展：由现有量级跨越到下一量级

## 案例 3-1　唐人神千亿工程

2020 年 5 月 19 日，唐人神集团股份有限公司（证券代码为 002567，简称唐人神）在湖南株洲召开 2019 年度股东大会以及"千亿工程"高级研讨会。

唐人神董事长陶一山在会上提出，唐人神将用 12 年时间做到营收 1000 亿元、饲料销量 1000 万吨、生猪年出栏 1000 万头、肉品销售 300 亿元、盈利 30 亿元，成为致力于打造 1000 万头、1000 亿元市值的生猪全产业链农牧龙头企业。

2019 年，唐人神营业收入 154 亿元，"千亿工程"看似是一个遥远的目标，但陶一山认为，唐人神集团 30 年稳健经营，专注"发酵饲料、健康养殖、品牌肉品"的生猪产业链，沉淀了产业链规模、发展模式和技术三大核心竞争力，积累了巨大的能量。

唐人神总裁陶业也在会上宣布，为匹配"千亿工程"的宏伟目标，唐人神将努力打造"一厚四能"的唐人铁军，贯彻"3+1 目标是检验工作的唯一标准",运用新战略、新机制、新人才、新技术、新发展的"五新战略",提升"产业链规模协调发展、产品技术与管理技术并举、高效经营管理发展模式"的三大核心竞争力。

在企业内部通过积淀以奠定雄厚基础的同时,唐人神还积极组织外部力量全方位赋能,再次与华夏基石、启势商学、西门子等咨询机构签订合作协议。这些合作伙伴将从战略管理、数字化营运、人才发展和项目制等方面全方位赋能,助力唐人神实现"千亿工程"目标。

不管是营收,还是市值,跨量级目标都是拉动企业迈上长期主义道路的有力抓手。

北斗三号全球星座由地球静止轨道(GEO)、倾斜地球同步轨道(IGSO)、中圆地球轨道(MEO)三种轨道卫星组成,北斗人称这三种卫星为"北斗三兄弟"。

相比之下,增量突破、跨量级发展也有三套坐标——营收规模、地位和企业市值,堪称"跨量级定位三兄弟"。

## 量级定位系统之营收规模

我国企业发展的理论体系建设之路,与卫星导航定位系统的建设之路非常像。之前,我国企业发展的理论框架,无论战略定位,还是品牌定位,大多来自欧美,少有自己的原创。跨量级发展体系,给我国企业提供了一份"国际视野,中国特色"的高质量发展方案。

## 营收是客户群体用钱投票的结果

营收规模量级是市场实力的真实反映，是客户群体用钱投票的结果，营收规模代表的是每天的签单、交付和现金流层次。以此为基础，如何增加现金流、提高利润，则是企业经营质量的课题。

按营收规模量级，可划分出亿级企业、十亿级企业、百亿级企业、千亿级企业和万亿级企业，所有的企业都奔跑在跨量级发展的道路上。营收规模量级坐标最重要的作用，就是提醒企业遵循下一个量级的组织规律来进行顶层设计。

具体来说，营收在 80 亿～200 亿元的只能算百亿级企业，这个阶段企业的目标是将营收稳定在 100 亿元之上并实现持续增长；营收过了 200 亿元后，企业就要吹响冲锋号角，开启千亿大决战，目标直指千亿俱乐部。也就是说，企业营收稳定在 200 亿元后，就必须用千亿思维进行顶层设计。

营收 800 亿元就可以算得上是千亿级企业了，要开始用营收 2000 亿、奔万亿的思维进行顶层设计，优化多产业布局，这样才可能迈过 1000 亿关口并实现向 2000 亿、3000 亿的稳定增长。

营收过了 3000 亿元后，就开始奔万亿了——开启万亿长征路，目标是迈向万亿经济王国；营收 6000 亿元就可以算得上是万亿级企业了，要用万亿经济王国的思维进行顶层设计，优化多产业布局，从产融结合到产融平衡，这样才有可能将营收稳定在 6000 亿元以上（见图 3-2）。

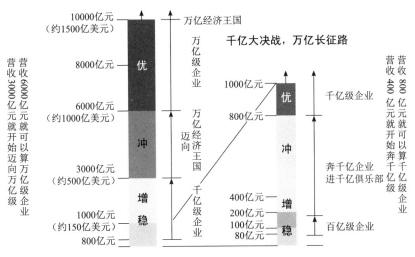

图 3-2 从千亿大决战到迈向万亿经济王国

实际上，万亿级企业并不需要简单地、无限度地追求营收规模扩大，而重在建设自生态、实现安全有质量的利润增长和人效增长——万亿级企业基本上都进入了极高海拔的无人区，贡献于人类科技进步，为人类探索巨无霸企业的长寿之道，这是万亿级企业的最高使命。

从这个坐标来看，华为2020年营收8914亿元，2021年营收6368亿元，它是一个万亿级企业。

## 大型企业用历史纵深的眼光，确保大方向基本正确

用量级坐标衡量企业，用跨量级发展的思维探索企业发展之道，可以帮助企业打破柴米油盐的局限，用历史纵深的眼光，确保大方向基本正确，不犯大的战略错误。

所谓历史纵深，就是用穿越历史、走向未来的眼光，看长远、看清楚、想明白。它一般包括五个方面：

- 从人类经济史和企业史汲取营养，从百年大势看未来。
- 从国家经济史和时代的趋势中选择方向，顺应潮流。
- 从人类产业史和未来十年的方向进行洞察，做好产业定位。
- 从企业创立多少年思考企业未来多少年，构建组织力。
- 用终极思维，规划未来三十年的组织发展，跑好经营接力赛。

## 案例 3-2　通用电气、松下、华为的万亿长征路

通用电气（GE）、松下、华为都是营收 3000 亿元以上的企业，但它们的道路却各自不同。

GE 2008 年营收 1766.56 亿美元（约合 12895 亿元），达到历史巅峰值，位列财富世界 500 强排行榜第 12 位；2020 年营收为 798.93 亿美元（约合 5514 亿元），2021 年营收收缩到 741.74 亿美元（约合 4785 亿元），在财富世界 500 强排行榜下降到第 104 位。

可以说，这是一个衰退的万亿经济王国。在脱虚向实、产融平衡的战略大调整之后，2021 年 11 月 GE 宣布一拆为三，裂变自救，这个由大发明家爱迪生创办的百年企业还是奔跑在全球企业的第二梯队上，仍然有强大的发展势能。

同样是百年企业的松下 2018 年营收 8 万亿日元（约合 5021 亿元），达到历史最高值，2019 年营收 7.49 万亿日元（约合 4956 亿元），

2020年营收6.70万亿日元（约合3951亿元）。

松下的万亿长征路起起伏伏，经营这样一家超大规模的巨无霸企业真的不是一件容易的事情。在2001年历史上首次亏损、2011年和2012年连续两年超过7000亿日元巨额亏损之后，松下大刀阔斧进行改革，全面向B2B业务转型⊖。现在的松下已经不是一家家电企业，而是一家多元化产业集团，并还在持续进行产业结构调整。

华为2020年营收8914亿元，也是历史最高值；2021年营收6368亿元，下降28.56%，却史无前例地表现出顽强的生命力，继2021年年底成立五大军团之后，2022年3月又成立了十个军团⊜，华为吹响全面进军产业数字化的战斗号角。

实际上，2016年8月华为Pay上线，2017年3月华为供应链金融业务启航，2021年3月华为拿下第三方支付牌照。这家万亿级的中国民企正在构建自生态，迈向产融结合之路。

## 中型企业营收2亿元后的顶层设计用十亿级思维，20亿元后的顶层设计用百亿级思维

再看下一层次的营收量级，营收80亿元以上就可以说是百亿级企业了，其目标是跃上百亿台阶、营收稳定在百亿之上并持续增长；营收20亿～80亿元的企业是奔百亿企业，也就是说，企业营收稳定在20亿元以后就必须用百亿级思维进行顶层设计，否则就迟了。

---

⊖ "松下走向下一个百年：巨额亏损和艰难自救"，向炎涛，《中国经营报》，2017年10月7日。

⊜ "华为大动作！再成立十个军团"，《每日经济新闻》，2022年4月4日。

营收8000万~2亿元就是亿级企业，目标是破亿之后稳定增长；营收2亿~8亿元是奔十亿企业，开启十亿新征程，目标是破十亿营收；营收8亿元可以算得上是十亿级企业了，目标是跃上十亿台阶、营收稳定在十亿之上并持续增长（见图3-3）。

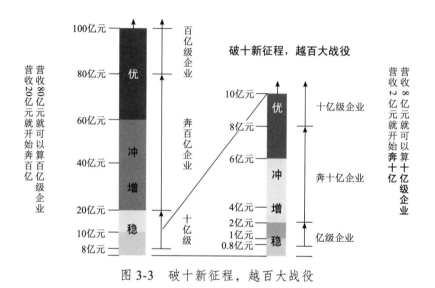

图 3-3　破十新征程，越百大战役

## 案例 3-3　亿纬锂能、广州酒家，跟海底捞、老干妈有什么不同

根据截至 2022 年 2 月 4 日从网上获取的公开数据，从营收量级来看，海底捞和亿纬锂能都是奔千亿企业，老干妈和广州酒家是奔百亿企业。企业要越来越重视顶层设计，营收达 2 亿元以后用十亿思维，营收达 20 亿元以后用百亿思维，营收达 200 亿元以后用千亿思维，这样才能确保大方向基本正确。

海底捞2020年营收是286.14亿元，2021年是411.12亿元，2022年前三季度业绩反映出其全年营收徘徊甚至跌宕的状态，显然，海底捞已经开启千亿大决战，从公开信息来看，掌舵人张勇陷入"餐饮""开店"思维难以自拔，战略布局相对单一，正在多产业经营的道路上苦苦求索。

亿纬锂能2020年营收是81.62亿元，2021年169亿元，2022年363.1亿元，正在收获多产业布局的战略成果，进行千亿大决战。实际上，亿纬锂能在2021年就开始启动多项千亿工程，2022年3月多个千亿级新能源电池全产业集群落地就是例证，这是掌舵人刘金成"遵从产业逻辑做企业"的千亿之道。

再看老干妈，2019年营收是50.22亿元，2020年是54亿元，2021年营收42亿元，从数据上来看，老干妈应该进入了越百大战役，但现实上老干妈还没有开启产业经营之路，掌舵人还在团队经营和组织发展的道路上苦苦挣扎。

另一个近百年的餐饮集团广州酒家，2019年营收是30.20亿元，2020年营收是32.87亿元，2021年营收38.90亿元[一]，从2022年前三季度业绩看，其全年营收会接近或超过40亿元，营收和利润都在稳步增长（见图3-4）。难能可贵的是，从2016年以来广州酒家的利润率一直都在12%以上，显示出非常好的经营质量，这得益于很早就开始的店（门店）、云（线上销售）、场（农场，种植）、厂（工厂）多产业布局。广州酒家正在积蓄发展势能，即将打响越百大战役。

---

[一] "广州酒家年报：营收39亿利润5.6亿，预制菜成未来新增长点"，餐饮O2O，2022年4月3日。

图 3-4　百亿级企业一定是产业经营、多产业布局

老干妈掌舵人自设"不上市、不宣传、不融资"的规则,所以奔百亿的老干妈遭遇没有团队接班的险境;亿纬锂能"遵从产业逻辑做企业",实现了连续21年的持续增长,正在迈向千亿俱乐部;海底捞只有餐饮思维,没有产业布局,在奔千亿的道路上跌跌爬爬。

亿纬锂能和广州酒家,它们和海底捞、老干妈到底有什么不同?根本上的差别在于大破大立、多产业布局。

## 小型企业也要有大志向:冲向过亿小目标

一家企业在营收只有几百万元、近千万元的时候,企业掌舵人一般不太敢想1亿元的目标,不想做大或者不知道怎么做大,对"一亿小目标"心生畏惧。

如果用跨量级发展思维来看,营收8000万～2亿元就是亿级企业,目标是破亿之后稳定增长;营收2000万元就进入了奔亿发展通道,而营收800万元就算是千万级企业了(见图3-5)。也就是说,营收 2000 万元就要开始想 1 亿元的目标，用亿级思维进行战略思考了。

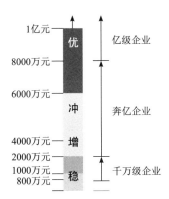

图 3-5　年营收 2000 万元就要开始有亿级思维

## 案例 3-4　四家企业：中小型企业如何过亿奔十亿

跟大型企业一样，广大中小型企业也要琢磨商业组织可持续经营的规律，基于自己企业的实际，找到跨量级发展的抓手。一起看看东莞贝特电子、河南富耐克、厦门及时雨焊料和广西奥顺仪器四个企业的例子。

东莞贝特电子 2020 年营收是 3 亿元，2021 年营收 5.5 亿元，5 年才越过 2 亿元台阶，开始加速破十亿新征程，其战略是发力 3C 产业。

河南富耐克 2020 年营收是 2.3 亿元，2021 年是 3.2 亿元，这家 2018 年就有亿级单品的"小"企业花了 4 年才迈上 3 亿元台阶，其经验是：巩固优势产品市场地位，拓宽产品应用领域，加大国内外市场推广力度，新老产品同步创造销售增量。

一家有亿级单品的企业，营销爆破力是关键，目标是打造冠军单品，进而打造第二个冠军单品。

厦门及时雨焊料2019年营收是1.3亿元，2020年是1.67亿元，2021年达到2.3亿元，两年增长1亿元，开启破十亿新征程。其抓手是加大知名大客户开发力度，正如该公司愿景指引的那样："成为一流电子产品制造商的优秀合作伙伴。"

广西奥顺仪器2016年营收首次达到3000万元，在5年跌宕起伏中迈上4000万元台阶，2021年营收是成立18年以来的最高值，达到4200万元，开启过亿小目标作战。其抓手是用新产品开辟国内市场，做到国内国际双循环。

跟越百进千一样，虽然过亿破十亿的道路艰险，但只要有做大事、求长远的执着追求，在打大仗、打硬仗、打遭遇战、打闪电战和打持久战的历程中，企业一定会迎来一个又一个发展的春天。

无限风光在险峰，中小型企业要敢于挑战跨量级发展目标。

## 量级定位系统之企业市值

### 企业市值三标签：独角兽、蓝筹股和明星企业

独角兽、蓝筹股和明星企业是国际资本市场对企业市值层次的通用分类。

## 独角兽

独角兽是市值超过 10 亿美元（人民币奔百亿），且成立不超过 10 年的创业型企业，也有少部分独角兽企业估值超过 100 亿美元。

以 2021 年全球独角兽企业 Top 10（见表 3-1）为例[一]，独角兽企业通常有五大特点。

- 行业好、增长快：企业处在朝阳行业，增长速度较快。
- 有核心竞争力：独有突破性核心技术，或颠覆性商业模式。
- 有融资经历：有被天使投资经历，也有多轮创投的被投资经历。
- 细分领域龙头：某个细分领域龙头，有些是某一新兴领域的霸主。
- 产业引领：部分独角兽企业引领国家的科技进步与产业升级。

表 3-1　2021 年全球独角兽企业 Top 10

| 排名 | 与上一年排名相比 | 企业 | 市值（亿元） | 总部 | 行业 | 成立年份 |
| --- | --- | --- | --- | --- | --- | --- |
| 1 | 1 | 字节跳动 | 22500 | 北京 | 社交媒体 | 2012 |
| 2 | -1 | 蚂蚁集团 | 10000 | 杭州 | 金融科技 | 2014 |
| 3 | 2 | SpaceX | 6400 | 洛杉矶 | 航天 | 2002 |
| 4 | 1 | Stripe | 6000 | 旧金山 | 金融科技 | 2010 |
| 5 | 53 | Klarna | 3000 | 斯德哥尔摩 | 金融科技 | 2005 |
| 6 | 102 | Canva | 2600 | 悉尼 | 软件服务 | 2012 |

---

[一] "2021 年全球独角兽企业"，胡润研究院，2021 年 12 月 20 日。

(续)

| 排名 | 与上一年排名相比 | 企业 | 市值（亿元） | 总部 | 行业 | 成立年份 |
| --- | --- | --- | --- | --- | --- | --- |
| 7 | 24 | Instacart | 2500 | 旧金山 | 快递 | 2012 |
| 8 | 40 | Databricks | 2400 | 旧金山 | 大数据 | 2013 |
| 9 | 0 | 菜鸟网络 | 2200 | 杭州 | 物流 | 2013 |
| 10 | 38 | Revolut | 2100 | 伦敦 | 金融科技 | 2015 |

独角兽企业不仅是优质和市场潜力无限的绩优股，而且其商业模式很难被复制。

### 蓝筹股

蓝筹股是长期稳定增长的、大型的、传统工业股及金融股，是股市当中具有稳定且较高现金股利支付的企业股票。

蓝筹股通常也有五大特点。

- 在所属行业占有重要支配性地位，业绩优良，成交活跃，红利优厚。
- 经营管理良好，创利能力稳定、连年回报股东。
- 具有很强的穿越周期能力：
  - 萧条时期，能够制订出保证企业发展的计划与措施。
  - 繁荣时期，能发挥最大能力创造利润。

- 通胀时期，实际盈余能力保持不变或有所增加。

◆ 股价走势稳健，市场形象良好。

◆ 代表了经济结构和产业结构变迁的方向。

蓝筹股一般分为一线蓝筹股、二线蓝筹股、绩优蓝筹股和大盘蓝筹股。

## 明星企业

明星企业一般指某个行业或领域的龙头企业：营收量级一般在百亿级以上，有的在千亿级以上；市值一般在千亿级以上甚至达到万亿级；地位一般是某个行业或领域的，甚至是某个产业的龙头企业；一般是所处行业市场上的强势品牌，甚至是领导品牌。

明星企业是所处行业的领头雁，肩负着扩大行业市场空间、探索行业发展方向的重任。

## "三层次"鉴定企业市值量级

上市企业很容易从股票市场知道企业市值，另外资本市场上也有独角兽、蓝筹股和明星企业的评价或榜单，上市企业自然也可将其作为参考。市值管理是上市企业的重要工作之一，成熟的上市企业都有专门的资本经营团队。

对于非上市企业来说，通常有三种方法判断企业市值量级：

- 参考跟自己"最像"的上市企业。

- 跟资本互动时，请专业人士给予评估。

- 跟资本合作时，由资本方专业评估。

不管怎么说，非上市企业的掌舵人都要摆脱对资本的排斥心理，逐步建立资本经营、企业市值和资本增值的概念，学习必要的资本知识，大胆跟产业资本接触、互动和合作，尽快带领企业迈上资本经营道路，提高企业资本经营能力。

## 灵魂拷问之企业市值重要吗

任何一家上市企业的经营管理都离不开两个市场环境，即产业市场与资本市场。产业市场追逐的目标是利润，资本市场追逐的目标是市值。

市值是衡量上市企业实力强弱的标杆，是考核经理层绩效好坏的标杆，也是决定上市企业收购与反收购能力强弱的标杆，还是决定上市企业融资成本高低的标杆。市值不仅能反映企业当下的经营业绩，还能体现企业未来的成长潜力。

作为上市企业的资本运作窗口，董事长秘书所率领的证券事务团队，经过科学合理的组织，通过企业的战略规划与落地实施、日常的经营管理和长期的投资者关系管理，将企业创造价值、实现价值和经营价值的活动有机地结合在一起，将企业创造的价值与投资者对价值的认同有机融合，促使股价充分反映企业的内在价值，最终实现以内在价值为支撑的企业市值最大化。

而以董事长为首的股东团队，则要直面市值的变化对股东财富增减的影响，既不能为短期的高估值所迷惑，也不能迎合市场、迎合主力推高股价、操纵股价，放大股市泡沫，进而影响到股东进一步运用股权资产的能力。

对于非上市企业来说，没有所谓的市值管理，但是掌舵人尤其是负责经营的股东，需要建立资本经营和企业市值的概念。一方面，把自己的资本经营好，实现资本的稳定持续增值，对所有股东负责；另一方面，在企业需要融资或者引入新的资本时，更好地争取资本支持，变现资本回报。更重要的是，掌舵人要提高资本经营的能力。

## 灵魂拷问之什么是企业经营的一体两面

以产品为中心的产品经营通过产品（含服务）贡献于产品客户，得到利润回报，实现资金增值，贡献于产业发展，本质上是产业经营（经营产业）；资本客户投资于企业，经营团队通过链接产业资源助力产业经营，贡献于产业发展，实现资本增值，回报资本客户。

产业经营和资本经营是企业经营的一体两面。企业经营有三大成果：业绩增长、地位提高和市值增长。持续增长的结果就是实现营收跨量级、地位跨量级和市值跨量级，企业自有资金池水涨船高，必然积累出企业资本，资本经营和产业经营互促一体，资本经营进入良性循环（见图3-6）。

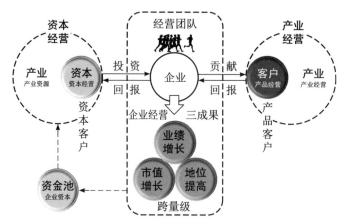

图 3-6 产业经营和资本经营是企业经营的一体两面

对于实体企业来说,融资不只是需要资金,在进行资本经营的时候,还要特别重视产业资本。

产业资本是具备产业背景的资本,其背后是强大的产业资源,具有五大特点:

- 产业资本以某个产业为主要投资对象。

- 产业资本链接诸多产业资源。

- 产业资本做的是战略投资,看重的是产业前景。

- 产业资本贡献于产业发展并从中获利。

- 产业资本是产业生态的重要组成部分,处于高层次。

融资是链接产业资本的最佳机会。与产业资本合作,是企业产业经营的重要手段,可以帮助企业加速融入产业生态,获得产业能量。

## 量级定位系统之地位

### 企业凭借综合实力获得的地位

市场就是江湖,不管企业追不追求江湖地位,每个企业都有自己的江湖地位:有的碌碌无名,毫无存在感;有的举足轻重,有很大影响力;有的企业能够在市场当中掀起大风大浪;有的只能被动跟随。

就像新能源电池一样,企业在充电和放电的循环中创造价值、持续发展。主动提高地位,才能融入生态,更有效率地链接全国乃至全球优质资源,蓄放势能、加速发展。

### 史:从皇商到国家一级企业

在中国,年应税销售额 500 万元以下是小规模纳税人,500 万元及以上是一般纳税人。不要小看这个标准,增值税税点不一样,客户会据此判断企业的实力。营收 2000 万元及以上的企业,会被纳入国家统计数据,受到政府相关部门的正式关注。

企业地位自古有之,我国古代就有皇商。改革开放之初,国务院组织对国有企业进行级别认定,有国家一级企业、国家二级企业和省(部)级企业,之后推行了以科技创新为主线的企业认定体系。

1978 年 3 月 18 日,邓小平在全国科学大会上提出"科学技术是生产力"。我国开始走上科技创新的发展道路,为了发展我国高新技术产业,1988 年 8 月国务院批准国家火炬计划,由国家科委(现科学技术部）组织实施，包括三大内容：①建设高新技术产业开发区；②建设高新技术创业服务中心；③实施火炬计划项目。其中，火炬计划项目的目标是：以高新技术产品产业化为载体，造就高新技术企业和企业集团。

如图3-7所示，1991年国务院开始认定和扶持高新技术企业，由国家科委组织实施，面向高新技术产业开发区内企业，1996年之后扩大到高新技术产业开发区以外的企业；2006年开始推进企业国家重点实验室建设；2007年推进国家工程技术研究中心建设；2013年开始推进国家级工业设计中心建设；2016年开始推进国家企业技术中心建设；2020年开始推进国家工程研究中心建设。从此，国家和省、市分别建立三层次科技创新体系，鼓励高校、研发机构和企业共建科技创新平台；2013年开始推进国家级工业设计中心认定，持续发展壮大工业设计市场主体。

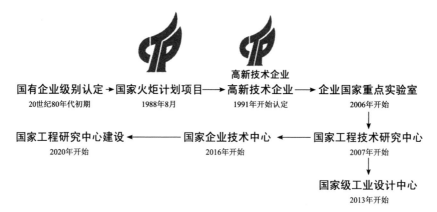

图3-7 国家科技创新体系建设和资质认定

可以说，上述政策的推出和体系建设的推进，早期以国有企业为主体，中后期将所有企业都纳入，客观上拉动了企业的技术创新。是否进入认定名单，也体现了企业的地位。

要成为高新技术企业当然不容易，正因为难，企业才会以此为目标拉动技术创新和产品创新，努力获得政府背书的"高新技术企业"认定。这样的地位使得企业可以很快连接外部资源和市场机会，加速进入正循环。

### 识别术：整体和单项的"1+5"大盘点

如果只从五大量级来判断，很多企业根本排不上号。实际上，盘点企业的地位，五大量级只用于整体判断、综合判断，是企业的"头"，更全面的判断还应该从单项认定和单项排名进行，这包括"一躯四肢"五大维度：产品是躯体，技术、组织、信用和政治则是四肢（见图 3-8）。

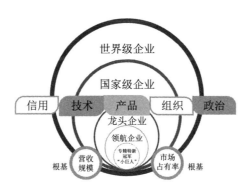

图 3-8　一躯四肢：从六大维度盘点企业的地位

首先在整体上判断企业目前处于什么样的地位，对照五大量级，看看是专精特新"小巨人"、制造业单项冠军，还是领航企业、龙头企业、国家级企业、世界级企业？这是企业的头，也就是企业的脸面，一下子让别人认出来它是谁。这些评价是外部给的，不是自说自话的，最重要的指标是营收规模和市场占有率。

2021年我国制造业企业500强的入围门槛是营收110亿元，2021年广东制造业企业500强入围门槛为营收2亿元。市场占有率背后所体现的领先优势和综合竞争力，最终体现在对社会和对国家的贡献上。

"一躯四肢"具体怎么讲呢？从一躯四肢多维度判断企业的地位，如图3-9所示。

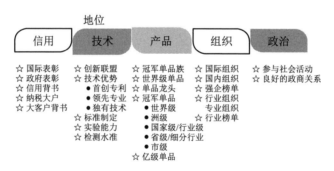

图3-9 从一躯四肢多维度判断企业的地位

**第一个维度是产品的单项认定和单项排名。**

地位是行业领先优势的通俗说法，产品是交易的载体、营收的根基，决定了企业躯体的高矮胖瘦，判断产品在全球的领先优势还有更细致的指标：

企业有没有亿级单品？

企业有没有冠军单品？

企业有没有单品龙头？

企业有没有世界级单品？

企业有没有冠军单品族（多个冠军单品）？

如果有，有几个？

重点看有哪些标志企业地位的产品标签。

冠军单品的判断，要用市场边界来界定：是地市级冠军，还是区域冠军？是中国冠军，还是全球冠军？是细分冠军，还是行业冠军？

产品技术水平的判断，有没有国内首台套？如果有，有几个？

**第二个维度是技术的单项认定和单项排名。**

企业有没有技能大师工作室？

企业有没有博士后工作站？

企业有没有跟大学共建的产学研合作基地？

企业的检测水准如何？有没有被认定的检测中心？如果有，检测中心是省级的，还是国家级的？

企业的实验能力如何？有没有国家重点实验室、国家企业技术中心、国家工程技术研究中心、国家级工业设计中心、国家工程研究中心？

**第三个维度是组织的单项认定和单项排名。**

企业有没有上行业榜单，例如"十大品牌"？企业获得了哪些行业荣誉？

企业有没有参加专业组织、行业组织，比如协会、商会、产业联盟等，并有合适的位置？企业有没有上强企榜单，例如行业百强、省500强、国家500强？

企业有没有参与哪些国内组织？有没有参加哪些国际组织，比如天合联盟、星空联盟？重点看有哪些标志企业地位的组织标签。

企业作为一个商业组织，要重视与产业、社区、社会、国家和国际的链接，积极参与各层次重大活动，参加必要的平台组织，融入产业生态和全球生态。

**第四个维度是信用的单项认定和单项排名。**

企业有没有世界500强、中国500强客户？

企业有多少个知名企业客户？

企业有多少个著名的战略合作伙伴（供应商）？

企业是被授牌的纳税大户吗？

企业是"重合同守信用"单位吗？如果是，是市级的、省级的还是国家级的？

企业接受过哪些政府表彰，比如"改革开放40年中国改革发展杰出贡献企业"等？如果有，是区县级的、市级的、省级的，还有国家级的？

企业接受过哪些国际认定、国际荣誉或国际表彰？例如，2020年，青岛瑞昌科技产业有限公司的中非棉业项目获得联合国南南合作办公室的表彰，被评为"典范项目"。

重点看有哪些标志企业地位的信用标签。企业的良好信用背书，可以加速资源链接、减少无形成本，也是企业提升品牌力和资源动员力的捷径。

**第五个维度是政治的单项认定和单项排名。**

适度参与社会活动，处理好企业与政府的距离，建设良好的"亲清"政商关系，这是企业可持续发展的需要，也是不以掌舵人的个人喜好和主观意志为转移的。政治能力是企业非经济能力的一大方面。

很多人认为大型企业不必注重地位的建设，因为营收规模大了、纳税额高了，地位自然就上去了。实际上并非如此，大型企业的掌舵人和领导层觉醒得早，都是主动想办法提高自己的地位，助力营收规模增量突破、跨量级发展。但很多中小型企业没有提升自身地位的意识，掌舵人还没有觉醒。

以首台套为例，2018年4月发改委发布了《关于促进首台（套）重大技术装备示范应用的意见》（发改产业〔2018〕558号），决定以首台套示范应用为突破口，推动重大技术装备水平整体提升，目标是到2025年重大技术装备综合实力基本达到国际先进水平。首台（套）重大技术装备（简称"首台套"）是指国内实现重大技术突破、拥有知识产权、尚未取得市场业绩的装备产品，包括前三台（套）或批（次）成套设备、整机设备及核心部件、控制系统、基础材料、软件系统等。

有的企业根本就没有首台套的意识，有的企业有国家首台套，但是规模化不够，所以增长乏力。通过提高营销爆发力，在技术和产品上得到单项认定这种地位可以转化为销售增长。

企业要主动追求地位，创造条件，不断贴上新标签。提高地位的过程就是企业蓄放势能的过程，也是企业提高品牌影响力的过程。

## 两项地位定律

### 地位定律1：没有市场占有率，就没有地位

日本企业家坂上仁志在《No.1法则》[1]一书中介绍了中小型企业由弱致强、以弱胜强的诀窍——蓝契斯特法则：发现可以取胜的细分市场，创造一个又一个市场占有率第一的产品，在市场范围内不断扩大这个第一，同时不断创造第二个、第三个第一，小型企业靠强力产品就逐步做大了。

根据欧美管理学界的统计分析，市场占有率是决定企业地位的综合指标（见图3-10）。

**稳定市场的占有率目标**

| | | |
|---|---|---|
| 最高占有率 | 73.9% | 达到垄断地位，占有率上限 |
| 稳定的强者 | 41.7% | 稳定在第一梯队的占有率 |
| 进入第一梯队 | 26.1% | 大国时代，进入第一梯队的最低占有率 |

**分散市场的占有率目标**

| | | |
|---|---|---|
| 第一梯队 | 19.3% | 战国时代，弱者进入第一梯队的目标值（26.1%×73.9%） |
| 有影响力的占有率 | 10.9% | 能给市场造成影响的目标值（26.1%×41.7%） |
| 有存在感的占有率 | 6.8% | 被市场认可的、作为竞争者存在的目标值（26.1%×26.1%） |
| 真正进入市场的占有率 | 2.8% | 判断是否进入市场的分水岭（6.8%×41.7%） |

图3-10　市场占有率是决定企业地位的综合指标

---

[1]《No.1法则》，坂上仁志，广东旅游出版社，2014年5月。

在一个充分竞争之后形成的稳定市场中，几家大型企业占领大部分市场份额是常见的现象，三分天下、寡头割据被称为大国时代。在这样的环境中，进入第一梯队的最低市场占有率是 26.1%；要成为稳定的强者，市场占有率要达到 41.7% 以上；做老大、达到垄断地位是市场竞争力强的极致，不管企业怎么努力，市场占有率的上限是 73.9%，虽然有的时候会超过 73.9%，但是这是不稳定的。这是统计学的结果，反映了市场竞争的数字化规律。

在一个竞争尚不充分、分散的市场，判断某家企业是否进入这个市场，就看它的市场占有率有没有达到 2.8%。进入市场之后，如果要被市场认可，或者说被同行当作竞争对手，企业市场占有率必须达到 6.8%；如果企业要对市场产生影响力，其市场占有率就必须达到 10.9% 以上；而要真正进入第一梯队，企业的市场占有率必须达到 19.3% 以上。

不论客户是企业（B 端）、政府（G 端）还是消费者（C 端），企业跟客户交易的载体都是广义的产品（含服务产品）。显然，企业获取地位的市场武器就是强力产品、极致产品，从市场上的表现来看，就是冠军单品、单品龙头甚至是品类龙头。

以产品为中心来经营，靠产品满足客户需求、占领市场，市场占有率越高，企业营收就越大，营收量级就越高。日本企业界把这种通过强力产品来占领市场的能力称为"市场占有力"。

案例 3-5　利元亨：小型企业用什么招数行走江湖

广东利元亨智能装备股份有限公司（简称利元亨）可谓是新能源电

池制造装备行业的一匹黑马，2014年才成立，两年之后就被认定为国家高新技术企业，成立六年后营收就突破10亿元。它现在已经成为宁德时代和比亚迪的战略供应商[1]。

小型企业用什么招数行走江湖？

利元亨原本是生产精密五金配件的，在敏锐地发现了新能源的时代机遇后，利元亨开始转战新能源领域，它主攻的第一个客户是新能源科技（ATL，宁德时代的母体）。当时利元亨以自动化进程较慢、行业内竞争程度没那么激烈的电芯检测核心设备化成分容测试机作为切入点，围绕客户的需求进行技术攻坚，开发出了第一个产品电芯检测[2]，它填补了国内空白、替代进口产品。后来，利元亨就自然而然地成为宁德时代的供应商。2014年宁德时代的营收规模是8.66亿元。

利元亨的实践是：抢占先机敲门，用大客户拉动产品研发，用地位助力市场突破。

**客户评价和第三方认定：积累信用，沉淀品牌。**

利用相应的技术、产品和客户优势，紧接着，2015年利元亨就申请国家高新技术企业的认定，并于2016年获得认定，2017年利元亨技术中心被认定为广东省企业技术中心，2018年利元亨设立博士后科研工作站，2019年被评为锂电设备技术先进品牌，2020年获得年度整线设备金球奖，2021年获得"中国氢电产业链国产化优秀贡献奖"。

一个又一个客户评价和第三方认定其实是有公信力的第三方给利元亨的高价值背书，2018年利元亨成为ATL的战略供应商，彰显了利

---

[1] "利元亨科创板IPO获准注册，去年锂电设备收入近12亿"，我的电池网，2021年5月26日。

[2] "锂电设备行业之利元亨研究报告"，代川、朱宇航，广发证券，2022年2月。

元亨的地位。优秀的客户引来了优秀的客户,这种同边效应又让利元亨快速获得比亚迪、天津力神、国轩高科、蜂巢能源、福特新能源汽车和微宏动力等大客户。

利元亨几乎每年都会贴上代表地位的新标签,不断链接头部客户,在创业第八年也就是 2021 年,利元亨营收达到 23 亿元。

## 地位定律 2:没有蓄放发展势能,就没有地位

地位是企业在市场竞争中领先优势的外部评价,是有公信力的第三方做出的客观评价。不论企业本身的实力有多强,到了一定程度,都需要通过获得地位来进一步凸显和放大自己的优势。

重视获得地位有四大重要作用:加速品牌化,通过第三方形成背书;进行组织营销,在政产学研金构成的市场生态中扩大跨界合作,加速增长;创造资源效应;蓄放发展势能。这样,地位就能有力地支撑企业的战略性发展。

## 案例 3-6 瑞松科技:专精特新"小巨人"是怎么长成的

在汽车白车身机器人焊装自动化生产线系统集成领域里,行业中流传"北有新松,南有瑞松"。2022 年 4 月 12 日,瑞松科技对外发布消息:经过科技成果鉴定委员会鉴定,由瑞松科技和中乌焊接所等单位共同完成的"薄壁曲面铝合金高质高效搅拌摩擦焊关键技术及成套装备"整体技术达到国际先进水平,其中搅拌摩擦焊工艺倾角补偿和

焊接力－位混合控制算法、高强韧搅拌头材料达到国际领先水平。

搅拌摩擦焊为什么要做技术认定？为了公信力和影响力。

实际上，这项关键技术的研究开发始于 2015 年。在技术开始进入民用领域产业化运用的时间节点上，瑞松科技通过权威机构和专家的联合认定，获得第三方有公信力的背书。这加速了相关技术和产品的市场化应用，通过奠定技术的地位，打造产品的地位。

据悉，本次项目科技成果鉴定会由中国机械工业联合会、中国机械工程学会以现场会议和远程视频形式组织召开，中国机械工业联合会马敬坤处长和中国机械工程学会梅熠处长联合主持。这样的权威机构和专家本身就自带公信力和影响力。

实际上，这个项目是协同创新的成果，除了瑞松科技外，还有多家重量级单位参与，包括中船黄埔文冲船舶有限公司、中国航空制造技术研究院、哈尔滨工业大学等。权威机构和优势伙伴因为项目聚合在一起，产生资源效应。

怎么获得江湖地位？通过不断贴上新标签。

企业的地位是"心中求、扎实做"才得到的。所谓"心中求"，就是指企业管理者特别是掌舵人有追求地位的意识，将其纳入企业的工作计划和战略性布局；"扎实做"，则是面向市场和客户，以生态思维、产业经营的定位立足细分市场，打造强力产品，通过战略性执行来获得地位。

瑞松科技为什么能够得到这么多优质资源的支持？首先在于董事长孙志强前瞻性的眼光，其次在于团队一体化作战能力。多年来，瑞松科技主导共建的研发平台有广东省机器人创新中心、广东省机器人数字化智能制造技术企业重点实验室、广东省机器人智能焊接工程技术研究中心和广东省汽车智能装备（瑞松北斗）技术工程研究中心。这些研发平台催化了一系列创新成果，创新成果进入产业化应用。

三个维度看瑞松科技的地位。

2021年8月，瑞松科技被工业和信息化部认定为第三批国家级专精特新"小巨人"企业，在这之前，瑞松科技是工业和信息化部工业互联网试点示范单位、工业和信息化部工业企业知识产权运用试点企业。根据公开发布的年报，瑞松科技2021年营收9.56亿元，同比增长19.65%。

地位提升和营收增长是企业经营成果的两大部分，营收增长是果肉，地位提升是果核，果核是种子，可以持续长果。

再跳出来用量级来标注瑞松科技：营收十亿级企业，国家专精特新"小巨人"，市值十亿级企业，即将进入奔百亿通道。

企业掌舵人要开始关注城市能量。

在广州有一大批像瑞松科技这样有眼光、有思想、有作战力的创新型企业：广州共有68家国家专精特新"小巨人"，在全国各大城市中名列前茅。瑞松科技所在的黄埔区云埔街道在2021年8月蝶变"小巨人"一条街[一]：拥有32家"小巨人"企业，位居广州榜首，其中4家成长为单项冠军示范企业，3家成长为单项冠军产品企业。

每个城市的能量是不一样的。从发展的角度来看，企业的选址、迁址和布局也大有讲究，企业要找到自己的旺地。

---

[一] 广州"小巨人"爆发"大能量"，刘幸、何颖思，《广州日报》，2022年2月10日。

思考：

### 判断企业的地位量级

思考一：从整体上判断，企业现在是专精特新"小巨人"、制造业单项冠军，还是领航企业、龙头企业，抑或是国家级企业和世界级企业？

思考二：从单项维度判断，企业在产品、技术、组织、信用和政治方面，有什么样的地位标签？

## 各司其职、各显其能：营收规模量级、企业市值量级和地位量级之间的关系

营收规模、企业市值和地位三个维度，都分别有五大量级，企业在这样的立体坐标中可以全面而客观地判断自己处于什么发展阶段，根据所处量级确定下一量级的发展目标，基于对商业组织发展规律的把握，寻找增量突破、跨量级发展的路径。

那么，营收规模量级、企业市值量级和地位量级三者是什么关系？或者说，这三大维度的量级有逻辑关系或主次之分吗？

整体来说，营收规模是产品市场对企业的评价，是企业产业经营的业绩结果，经营得好，营收量级就高，经营得不好，营收量级就低。企业市值是资本市场对企业的评价，是企业资本经营的业绩结果，经营得好，企业市值量级就高，经营得不好，企业市值量级就低。地位是社会对企业的评价，是企业资源动员力的具体反映，经营得好，地

位量级就高、资源动员力就强，经营得不好，地位量级就低、资源动员力就弱（见图3-11）。

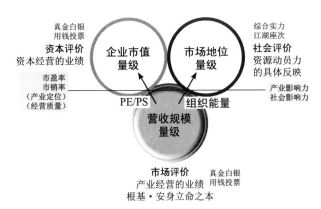

图3-11 营收规模量级、企业市值量级和地位量级之间的关系

营收规模是企业生存的根基，是企业安身立命之本，在根本上决定了地位和企业市值；营收规模蕴含的组织能量决定了企业的地位；营收规模跟企业市值之间是基于市盈率（PE）和市销率（PS）的线性关系的，也就是说，企业市值＝主营业务收入 × 市销率，或者简单地说，企业市值＝市盈率 × 主营业务收入 × 利润率。

案例3-7 温氏、牧原和海大三大龙头企业的三年对比

根据中国农业产业化龙头企业协会2021年4月25日发布的"2020年中国农业产业化龙头企业百强"名单，温氏食品集团股份有限公司（以下简称"温氏"，证券代码为300498）、广东海大集团股份有

限公司（以下简称"海大"，证券代码为002311）和牧原食品股份有限公司（以下简称"牧原"，证券代码为002714）分别是第7位、第12位和第19位。这三家业务结构非常接近的企业，都是营收奔千亿、市值千亿级的，但是在盈利能力和市盈率上却差别很大，先看2019年的数据（见图3-12）。

根据这三家企业2019年年报和2019年12月31日股市收盘价，对比同样是农业产业化龙头的温氏、牧原和海大：营收476.10亿元的海大利润率只有4.1%，市值537亿元，市盈率高达34倍；营收731.40亿元的温氏利润率为17.8%，市值1785亿元，市盈率只有13.7倍；营收202.20亿元的牧原利润率29.4%，市值却高达1920亿元，市盈率也是高达32.3倍。

300498
温氏
第7位
2019年营收：731.40亿元
利润：130.50亿元
利润率：17.8%
2019年12月31日市值1785亿元
市盈率：13.7

002714
牧原
第19位
2019年营收：202.20亿元
利润：59.38亿元
利润率：29.4%
2019年12月31日市值1920亿元
市盈率：32.3

002311
海大
第12位
2019年营收：476.10亿元
利润：24.60亿元
利润率：4.1%
2019年12月31日市值537亿元
市盈率：34

图3-12 温氏、牧原和海大三大龙头企业2019年数据对比

这些数据在2021年又发生了变化（见图3-13）。从结论上来说，2019年—2021年三年时间，温氏营收连续下降，利润跌至负数，市值也从近2000亿元跌到约1200亿元，市盈率已无从计算；牧原营收从

约 200 亿元增长到近 800 亿元，利润有大起伏，利润率震荡，但是市值从接近 2000 亿元提高到接近 3000 亿元，市盈率高达 42.6 倍；而海大呢，营收从近 500 亿元增长到近 900 亿元，利润和地位都有大起伏，利润率震荡，但是市值从接近 500 亿元提高到接近 1200 亿元，市盈率更是高达 78.5 倍。

300498　　　　　　　002714　　　　　　　002311
温氏　　　　　　　　牧原　　　　　　　　海大

2021年营收：649.60亿元　　2021年营收：788.90亿元　　2021年营收：860.00亿元
利润：-146.66亿元　　　　利润：65.85亿元　　　　　利润：15.19亿元
利润率：-22.6%　　　　　　利润率：8.4%　　　　　　　利润率：1.8%
2021年12月31日市值1223亿元　2021年12月31日市值2808亿元　2021年12月31日市值1192亿元
市盈率：/　　　　　　　　市盈率：42.6　　　　　　　市盈率：78.5

图 3-13　温氏、牧原和海大三大龙头企业 2021 年数据对比

这三家企业都经历相同的周期，为什么市值变化如此之大？为什么市盈率差别如此巨大？企业市值反映了资本市场对上市企业的未来预期，也是现在对未来的信心评价，个中缘由值得思考。

## 导航系统：如何研判企业的发展阶段

汽车导航首先要确认的是汽车所在的位置，同样地，企业导航首先要确认的是企业所处的发展阶段。在不同的位置上，汽车导航的路线不一样；在不同的发展阶段，企业导航的路径也不一样。

研判企业目前的发展阶段，如果只看一年的数据，只能判断一个阶段（12个月）的静态结果，就算和同行进行年度比较，也只是做静态判断，很难发现趋势和问题。只有用3~5年的数据，放在三大量级坐标（营收规模、地位和企业市值）上进行立体动态的判断，才能客观评价企业的真实状态，发现真正要给予重视的问题（见图3-14）。

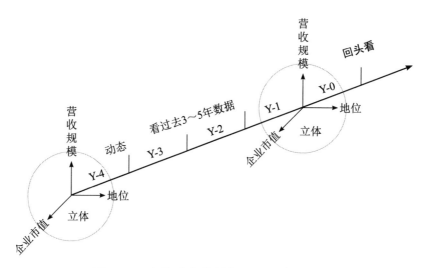

图3-14 立体动态地判断企业的真实状态

第一个不可回避的问题就是：企业是在持续发展，还是处于徘徊跌宕？基于过去3~5年数据，从营收规模、地位和企业市值三大量级维度看，业绩持续增长、迈向下一个量级的企业，就是在持续发展的企业；在一个业绩层次上起起伏伏的企业，就是徘徊的企业；业绩在震荡中下滑，滑落至下一个量级的企业，就是跌宕的企业（见图3-15）。

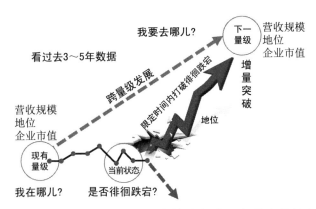

图 3-15　警惕徘徊跌宕，追求增量突破，实现跨量级发展

只有用连续的年度数据，最少三年、最多五年，才能判断企业的经营质量和发展质量。

经营质量是用愿景引领、战略驱动获得的，是团队经营的成果，是团队成熟度不断提高的反映。

经营质量是战略落地的第一评价，经营质量决定发展质量。徘徊跌宕是企业经营质量不高的表现，既是持续经营的自然现象，又是企业健康发展的大敌。掌舵人和经营团队务必对徘徊跌宕保持足够的警惕。

一旦发现企业出现徘徊跌宕的局面，就必须进行战略复盘，立即做出战略调整。原因可能出在战略规划上，也可能出在战略执行上。然后，给企业限定一个时间，在这个时间内集中力量打破徘徊跌宕的困局，实现跨量级发展。

## 营收规模仪表盘

从营收规模维度判断企业是不是处于徘徊跌宕，不能只看营收，还要同时看利润（含利润率）和人效（人均年销售收入与人均年利润），基于三年以上的数据进行判断。

### 研判指标 1：营收是不是持续增长？徘徊极限是三年

看过去三五年销售收入，如果是持续增长，说明企业的市场占有力在提高。所谓市场占有力，是企业占领市场、稳定并提高市场占有率的能力，是企业经营的综合能力。

企业占有市场，有五大台阶：切入，占有，稳定，攀爬，成为龙头。

- 切入：在特定的市场，用差异化的产品满足客户需求。
- 占有：利用综合竞争优势，在同一类客户当中达到一定的占有率。
- 稳定：通过产品迭代和服务创新，跟客户建立长期合作关系，稳定市场占有率。
- 攀爬：扩大竞争优势和市场边界，稳定提高市场占有率。
- 成为龙头：巩固跟客户的长期合作关系，在特定的市场奠定遥遥领先的地位。

企业的营收在实现台阶式增长之后，有时会出现平台期，例如过亿之后在 2 亿左右、破十亿之后在 20 亿或 40 亿左右，越百亿之后在

200亿左右，连续三年营收徘徊是正常的，稳住之后再向上攀爬。

有一个真实的案例。某企业2014年营收首次接近5亿元，七年时间营收接近10亿元（见图3-16）。这样小步快走的增长看起来还不错、没什么大毛病，但是该企业要弄清楚：这样的增长到底是战略性增长，还是基于市场的自然增长？如果是后者，那就很容易出现利润跌宕的局面。没有市场占有力大突破的小幅增长，以及不能保证合理的利润率，就是没有质量的增长。这样的经营质量是不高的，一旦人均利润率大跌，企业就会有"失血"的风险。

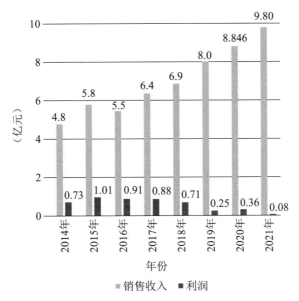

图3-16 不能保证合理利润率，就是没有质量的增长

营收跌宕意味着资金失血，利润也一定跌宕。如果第四年、第五年还在徘徊就很危险了。因此，营收在第二年出现轻微增长、不增长

或下滑的时候，掌舵人就要开始警惕，经营团队就要通过战略复盘发现真因、采取对策。

有人说：市场不好的时候生意难做，营收增长几乎不可能实现。但我们要意识到一点，经济下行、消费低迷往往伴随着需求结构的变化，传统需求虽然在下降，但是新的需求却在快速涌现。通过快速应对，企业是可以用新业务的大增长来弥补大盘业务的下滑的，更何况在市场不好的时候，往往会有一批生存能力弱的同行死掉，企业就可以乘胜追击抢占更大的市场份额。

"危"就是"机"。越是在经济低迷时，越要重视业务结构的持续优化。只有这样，营收才能够持续增长，市场占有力才能不断提高。巴菲特曾说过：你所赚的每一分钱，都是你对这个世界认知的变现。掌舵人一定要打破认知天花板，认识到市场不好的时候，就是创造新增长的时机——这种乐观主义和战略思维是经营创新的思想源泉。

对于爬坡之后稳一稳，一般来说营收徘徊的极限是三年（含爬上坡的第一年），超过三年不能突破，就很可能会出现利润下滑、人才流失的大问题。

## 研判指标 2：利润（含利润率）是不是持续提升？不能徘徊，更不能跌宕

利润反映的是企业的增值能力，企业在任何时候都要追求 10% 以上的整体净利润，这是保持经营质量的根本所在。在经济低迷时期能持续盈利，保持合理的、优于同行的利润率，甚至仍然达到 10%

以上的整体净利润，是高质量经营的表现。这样的企业在现实当中有很多。

根据年报数据，中华老字号广州酒家集团股份有限公司（以下简称"广州酒家"，证券代码为603043）在2020年和2021年，营收连续增长，从2019年的30.29亿元分别增长到32.87亿元、38.89亿元，增长率分别为8.5%和18.3%。更重要的是广州酒家连续两年保持了较高的利润率，2019—2021年的利润率分别是13.1%、14.1%和14.3%，对于一个营收近40亿元的企业来说，利润率不随规模扩大而下降，这样的增长是健康的，企业保持了高质量经营。

## 案例3-8　六年营收从6亿元到10亿元，为什么利润却接近地平线

A企业在2015年营收近5.8亿元的时候有1.01亿元的利润，利润率是17.4%；六年以后也就是2021年，营收9.8亿元，利润只有800万元，利润率为0.8%。即便有环境糟糕的原因，但连续六年营收增长、利润下滑，而且利润已经接近地平线是事实。这家企业成了"资金的搬运工"，这会造成员工劳动和社会资源的巨大浪费（见图3-17）。

这样的发展就是没有质量的发展。

明明在持续增长，为什么得出这样的结论？这个结论令人意外。但是如果不跳出来看这些数据，掌舵人很难发现问题的严重性。在从5亿元到10亿元的增长背后，当然有很多战略性成果，包括产品系列化和矩阵化、从南方市场拓展到北方市场等。然而，在我看来，A企业的重大问题有两个：一是产品力不足，主要表现在没有冠军单品，甚

至连亿级单品也没有；二是组织力没有升级，虽然营收近 10 亿元了，但是组织力还停留在亿级企业的层次，没有迈向十亿级，尤其是没有新战将的加入，而新战将背后是新能力。

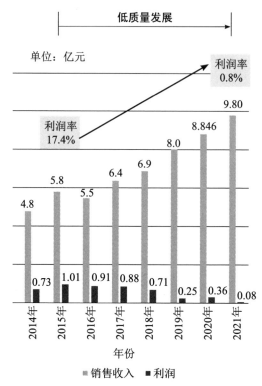

图 3-17 没有利润的营收增长，企业就是"资金的搬运工"

如果一家企业连续六年营收增长、接近翻番，但是利润却连续下降、接近为零，这背后可能的原因有哪些呢？

可能的原因有六个：①研发投入加大；②产品结构不良；③成本控制无力，包括变动成本和固定成本；④人效降低，也就是营销效率下跌得厉害；⑤环境变化应对不力。

利润额越来越低，利润率越来越低，"心跳"越来越弱，企业就无法持续向身体"供血"，失去"造血"能力。当企业被迫走向负债经营，靠"输血"过日子时，负债率就会提高，经营风险也随之扩大。

利润不是每年算一次的，而是每笔订单、每个产品、每个经营单元、每个季度、每个月、每一周、每一天，甚至每个时刻都要核算，就像人的心跳一样，利润是企业的"心跳"。过去，因为没有实时数字化系统，企业并不知道自己的"脉搏"如何；现在，越来越多的企业在建设自己的仪表盘，可以实时知道"心跳""脉搏"和"血液流动"的状况，动态监控企业的健康体征。

利润率是企业的心跳、组织的脉搏，反映的是企业在市场上的运行状态。心跳有的时候快一点，有的时候慢一点，整体上要合理、稳定，这才是健康的。在2016—2021年的六年间，广州酒家的利润率一直稳定在13%～15%，广州酒家为什么能做到？背后原因值得探究。

## 研判指标3：人效是不是持续提高？徘徊极限是三年，避免跌宕

利润是企业经营质量的指征，人效则是企业经营效率和经营质量的反映。

人均年销售收入代表的是一个员工一年创造的现金流量。这个流量持续提高，就说明企业的资金"血液"循环加快，新陈代谢变得积极、健康；反之，说明人效在降低。

人均年利润代表的是一个员工一年创造的利润额，也就是资金增值。这个金额持续提高，说明企业人力资源创造价值的能力在增长，是积极的、健康的。只有当人均年利润持续增长，企业才有可能创造高收入员工群体。而为了拉动人均年利润的提高，实施战略绩效考核、采用增量激励机制，给奋斗者尤其是超级奋斗者高回报，是当前我国企业管理的主流。

跟营收一样，爬坡之后稳一稳，人效徘徊的极限也是三年（含爬上坡的第一年），超过三年不能突破，就会出现人才流失的大问题——人才"失血"，企业可能休克。

## 研判指标 4：利润是有机增长还是无机增长？营收与利润和利润率的联动判断

用最近 3～5 年的营收、利润和利润率数据判断企业的发展质量，企业会出现以下六种情形（见表 3-2）：有质量的增长，没有质量的增长，经营质量下降，收入结构在调整，收入结构调整得不太理想，经营质量快速降低。通常采取的对应措施有四种：乘胜追击，经营分析和经营改进，战略复盘和战略调整，危机应对。

表 3-2　营收与利润和利润率的联动判断

| 营收 | 利润 | 利润率 | 基本判断 | 对应措施 |
| --- | --- | --- | --- | --- |
| 增长 | 增长 | 增长 | 有质量的增长 | 乘胜追击 |
| 增长 | 增长 | 下降 | 没有质量的增长 | 经营分析和经营改进 |

（续）

| 营收 | 利润 | 利润率 | 基本判断 | 对应措施 |
|---|---|---|---|---|
| 增长 | 下降 | 下降 | 经营质量下降 | 战略复盘和战略调整 |
| 下降 | 增长 | 增长 | 收入结构在调整 | 乘胜追击 |
| 下降 | 增长 | 下降 | 收入结构调整得不太理想 | 经营分析 |
| 下降 | 下降 | 下降 | 经营质量快速降低 | 危机应对 |

按照质量区分，增长有两类：一是"有机增长"，二是"无机增长"。如果没有产品创新、营销创新和组织创新，只是通过人海战术、传统产品简单地扩大销售，企业自然就会陷入无机增长的负循环，造成营收"虚胖"。

## 研判指标 5：企业发展是有机发展还是无机发展？营收与人效的联动判断

用最近 3～5 年的数据判断企业的发展质量，还要将营收与人效（人均年销售收入、人均年利润）进行联动（见表 3-3）。

表 3-3　营收与人效的联动判断

| 营收（亿元） | 人均年销售收入（万元/人/年） | 基本判断 | 对应措施 |
|---|---|---|---|
| 增长 | 提高 | 有效率的增长<br>有质量的增长 | 乘胜追击 |

（续）

| 营收<br>（亿元） | 人均年销售收入<br>（万元/人/年） | 基本判断 | 对应措施 |
| --- | --- | --- | --- |
| 增长 | 降低 | 没有效率的增长<br>没有质量的增长 | 经营分析和经营改进 |
| 下降 | 提高 | 收入结构在调整或者人才流失 | 警惕、经营分析和经营改进 |
| 下降 | 降低 | 萎缩、衰退 | 危机应对 |

企业发展也有两类，一是"有机发展"，二是"无机发展"。本质是发展模式的问题，也就是发展质量高低的问题。

发展质量高的企业有五大特征：

- 持续产业升级，迈向多产业布局，实现营收量级的突破。

- 行业领先优势越来越明显，市场地位不断提高。

- 活用产业资本，资本经营表现出积极稳健的活力，市值持续增长。

- 顺应时代大势，在生态化、数字化方面孵化出新能力、新业务。

- 不断获得外部能量，将其释放为发展速度，在大破大立中提高成熟度。

发展质量是战略规划、战略执行与环境互动的结果，是企业与产业生态、国家生态和全球生态相融共生的成果。

企业最近几年的发展是不是陷入了徘徊跌宕的困局？做这个判断的时候，掌舵人和经营团队务必非常坦诚。一定要跳出企业看企业，单纯地看待数据和事实，否则容易受情绪影响，犯糊涂、出错误。数据会说话，心平气和、不带情绪地做出判断，方向和战略性对策才会自然显现。

## 企业市值仪表盘

怎么判断企业的市值有没有徘徊跌宕呢？

非上市企业没有特殊需要时通常不会关注企业市值，如果有常态化的融资需求，则会比一般的企业更早地迈上资本经营的道路。非上市企业的市值判断相对较难。做好企业经营，在融资时企业自然就能获得公平的企业估值。

### 仪表盘黄灯1：长期经营必然需要多轮融资

企业根据生产经营、自有资金和未来发展的需要，从一定的渠道向投资者和债权人筹集、组织资金的供应，经常有多轮融资行为，以保证正常生产和经营活动。通常有种子轮、天使轮、A轮、B轮、C轮等。

种子轮融资是决定创业的萌芽阶段，市场调研差不多可行，准备进行投资创业；融资用于验证产品，一般在 50 万～500 万元之间。天使轮融资是创业已经起步但尚未完成产品，模式未被验证；融资用于市场验证性推广，一般在 100 万～500 万元。

A 轮融资是在有团队、有产品、有数据支撑的商业模式、在业内拥有领先地位的时候，为了加速市场拓展而进行的，一般在 500 万～1000 万元。B 轮融资是在商业模式已被充分验证、企业业务快速扩张，为了规模化发展而进行的融资，一般在 1000 万～3000 万元。C 轮融资是为上市做准备的，这个时候企业的商业模式已经成熟，拥有大量客户，在行业内有主导或领导地位，融资主要用于拓展新业务、补全商业生态闭环。

企业一旦跟资本方有了投融资关系，就开启了产业经营和资本经营一体两面的发展道路，由关注企业市值进入市值管理阶段。

没有企业融资行为的非上市企业掌舵人，要尽早完成资本启蒙。所谓资本启蒙，就是掌舵人意识到资本对于企业长期发展的价值。多氟多创始人李世江曾说过："有人说华为就不上市，但是人家内部搞了多大的资本市场，你们知道吗？只不过表现的形态不一样罢了。无论上市还是不上市，如果组织不懂得调动资金，不懂得动用资金背后的资源，都注定走不长远。"

## 仪表盘黄灯 2：市值要尽量避免跌宕，尤其是持续跌宕

对于上市企业来说，市值有没有徘徊跌宕是一目了然的，在股市

直接可见。

实际上，市值就是将企业未来的利润，按照一定的折现率折现而成的现值。将当前的情况与未来相结合，市值用以反映企业的发展状况、是衡量企业资本价值的有效方法。

市值长期稳定增长反映企业资本经营的质量高，标志着企业资本在持续增值，最符合股东和利益相关方的共同利益，也是对社会和对国家最负责任的经营行为。

高市值体现了资本对上市企业的认可和信心，市值的高低也决定了企业融资能力的强弱。反之，相对被低估的市值会给上市企业带来被恶意收购的风险。

因此，上市企业要减少股价波动、避免市值跌宕，特别是要避免持续跌宕。

## 仪表盘黄灯 3：市值管理是上市企业的战略性工作

产业经营和资本经营是企业经营的一体两面。产业战略和资本战略交织进行、相融互促，上市企业和准上市企业务必把市值管理纳入战略性工作，由专门的部门、团队负责。

企业要建立长效组织机制，与资本市场保持准确、及时的信息交互传导，使各相关方之间的关系保持相对平衡的状态。市值管理的目标是确保企业资本稳定增值，为社会持续创造财富。

市值管理的主要工作是通过合法、合规、合理的方式提升企业在资本市场的市值，主要有三大途径：一是提升战略质量和经营质量，提振股东信心以促进企业市盈率提升；二是稳健、持续提升经营业绩，企业股价自然会上升；三是以资产质量提高促进经营质量提高，适度扩大企业资产规模。健康地进行市值管理，坚决拒绝操纵股价和市值的踩高压线行为，从源头根除自我毁灭的风险，这是市值管理的根基，也是企业创造价值的根本。

## 案例3-9 温氏、牧原和海大三大龙头企业的"秘籍"

在2019—2021年，温氏、牧原和海大这三家中国农业产业化龙头企业，营收、利润（含利润率）和市值都发生了非常大的变化，同样都受猪周期影响，三家企业的业绩表现却不同，这背后隐藏着它们的"秘籍"。

首先看温氏，这三年中它营收徘徊、利润跌宕，市值也是跌宕的（见图3-18）。营收跌了约100亿元，利润跌了近280亿元，由赚20%到亏22%，原因就在于销售毛利率是−8.3%，也就是亏损销售，卖得越多亏得越多；因此，其市值跌了561亿元，从近2000亿元跌到约1200亿元。现象的背后是收入结构问题，收入结构是战略问题。

再看牧原，这三年中它营收增长、利润跌宕、市值增长（见图3-19）。营收增长近600亿元，由约200亿元爬坡到近800亿元；利润起伏之后增长6亿元，利润率由29.4%和48.6%的畸形值回归到8.3%的正常值；市值增长约888亿元，市值由近2000亿元爬坡到近3000亿元。同样的市场环境，在2021年，为什么温氏是亏损销售（毛利率为负），而牧原有24.1%的销售毛利率？现象的背后是业务模式问题，业务模式是战略问题。

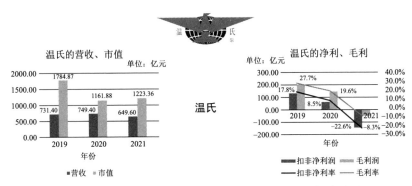

图3-18 温氏三年：营收徘徊，利润跌宕，市值跌宕

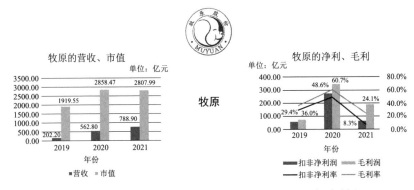

图3-19 牧原三年：营收增长，利润跌宕，市值增长

最后看海大，这三年中它营收增长、利润跌宕、市值增长（见图3-20）：营收增长近400亿元，由近500亿元爬坡到近900亿元；利润起伏之后轻微下跌，利润率由3.3%、4.1%下降到1.8%；市值增长约655亿元，由近500亿元爬坡到近1200亿元。同样的市场环境，

2021年，为什么海大这么低的利润，还能保持三年市值大涨？同样是业务模式的问题，当然也是战略问题。

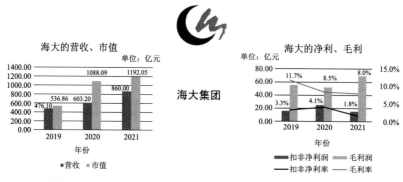

图 3-20　海大三年：营收增长，利润跌宕，市值增长

**战略：产业结构 + 业务模式 + 盈利能力 + 可持续性**

同样是营收奔千亿的三家农业产业化龙头企业，为什么这三家企业的市值差别这么大？这需要从收入结构、业务模式、盈利能力和可持续性等方面进行分析。

（1）收入结构。温氏、牧原和海大营收结构对比显示（见图 3-21），温氏有养猪养鸡场，牧原有养猪场，海大则有养猪养鱼的大饲料厂。温氏是养猪 + 养鸡双主业，公司 + 农户模式，规模可以做得更大，但是毛利率低，管理可控程度低；牧原是养猪单主业，直营养猪场模式，更可控、重资产，销售毛利率更高；海大是饲料单主业，工业生产模式更标准化，避开猪、鸡饲料红海市场，但是销售毛利率低，所以开始进入养殖业。

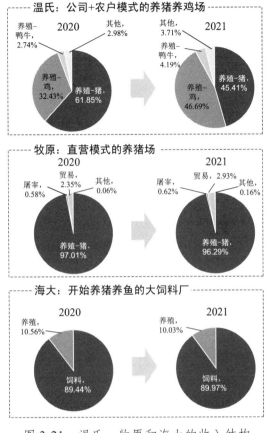

图 3-21 温氏、牧原和海大的收入结构

收入结构是企业战略执行的结果,从根本上决定了资本市场对企业的信心。实际上温氏、牧原和海大都有清晰的战略意图,资本市场对三家企业的战略执行也给出了动态的市值评价(见图3-22):温氏在上市之初实现了营收近400亿元、市值突破2000亿元,2019年达到最高市值2409亿元,2021年年底市值回落到约1200亿元;牧原以百亿营收上市,一上市则突破千亿市值,2021年2月19日市值逼近5000

亿元，2021年年底市值回归到近3000亿元；海大一直是营收稳步增长、市值稳定上升，2020年7月市值突破千亿，2021年年底接近1200亿元。

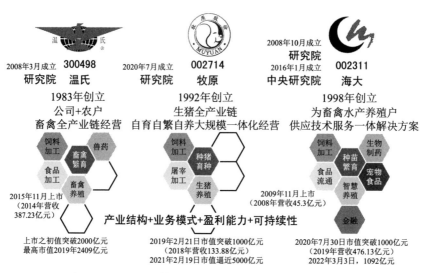

图3-22　温氏、牧原和海大的战略意图和资本评价

（2）业务模式。温氏是"公司＋农户"的"加盟"模式，后升级为"公司＋家庭农场"模式，最近又升级为"公司＋现代养殖小区＋农户"模式，是轻资产。相比之下，牧原的直营养猪场模式虽然资产更重，但更可控、风险更低，因此牧原一直以来给资本市场的信心就高于温氏。而海大的主业是饲料，更偏标准化生产的制造业生产模式，加之其避开竞争白热化的猪饲料、鸡饲料市场，转战更高附加值的虾、鱼等农产品养殖市场，相对更稳健。

（3）盈利能力和可持续性。三家企业的毛利、净利数据对比（见图3-23）显示，牧原的毛利率和净利率较高，加上高速增长的营收，更强的盈利能力展示出更强的抗风险能力,因此资本市场对牧原给出更高的估值。

温氏2021年受到生猪猪价大跌的重创,净利润出现大幅亏损,加上4.78亿元的股份支付,温氏2021年业绩大幅亏损。

而海大是一如既往的微利、稳定,因为海大90%的营收来自饲料。

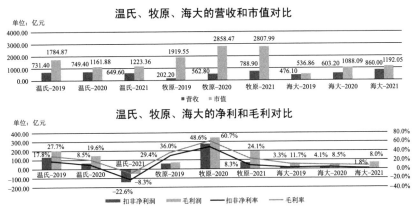

图3-23 温氏、牧原和海大三家企业毛利和净利对比

从盈利能力和可持续性来看,基本上可以做出这样的判断:温氏模式有硬伤,牧原模式符合时代趋势,海大经营稳健。在发达国家,基本上没有家庭养殖模式;长期来看,我国的农村养殖也必然迈向企业化经营,出于食品安全考虑,大集团养殖模式成为时代趋势。

这一点可以从三家企业的员工数量增减和人效变化上得到印证(见图3-24):同样受猪周期影响,温氏人员减少12%,但是人效并没有提高,处于人均年销售收入徘徊、人均年利润跌宕的状态;牧原人员翻番,人均年销售收入增长42%,人均年利润是跌宕的;海大人员增长50%以上,人均年销售收入增长12%,人均年利润是跌宕的。

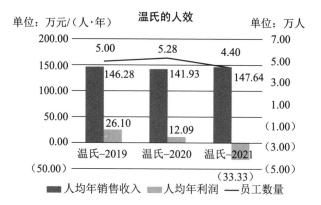

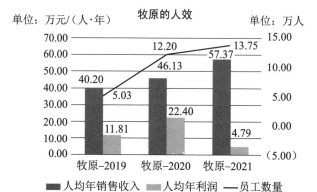

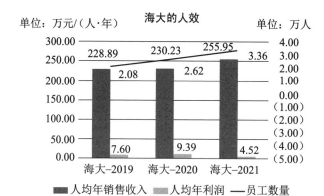

图 3-24　温氏、牧原和海大三家企业员工数量和人效变化

**市值是资本市场与产业市场互相促进的结果：要避免跌宕**

对照人效的变化思考：什么样的企业会大幅度增加员工？什么样的企业会减少员工？员工增加、人效提高、营收增长的企业，就会显得旺气十足。这会给员工和资本市场带来信心。

为什么在这么传统的农牧行业，温氏、牧原和海大这三家企业都能维持 14 倍以上有时甚至高达 40 倍以上的高市盈率呢？首先，农牧行业是国计民生行业，吃饭和吃肉都是国家大事、百姓大事；其次，这三家企业都是大规模、企业化经营的龙头企业，资本市场看好重要产业和优秀企业。

企业市值最直接地反映了资本市场对企业的未来信心，是用钱投票的结果。

## 江湖地位仪表盘

怎么判断企业的江湖地位有没有徘徊跌宕呢？

从整体量级认定、行业排名、单项认定和单项排名（包括产品、技术、信用、组织和政治五大维度）进行多维立体判断，可以全面、客观地看清楚企业在产业生态中领先度的变化。企业一旦发现自身处于徘徊跌宕的状态，就要及时寻求突破。

### 研判维度 1：整体量级。拉动企业发展，避免徘徊跌宕

企业是不是专精特新"小巨人"或制造业单项冠军？是不是领航

企业、龙头企业或者国家级企业？是不是世界级企业？虽然绝大部分企业都很难进入后四个量级，中小型企业重点看自己是不是专精特新"小巨人"或制造业单项冠军，但是也有很多企业在创业之初就以"领军企业（领航企业）""龙头企业"甚至是"世界级企业"为企业愿景，定发展目标。

现实当中，像春兰集团、万宝集团等从龙头企业衰落的例子也是有很多的。

对于小微企业来说，如果企业没有参加专精特新企业认定的意识，这是掌舵人有认知问题，要尽快觉醒；如果申报了专精特新认定而多年没有上榜，这是实力不够，说明是地位徘徊，需要加强技术创新和市场开拓，拉动企业产品力升级；如果已经上榜，就要追求从市级向省级再向国家级专精特新"小巨人"、单项冠军产品和制造业单项冠军企业迈进。

企业要从五大量级整体判断自身的地位，拉动发展，避免徘徊跌宕。绝大部分企业都很难在短时间内成为国家级企业和世界级企业，这个时候，重点看行业排名，看企业在行业排行榜中的位置和变化。

## 研判维度2：行业排名。本质上是行业座次，减少徘徊、避免跌宕

企业有了一定营业年限和一定营收规模之后，一定要关注强企榜单。所谓强企榜单就是企业排名，是由有公信力的第三方评选的企业排行榜（俗称龙虎榜），也是基于稳定的标准评选、定期公开发布、具

备相应权威性的企业优势排名。

强企榜单通常有四类排行榜：

- 综合排行榜，有全球的、大洲的、国家的，如《财富》世界500强、中国企业500强、中国民营企业500强等。
- 区域排行榜，如广东企业500强、浙江省制造业企业100强、省级专精特新企业名单等。
- 行业排行榜，也有全球的、大洲的、国家的，如全球新能源汽车品牌销量榜单、中国动力电池企业装车量TOP 10等。
- 细分排行榜，有些行业还有产品排行榜，如全球新能源汽车销量榜单。

## 案例3-10 上榜和落榜：中国动力电池企业装车量TOP 10两年变化

根据中国汽车动力电池产业创新联盟发布的《中国动力电池企业装车量TOP 10》年度报告，2019年前十大型企业是：宁德时代、比亚迪、国轩高科、力神、亿纬锂能、中航锂电、时代上汽、孚能科技、比克电池和欣旺达（见图3-25）。

2021年这个榜单就发生了较大的变化，其中时代上汽和比克电池跌出TOP 10，蜂巢能源和塔菲尔新能源上榜。排名发生变化的企业有三家：中航锂电由第六位升至第三位，亿纬锂能由第五位降至第八位，孚能科技由第八位降至第九位。

| 2021年 | 中国动力电池企业装车量TOP10 | | | 2019年 | 中国动力电池企业装车量TOP10 | |
|---|---|---|---|---|---|---|
| 排名 | 企业名称 | 装车量(GW·h) | 占比 | 排名 | 企业名称 | 装车量(GW·h) |
| 1 | 宁德时代 | 80.51 | 52.1% | 1 | 宁德时代 | 10.75 |
| 2 | 比亚迪 | 25.06 | 16.2% | 2 | 比亚迪 | 3.43 |
| 3 | 中创新航(中航锂电) | 9.05 | 5.9% | 3 | 国轩高科 | 1.95 |
| 4 | 国轩高科 | 8.02 | 5.2% | 4 | 力神 | 1.64 |
| 5 | LG新能源 | 6.25 | 4.0% | 5 | 亿纬锂能 | 1.49 |
| 6 | 蜂巢能源 | 3.22 | 2.1% | 6 | 中航锂电 | 1.43 |
| 7 | 塔菲尔新能源 | 3.00 | 1.9% | 7 | 时代上汽 | 1.21 |
| 8 | 亿纬锂能 | 2.92 | 1.9% | 8 | 孚能科技 | 0.69 |
| 9 | 孚能科技 | 2.45 | 1.6% | 9 | 比克电池 | 0.65 |
| 10 | 欣旺达 | 2.06 | 1.3% | 10 | 欣旺达 | |

图 3-25　中国动力电池企业装车量 TOP 10 对比

如果不是主动的战略调整，企业在榜单中的名次变化就要引起警惕。从 2021 年中国动力电池企业装车量 TOP 10 榜单来看，第一梯队是宁德时代、比亚迪，第二梯队是中创新航、国轩高科、LG 新能源，第三梯队是蜂巢能源、塔菲尔新能源、亿纬锂能、孚能科技和欣旺达。跌出前十的时代上汽和比克电池是还在第三梯队，还是已经跌出第三梯队呢？

根据网络公开信息，比克电池放弃新能源汽车动力电池的扩张是战略选择。

2018 年比克电池曾以 1.77GW·h 的装机量成绩在国内排名第六，但是随着主要客户众泰汽车和华泰汽车先后倒在新能源汽车爆发的前夜，比克电池的发展也陷入泥潭。2020—2022 年比克电池一边处理债务纠纷，一边进行战略调整。近年来，比克电池的小动力电池业务发展迅速，目前又重点布局 4680 大圆柱电池（直径为 46 毫米、高度为 80 毫米的新一代圆柱电池）市场，预计 2023 年能量产。4680 大圆柱电池是包括特斯拉在内的众多电动车厂商的最优选择。

如果不看外部，企业不容易发现自己的市场占有率有下降的趋势，也许时代上汽的装车量还是增长的，但是增长的量和速度已经被蜂巢能源、塔菲尔新能源和欣旺达超越。跌落前十的现实，在提醒时代上汽要有危机感。

当行业发展进入上升通道，整体上都在增长，企业的增长速度低于行业整体速度就意味着这家企业的市场份额被竞争对手所侵蚀，也就意味着自己的竞争力在减弱。

## 研判维度3：大盘业务。没有大盘业务的地位，企业发展就没有根基

如果不看外部，不看企业地位的变化，企业的经营团队很容易被自己的业绩增长所迷惑，逐步丧失危机感。因此，掌舵人要用外部眼光来审视企业，既要看客户、看内部，更要看世界、看市场、看同行，时刻保持警惕。

行业排名不是"虚名"——排名的背后是销量所决定的市场占有率的变化，市场占有率是市场占有力的最直接评价。

行业排名也好，单项认定、单项排名也罢，地位是企业苦心经营的结果，反过来又给企业贴上有公信力的标签，带来品牌传播和品牌力的提升，可以更好地助力企业链接资源，提高经营效率。

企业提升行业排名，减少徘徊、避免跌宕，大盘业务一定要跟上大部队前进的步伐，由第三梯队进入第二梯队、迈向第一梯队，努力

成为行业第一。这是企业顺应大势、随时代发展的具体表现,本质上和追求营收跨量级发展是一体两面的关系。

### 案例 3-11 春兰集团:从崛起到风光不再

说起地位,江苏春兰制冷设备股份有限公司(以下简称"春兰股份",证券代码为 600854)及其母企业春兰(集团)公司(以下简称"春兰集团")是一个令人唏嘘的案例。从 1994 年声名鹊起,到 2006 年开始变卖家产,春兰集团的风光只有十多年时间(见图 3-26,其中 1993 年数据未知)。

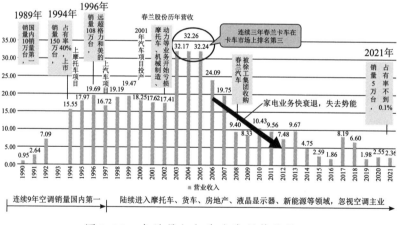

图 3-26 春兰是如何失去发展势能的?

抓住新需求快速上升的机会,打造主流产品

1985 年,技术员出身的陶建幸接手即将破产的泰州制冷厂,把发展重点锁定在空调上，因为质量好、价格比进口品便宜，提效扩产、布局全国销售渠道，企业很快扭亏为盈。1989年，江苏春兰制冷设备有限公司成立，它抓住了我国空调市场萌芽期的机遇，开启了春兰空调笑傲江湖的传奇故事。

抓住新需求快速上升的机会，打造主流产品，1989年春兰空调销售10万台，首次成为国内第一，此后连续八年空调销量国内第一，1994年更是达到巅峰销量的150万台。市场占有率高达40%，春兰股份在当年上市。1996年，春兰空调销量108万台，远超格力和美的，叶茂中策划的央视广告"春兰空调，高层次的追求"更是使春兰空调成为全国知名品牌，作为国内首台变频空调、全球首台静音空调，春兰空调一时风光无限。

主业不稳，过早多元化、不相关多元化埋下祸根

1994年，进入发展快通道的春兰集团在掌舵人陶建幸主导下开启了多元化道路，当时营收15亿元，春兰集团开始上摩托车项目，1997年推出的"春兰虎""春兰豹"两款摩托车，半年时间销售6万台、营收近10亿元。2000年，春兰集团的摩托车业务开始受力帆、宗申、隆鑫等品牌挤压，销量大幅度下滑，逐步退出市场。

1997年春兰集团上汽车项目，2001年春风牌货车投产，2003—2005年连续三年取得国内第三的销售业绩。无奈春兰集团陆续布局房地产、液晶显示器、新能源等领域，顾此失彼，完全把主业——空调抛到了脑后。2005年，春兰空调跌出销量前十，2006年开始春兰集团空调等家电业务快速衰退，春兰集团失去发展势能。

20世纪90年代中期，我国的空调行业进入市场容量快速扩大、竞争白热化的阶段，早占先机的春兰集团没有继续巩固主业、奠定稳固

优势，而是进入了同样有机会的其他行业。

过早多元化、不相关多元化会分散企业资源，让企业不能集中力量"办大事"，组织能力不稳又会动摇大盘业务根基，从而停止给增长业务和新兴业务输送资金"血液"，这是春兰之殇。

2008年，严重亏损的春兰汽车被徐工集团收购；2021年春兰空调销量不到5万台，市场占有率不到0.1%；2022年2月9日，春兰股份市值仅为26.70亿元，被认为是空调行业的边缘企业。

从1985年开始，在此后的近40年间，春兰股份营收巅峰是32亿元，2021年跌近地平线，这个案例让很多国人沉思。

我们经常说，做企业要吃着碗里的，看着锅里的，种着田里的。大盘业务是碗里的，增长业务是锅里的，战略探索业务也就是新兴机会是田里的。没有大盘业务的地位，企业发展就没有根基。只有吃好碗里的，才有力气做好锅里的、种好田里的。

企业要关注地位，也就是关注综合排名，特别是行业综合排名。企业在没有上榜的时候要以上榜为目标，上榜之后要关注榜单变化——不论是用营收还是销量进行排名，行业综合排名的背后都是市场占有率，代表了企业在行业中的相对竞争优势，企业要用行业排名的变化来判断企业相对竞争优势的变化，及时发现问题、做出改善。

## 研判维度4：单项认定和单项排名。没有新标签就是徘徊甚至是跌宕

从一体（产品）四肢（技术、组织、信用和政治）五大维度，看

看企业有没有新增加的单项认定和单项排名,有没有贴上什么新标签,没有新标签就表示企业处在徘徊甚至是跌宕。只有客观地判断企业地位的变化,才能拉动企业多维度的成长和突破。

## 研判维度5:增长业务和战略探索业务。不能持续提高增长业务和战略探索业务的地位,企业就没有发展后劲

除了大盘业务要有地位外,企业务必同时重视提高增长业务和战略探索业务的地位,否则企业就没有发展后劲。围绕增长业务和战略探索业务,企业要考虑如何贴上新标签,苦练独门绝技,在极致产品力、营销爆破力和市场爆破力方面下功夫,然后不断创造增量。

### 案例3-12 奔百亿多氟多:高平台拉动大人才,大人才拉动大发展

多氟多总部位于百年煤炭城市河南焦作,李世江49岁创业,用20多年时间带领多氟多跑步进入河南100强。根据多氟多公布的年报,2021年多氟多营收为77.99亿元,比上年增长85.3%,进入越百亿大战役阶段。

多氟多如何用10年时间将销售收入突破40亿元,又用一年时间使营收接近80亿元?多氟多在一般化工的基础上缔造"氟"基因,又增加"锂"基因,目前正在增加"硅"基因和"氢"基因(见图3-27)。

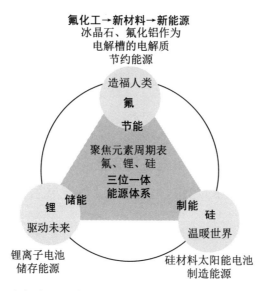

图 3-27　多氟多缔造多基因，从氟化工向新材料和新能源升级

李世江说：创新和人才是关键。这个道理掌舵人都懂。多氟多是怎么做到的呢？如果用一句话来概括，多氟多的秘籍就是：高平台拉动大人才，大人才拉动大发展。

多氟多是国家科学技术进步奖获奖企业，承担了近20个国家级项目，除了掌舵人李世江的个人能力外，多氟多的人才之道发挥了至关重要的作用。

项目出人才，人才促创新。多氟多有"四多"：项目多，课题多，专利多，主持制定和修订的国家标准多。一个个优质项目，造就了多氟多创新发展、干事创业的大平台，各层次人才在多氟多如雨后春笋般涌现出来：国家级专家、行业领军人才、省级专家、学术带头人，还有一大批科研技术精英。

企业要"使员工在一个很高的平台上工作"，用国家级创新项目拉动国家级人才，在创造世界第一的过程中创造世界级人才。企业要持续创造增长业务和战略探索业务的地位，把增长业务发展为第二个大盘业务，实现产业升级。

国家级项目怎么来？首先是掌舵人心中求来的，其次是企业用实力争取到的。说到底，多氟多的跨量级发展之道，根本上在于掌舵人有国家级担当和世界级追求。

李世江说："君子坦荡荡，小人长戚戚。当一个人把个人命运同国家的命运、同企业的命运、同未来发展的命运紧密地结合起来的时候，会产生非常强大的力量。"

企业的地位并不是可有可无的量级判断，企业在追求营收增长的同时，要在产品、技术、信用、组织和政治五大维度上不断贴上新标签，实现行业排名的提升，提高企业的整体地位。这是制定中期发展目标和进行中长期战略定位的必要之举，不是可有可无的，而是不可或缺的。

## 三位一体总评表

从营收规模和企业市值两大方面判断，只是企业自己跟自己比较、现在跟过去比较，并不能真实反映企业在市场上领先度的变化。就算业绩是增长的，但行业排名落后了，在产品、技术、组织、信用和政治等单项认定和单项排名上没有贴上新的标签，这就是地位的徘徊，如果出现了倒退就是地位的跌宕。

大型企业上榜是自然的，它们需要关注榜单变化；中小型企业更需要关注榜单和榜单变化，因为这是了解全球、了解产业、了解行业和了解世界变化的窗口。

一般可以从三个维度进行关注：一是关注排名，Top 10、100强和500强等都是按照相应标准由强到弱或由大到小、由前到后排序的；二是关注梯队，了解第一梯队、第二梯队和第三梯队的相关水准，判断本企业的实力；三是关注上榜的标准，也就是入围的门槛，看看本企业有没有上榜的实力。

## 探路系统：企业发展量级的自查路径

高德地图 App 的导航系统里有个"探路"的按钮，你预设好两地间的导航后单击"探路"，系统会模拟一次导航的全过程。这对不熟悉道路的驾驶人可是个好帮手。

增量突破、跨量级发展系统，为企业家创造一个同样省时省力的"按钮"——企业发展量级的自查路径。

企业发展量级的自查实际上是实力大盘点，也可以说是关起门来盘家底：看看现在企业有什么，这两年家底厚实了还是变薄了，趋势怎么样。企业在自查的时候务必非常坦诚，不要带任何情绪，只看数据、看事实，不需要想原因、找对策，只有这样才可以看清楚真实的企业状态。将这些信息放在万亿坐标和全球生态上判断，自然，有些信息给企业带来信心，有些信息则会激发出团队的危机感。

## 自查路径 1：整体判断

整体判断是相对简单、结论性的，对于某家中小型企业而言也许就是"营收十亿级企业，国家专精特新'小巨人'，没有上市，不知道市值"这样的一段话。

下面来看看美的集团的整体判断。

## 案例 3-13　在量级坐标中判断：美的、海尔和格力有什么差别

从营收规模、地位和企业市值三大维度、各五大量级综合判断："美的集团是一家营收奔万亿、行业龙头、市值奔万亿的大型企业。"

美的集团营收从 2020 年的 2857 亿元增长到 2021 年的 3434 亿元（接近 500 亿美元），2017 年迈上 2000 亿元台阶之后，一直稳步增长；按照 2022 年 5 月 5 日收盘价，美的集团市值为 4107 亿元（超过 500 亿美元），2021 年 2 月 10 日美的集团市值达到历史巅峰的 7540 亿元。按照营收规模和企业市值数据，美的集团都是奔万亿企业。

那么，美的集团是我国的龙头企业吗？答案是肯定的。

从营收规模上看，美的集团是家电行业第一，3434 亿元营收远远超过海尔的 2276 亿元和格力的 1897 亿元；2022 年 5 月 5 日的市值是 4107 亿元，也远远超过当天海尔的 2502 亿元和格力的 2024 亿元。

在产品品类上，根据国内权威市场调查咨询机构奥维云网 2021 年的零售数据：美的在家用空调、干衣机、电饭煲、电风扇、电压力锅、电磁炉、电暖器七个品类上，国内线上与线下市场份额均排名行业第一；微波炉、台式烤箱、净水器国内市场占有率线上第一、线下第二；冰箱、洗衣机国内线上与线下市场占有率排名第二；电热水器、燃气热水器、油烟机、燃气灶、消毒柜国内线上市场占有率排名第二。

更重要的是，以 2015 年美的集团收购库卡约 5.4% 股份为标志，在方洪波主导下美的集团开始从家电集团向科技集团升级㊀。

2021 年，美的集团位列中国企业 500 强第 82 位，《财富》世界 500 强第 288 名。排名持续上升的背后是美的集团的大蜕变。目前美

---

㊀ "美的拟 1.5 亿欧元收购库卡剩余股权并完成私有化"，新浪财经，2022 年 3 月 25 日。

的集团已经成为包含智能家居事业群、机电事业群、暖通与楼宇事业部、机器人与自动化事业部和数字化创新业务五大业务板块的全球科技集团<sup>⊖</sup>。综合来看，美的集团也称得上是国家级企业，正在迈向世界级企业。

### 三维立体式整体判断

对营收规模和企业市值量级的判断通常基于具体的营收数据和市值数据将企业归入十个层次（见图3-28）：亿级企业、十亿级企业、百亿级企业、千亿级企业和万亿级企业，奔亿企业、奔十亿企业、奔百亿企业、奔千亿企业和奔万亿企业。

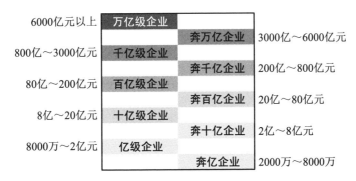

图 3-28 营收规模和企业市值量级自查表

需要特别强调的是，对于营收规模和企业市值的量级判断并不是

---

⊖ "排名持续上升！美的集团跃居2021《财富》世界500强第288名"，美的集团官微，2021年8月2日。

做绝对值的判断，而是做层次的判断，营收 35 亿元的企业是营收奔百亿企业，市值 780 亿元的企业是市值奔千亿企业。

显然，在这个量级坐标当中，不论是在营收规模量级还是企业市值量级，美的集团都是奔万亿企业，而格力和海尔都还是千亿级企业，它们之间的差距正在拉开一个量级。

地位量级的自查就很简单了：企业是不是专精特新"小巨人"或者制造业单项冠军？是不是领航企业、龙头企业？是不是国家级企业、世界级企业？这些都是外部评价，有认定、上榜单或者被公认。有就有，是就是；没有就没有，不是就不是。

也许大部分企业都没什么地位，但是按照二八定律，任何层次都有优秀的 20%，广大中小微企业只要被认定为专精特新企业，哪怕只是市级的，都意味着融入了产业生态，可以在产业发展中跟上大部队的步伐。

## 案例 3-14 营收十亿级的瑞德智能与奔十亿的松井股份，谁更厉害

对于广大中小型企业尤其是没有上市的中小型企业来说，虽然市值难以判断，但是可以找一家业务结构和营收跟自己非常接近的上市企业，作为对标和参照。

例如，2022 年 4 月 12 日上市的广东瑞德智能科技股份有限公司（以下简称瑞德智能）是这样一家企业：营收十亿级企业（2021 年营收 13.24 亿元），非专精特新企业，市值奔百亿企业（2022 年 5 月 5 日收盘市值 25.54 亿元）。

参照与自己情况非常接近的上市企业,从整体上进行三维度量级的自查和判断,对于中小型企业有很好的"照镜子"的效果。面对这面镜子,消极的企业也许会自惭形秽、自信心受损,积极向上的企业则会产生自信、激发斗志,绝大部分企业化运作的企业都是积极向上的。

再看一家中小型企业——湖南松井新材料股份有限公司(以下简称"松井股份",证券代码为688157),营收奔十亿企业(2021年营收5.1亿元),专精特新省级"小巨人",市值奔百亿企业(2022年5月5日收盘市值61.46亿元)。

显然,瑞德智能没有重视国家专精特新企业认定;松井股份下一步要努力评上国家级专精特新"小巨人",打造制造业单项冠军产品,迈向制造业冠军企业。

2022年5月5日,松井股份的市盈率接近65倍,瑞德智能的市盈率只有30倍,虽然松井股份的营收只有后者的40%不到。但是资本市场更看好松井股份,背后的原因之一就是:松井股份是国内新型功能涂层材料的隐形冠军,拥有隐形冠军产品,被誉为"涂层材料界的华为"○,在夯实3C高端消费市场业务根基的同时,松井股份正在迈向汽车涂层市场的蓝海。

一个是营收十亿级,一个是营收奔十亿,瑞德智能与松井股份,谁更厉害?

其实都很厉害。但相对来说,瑞德智能还需要像松井股份一样,在细分领域打造自己的极致产品力。

---

○ "松井股份:新型功能涂层材料隐形冠军,一季度净利润大增62.61%",凤凰网,2021年4月29日。

## 中小微式觉醒判断

很多企业容易忽略地位的量级判断，不参与国家高新技术企业认定，也不参与专精特新企业认定，对行业排名不热心，也不关注强企榜单变化，这些都是掌舵人没有觉醒的表现。

地位是各种级别的认定，地位的背后是产业影响力、社会影响力、国家影响力甚至是全球影响力。地位背后相对应的是，当地资源、产业资源、社会资源、国家资源和全球资源。

不要因为企业营收规模小就自卑、不重视地位，只要企业年营收超过2000万元，就会作为规模以上企业进入国家经济主场，被纳入国家统计，受到国家关注。要知道，中国有约4800万家注册企业[一]，其中只有不到1%的企业年营收超过2000万元，被称为"规模以上企业"。所以，"规模以上企业"已经是百里挑一了。

专精特新体系给营收接近一亿元的小微企业提供了地位的认定机会——只要有专精特新的创新技术和创新产品，被认定之后就进入了国家通道，小微企业一样可以受到国家关怀。

小微企业用专精特新拉动企业发展，苦练独门绝技、打磨强力产品以贡献于客户。用营收和利润增长衡量企业对产业、社会和国家的贡献，贡献大的企业自然地位就高。

企业用地位的量级衡量自己，用跨量级目标激发战略升级、迈向战略性发展，这不是沽名钓誉，而是志存高远。

---

[一] "智研年榜：2020年各行业分规模以上工业企业数排行榜单"，智研咨询，2021年12月31日。

## 研判技巧提示：判断过去是为了面向未来

单纯看一两年并不能客观判断企业的真实状态，一定要看过去3～5年的数据：目前企业属于什么量级？过去3～5年是什么状态？趋势如何？

判断过去是为了面向未来，企业回头望3～5年，目的是确定下一个量级目标，根据跨量级发展的组织规律，战略性地思考和决策企业大破大立的方向（见图3-29）。

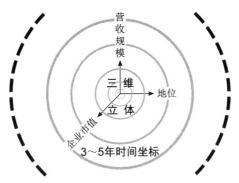

图3-29　用三维立体和3～5年时间坐标盘判断企业量级

一家营收在20亿元左右，徘徊四年的企业，如果不知道自己已经进入奔百亿发展通道，当然就不会用"百亿企业、百亿团队、百亿组织"这样的大格局、长远思维来指引自己。做得又强又大的企业，通常其掌舵人比一般的企业领导者觉醒得早。

3～5年才能积累出实质性的变化，用过去3～5年的数据，很容易看清楚企业是不是在发展，经营质量好不好，发展质量高不高，趋势是不是向好，是随波逐流，还是在使命、愿景和战略驱动下，在大风大浪中动力十足地前行，在积蓄和释放发展势能。

## 自查路径 2：一躯四肢五个维度

从一躯四肢这五大维度进行细致的量级自查，可以很清楚地看到企业在产品、技术、信用、组织和政治方面的家底，这些盘点都是客观的、数字化的和清单化的。到底是家徒四壁还是家境殷实，一切都可以看得明明白白。

例如，从产品角度，看有没有亿级单品？有就是有，没有就是没有，有就列出产品名称，看看有几个。然后再看，有没有冠军单品？有没有冠军单品族？有没有单品龙头？有没有世界级单品？这样的盘点很容易建立团队共识，既可以避免悲观主义，也可以激发奋斗精神。

**案例 3-15　瑞松科技：从技术盘点到技术开发规划**

2019 年，瑞松科技在提交上市申请之前做了一次技术盘点，拉出了有 17 项技术的清单（见表 3-4），一下子把企业的技术家底展示得清清楚楚。这样的技术优势增强了经营团队对企业发展和上市的信心。2020 年 2 月 17 日，瑞松科技在上交所科创板上市。

表 3-4 瑞松科技技术清单

| 1 | 自动化系统集成控制技术 |
|---|---|
| 2 | 白车身柔性高速智能化总拼技术 |
| 3 | 多轴伺服白车身定位技术 |
| 4 | 机器人仿真离线应用技术 |
| 5 | 钣金件机器人自动装配技术 |
| 6 | 白车身高速输送系统技术 |
| 7 | 柔性高速滚边技术 |
| 8 | 高质高效机器人自动焊接技术 |
| 9 | 精密电子柔性自动化装配技术 |
| 10 | 基于工业物联网焊接数据库系统 |
| 11 | 基于标准模块化设计技术 |
| 12 | 在线视觉智能引导定位与监测技术 |
| 13 | 机器人激光焊接的模块化标准化技术 |
| 14 | 机器人搅拌摩擦焊智能装备 |
| 15 | 高精度高速度磁悬浮智能传输技术 |
| 16 | 机器人焊缝寻位与跟踪技术 |
| 17 | 轻量化材料搅拌摩擦焊工艺及装备解决方案 |

2020年年底，上市之后的瑞松科技制定新的战略规划，经营团队进行了技术树的整理，从技术轴和需求（价值）轴两个维度，搞清楚了17个技术的应用场景分布（见图3-30），其市场价值一目了然。

| 应用场景<br>技术领域 | | D–省人化<br>（效率） | Q–精品质量 | C–极限成本 | S–安全保障<br>（3D） | E–环境友好 |
|---|---|---|---|---|---|---|
| 技术轴 | 工艺技术 | 智能装配<br>高速传送<br>（汽车、3C） | FSW<br>新材料焊接工艺 | NC（柔性）<br>无限循环转台 | 自动控制<br>磨抛 | |
| | 机器人技术 | | 机器人集成应用技术 | | 协作机器人 | |
| | 智能技术 | 视觉引导 | 视觉检测、压力传感<br>焊缝跟踪、<br>深度学习技术 | | | |
| | IoT技术 | | | 远程运维 | 预测性维护 | |
| | 可数字化软件化<br>信息技术 | 工业软件 | 工艺数据库<br>（18个行业）<br>软件化 | | | |

需求（价值）轴

图 3-30　从技术轴和需求（价值）轴两个维度看技术的市场价值

在技术轴，瑞松科技把技术分为工艺技术、机器人技术、智能技术、IoT（物联网）技术和可数字化软件化信息技术；在需求（价值）轴，根据客户痛点把应用场景分成省人化（效率）、精品质量、极限成本、安全保障和环境友好五大类。瑞松科技利用技术-需求二维矩阵，画出技术清单分布地图，围绕未来五年的业务规划，着手未来五年的新技术开发规划。

## 善用自查清单，确立新方向、新目标

用拉清单的方式进行家底盘点时，很多企业会发现：结果是不忍直视的。不仅在产品方面成果乏善可陈，在技术、信用、组织和政治方面成绩更是寥寥无几。但是从另一方面来看，这会激发经营团队的危机感，促使团队在产品、技术、信用、组织和政治五大方面进行目标规划，确立企业的发展目标和建设方向。

在技术方面，有的企业至今仍没有一项专利技术，可以说在专利清单上是交白卷的。可能并不是企业完全没有独特的技术，而是企业没有专利意识，缺乏对专利的管理。企业一门心思做产品、做市场，忽略了建设技术资产。申请专利能够保护技术，该申请的专利一定要申请，专利清单本身就是企业技术实力的地位标签。

在信用方面，很多企业没有一项"重合同守信用"的企业认定，不论是市级的还是省级的。早在2014年，国务院就印发了《关于促进市场公平竞争维护市场正常秩序的若干意见》。在国家工商总局推动下，各省市开始开展"重合同守信用企业"公示活动。因此，企业应该大胆追求国际表彰、政府表彰，以及各种信用背书。

天上不会掉馅饼，没有哪一家大型企业不是靠强力产品做大的。它们都是用独门绝技、技术升级来支撑极致产品力，进而创造信用背书的。不论是产品盘点、技术资产和技术合作，还是信用背书、组织荣誉和政治地位，企业从一躯四肢这五大维度进行量级的自查和判断，都是一次全面普查和体检。从3～5年的历史阶段出发，企业判断自身发展是否陷入徘徊跌宕，以及下一个跨量级的目标是什么，从而加速增量突破、跨量级发展的步伐。

作为新时代的企业管理咨询从业者，我们既要志存高远，又要脚踏实地，为企业发展赋能助力。用增量突破、跨量级发展系统，助力我国企业的高质量增长，众多企业的成功，将推动我国经济的全面腾飞，带动我国实力的整体提升。

| 第 4 章 |

# 牵住"牛鼻子",创造增量突破

五大营地:串起企业"珠穆朗玛峰"登顶线路
"三大战役":增量突破的 ABC 工程
突击登顶:牵住"牛鼻子",创造增量突破

INCREMENTAL
BREAKTHROUGH

How to Develop Enterprises Across
Orders of Magnitude

电影《攀登者》中反复提出一个根本问题：人为什么要登山？

在1996年著名的珠穆朗玛峰山难中登山家乔恩·科莱考尔死里逃生。"在具有神秘魅力的探险后面，呈现出的坚韧不拔和无拘无束的流浪生活是对我们天生喜好舒适和安逸的解药。它预示着一种对衰老、虚弱、各种各样的弱点及缓慢而乏味的生活进程的青春年少式的拒绝。"乔恩·科莱考尔在《进入空气稀薄地带：登山者的圣经》一书中引用了登山家大卫·罗伯特的这段话，真实地反映了攀登高峰的探险家心境。

的确，探险精神与行动是激励着人类前进的最强动力。而万山之首的珠穆朗玛峰，简直就是攀登者们心中的"圣殿"："银灰色的山峰隐没在浓密的雾层里面，峻峭的山岩上铺盖着一望无边的白雪；一道道浅蓝色的原始冰川，像瀑布一样从万丈悬岩"飞泻"而下；纵深的峡谷曲曲弯弯，好像永远无法走到它的尽头……"

攀登是对目标、勇气、毅力的深刻考验，企业发展同此理。将攀登精神运用到企业中，用行动践行勇攀高峰的进取精神，是不同时代、不同行业的企业一直孜孜以求的企业文化。

## 五大营地：串起企业"珠穆朗玛峰"登顶线路

企业的发展历程就是一部企业的攀登史，这种突破自我、不断向上的攀登精神深深融入每一位企业掌舵人的血液中，唯有不断进取，才能勇攀心中的高峰。

营收过亿、破十、越百、进千，迈向万亿经济王国，所有的企业都在攀登"珠穆朗玛峰"，山底人群熙熙攘攘，山顶人烟稀少，攀登路上有时徘徊，有时跌宕，有时山重水复，有时柳暗花明，有时迂回，有时险壑，有时峰回路转，有时凌绝顶。

中国企业家黄怒波是登山爱好者，曾经三次登顶珠穆朗玛峰。早先登山时，黄怒波总会习惯性地不断追问向导："还有多远才到？顶峰还有多高？"随着登山次数的增多，黄怒波已不再追问。"反正要走，不能后退，也不知道多少时间，反正我要登顶。"他说企业也应如此：不急于求大，不急于求成，但是向着这个目标走，一定能走到最后，企业一定能做大，因为不着急，所以企业一定能做好。

### 企业攀登"珠穆朗玛峰"的五大营地

人是不可能一口气登上峰顶的。越向高处攀登，空气越稀薄，越高处的气压与地面气压差距越大，人的高原反应越剧烈。所以需要根据里程，搭建营地供人休息和居住。人们需要一定的时间去适应高原的气压和含氧量，适应以后才能继续攀登，不然可能会晕厥，呼吸困难，严重的甚至会死亡。

在珠峰北坡攀登历史上，从海拔 5200 米的登山大本营到海拔 8844.43 米的珠峰顶峰，曾经设置过 6~8 个攀登的营地。近年来，随着科学技术的进步、装备的轻量化、登山经验的积累，珠峰北坡的攀登营地已经有了很大的变化，目前，一般只需要建立 6 个营地就可以满足登顶珠峰的需求：海拔 5200 米的大本营，海拔 5800 米的过渡营地，海拔 6500 米的前进营地，海拔 7028 米的北坳营地（C1 营地），海拔 7790 米的 7790 营地（C2 营地），以及海拔 8300 米的突击营地（C3 营地）。

珠峰大本营是珠峰普通游客的终点，是汽车可以到达的最后的地方，而对于攀登者来说，这里只是他们准备行囊的地方。对于他们来说，真正的起点是前进营地，那里是牦牛托运物资可以到达的最后的地方。前进营地之后的攀登路程才是对攀登者的真正考验。

登山者每到了一个新高度，都要在营地休整、适应，恢复体力、补充能量；企业每到达一个新的量级，也要在营地稳一稳、适应新高度，复盘反思、积蓄能量，谋划向下一个量级攀登的大规划，整装待发。

与之相对应，企业攀登经营的"珠穆朗玛峰"也有五个营地：一号营地（大本营），二号营地（山峰），三号营地（高峰），四号营地（险峰），五号营地（巅峰）。

一号营地：1 亿元营收，亿级企业的大本营。

二号营地：10 亿元营收，十亿级企业聚集的山峰。

三号营地：100 亿元营收，百亿级企业聚集的高峰。

四号营地：1000 亿元营收，千亿级企业聚集的险峰，向万亿级攀登的突击营地。

五号营地：6000 亿元（1000 亿美元）营收，万亿级企业聚集的巅峰。

什么是亿级企业、十亿级企业、百亿级企业、千亿级企业和万亿级企业？

基于营收的五大量级，企业也有五大层次：亿级企业，十亿级企业，百亿级企业，千亿级企业和万亿级企业。

亿级企业：营收 8000 万～2 亿元的企业都是亿级企业，这是因为企业营收到了 8000 万元左右，就开始有发展节奏了，稍微努力就可以达到 1 亿元；营收过 1 亿元之后，还有一个适应和稳定期，营收到了 2 亿元左右就是稳定的亿级企业了，开始真正奔向十亿级。

十亿级企业：营收 8 亿～20 亿元的企业都是十亿级企业，这是因为企业营收到了 8 亿元左右，就开始有发展速度了，努力一下就可以达到 10 亿元；营收破 10 亿元之后，还有一个适应和稳定期，到了 20 亿元左右就是稳定的十亿级企业了，开始真正奔向百亿级。

百亿级企业：营收 80 亿～200 亿元的企业都是百亿级企业，这是因为企业营收到了 80 亿元左右，就开始有组织能量了，很快就可以达到 100 亿元；营收越 100 亿元之后，还有一个适应和稳定期，到了 200 亿元左右就是稳定的百亿级企业了，开始真正奔向千亿级。

千亿级企业：营收 800 亿～3000 亿元（500 亿美元量级）的企业都是千亿级企业，这是因为企业营收到了 800 亿元左右，就开始有发展势能了，很快就可以达到 1000 亿元；营收超 1000 亿元之后，还有一个适应和稳定期，到了 3000 亿元左右就是稳定的千亿级企业了，开始真正奔向万亿级。

万亿级企业：营收 6000 亿元（1000 亿美元量级）以上的企业都是万亿级企业。根据 2022 年《财富》世界 500 强排行榜，全球营收 1000 亿美元的企业一共 94 家。这么庞大的营收规模可谓是商业帝国。如何驾驭好这样的巨无霸组织、确保安全可持续发展，对高层团队是巨大挑战，正是在这个意义上，万亿级企业可谓是进入了人类经营的无人区。

就像攀登者到了一个营地要休整恢复，企业每到达一个新的量级高度，也要在营地稳一稳、复盘反思，谋划向下一个量级攀登的大规划，蓄势待发。

## 企业攀登"珠穆朗玛峰"的五大里程

爬坡之后歇一歇、稳一稳之后继续攀登。

从小规模纳税人（营收 500 万元以下）、一般纳税人［营收 500 万元（含）至 2000 万元］、规模以上企业（营收 2000 万元及以上）到一号营地，从一号营地到五号营地，企业攀登"珠穆朗玛峰"的漫漫长路有五大战斗里程（见图 4-1）。

过亿小目标（奔亿）：营收 2000 万元左右开启奔亿目标。

破十新征程（奔十亿）：营收 2 亿元左右开启奔十亿目标。

越百大战役（奔百亿）：营收 20 亿元左右开启奔百亿目标。

千亿大决战（奔千亿）：营收 200 亿元左右开启奔千亿目标。

万亿长征路（奔万亿）：营收 3000 亿元左右开启奔万亿目标。

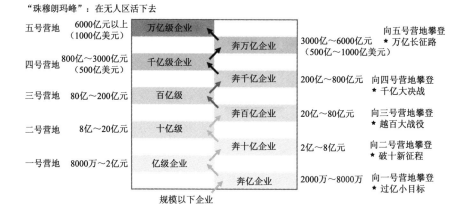

图 4-1 企业攀登"珠穆朗玛峰"的五大战斗里程

营收 6000 亿元（1000 亿美元量级）以上是万亿级企业，万亿经济王国是企业界的"珠穆朗玛峰"，已经是无人区，代表企业挑战极限，此时营收大一点、小一点已经不是问题，最重要的是活下去。

## 不同量级发展阶段的主要矛盾和关键抓手

全球经济市场中永远有机会，所有企业在发展过程中面临的普遍矛盾，都是企业组织力与外部机会不匹配的矛盾。但是，从过亿小目标、破十新征程到越百大战役、千亿大决战，最后迈上万亿长征路，企业在不同量级发展阶段面临的主要矛盾却是完全不同的（见表 4-1）。

表 4-1　不同量级发展阶段的主要矛盾

| 发展阶段 | 普遍矛盾 | 主要矛盾 |
| --- | --- | --- |
| 万亿长征路 | 全球经济市场中永远有机会，企业组织力与外部机会不匹配 | 进军全球主场与产融平衡力不足的矛盾 |
| 千亿大决战 | | 领航经济主场与多产业经营力滞后的矛盾 |
| 越百大战役 | | 拓展产业边界与组织营销力薄弱的矛盾 |
| 破十新征程 | | 扩大市场规模与市场爆破力欠缺的矛盾 |
| 过亿小目标 | | 切入产业赛道与产品竞争力不足的矛盾 |

## 案例 4-1　美的和格力"恩怨将了"

2021 年，格力营收 1897 亿元，美的营收 3434 亿元。在这个量级坐标上，格力还是千亿级企业，而美的已经成为奔万亿企业。根据 2022 年 5 月 13 日的收盘价，格力市值 1983 亿元，美的市值 3989 亿元，这是资本市场对两家企业的估值。也就是说，在市值上格力是千亿级企业，美的是奔万亿企业。数据说明，美的已经跟格力拉开了一个量级上的差距。

2022 年 5 月 4 日，管理专家刘欣在公众号"卓越运营实战"上发表了一篇文章，标题是"美的格力，恩怨将了"，刘欣说："之所以说'恩怨将了'，是因为美的与格力开始走向了不同的发展道路，而且渐行渐远。这种'渐行渐远'，不是因为格力与美的的营收规模差距，也不是因为利润差距，而是因为双方的交集不再决定生死，双方所面对的主要问题也已完全不同。"

确实，2017 年迈上 2000 亿元台阶之后，最近五年美的在多产业经营上已经稳定了多元化的营收结构，美的已经不再是单一的家电集团，而是多元化的科技集团，基本解决了领航经济主场与多产业经营力滞后的矛盾，美的已经迈上万亿长征路，现在面临的主要矛盾是进军全球主场与产融平衡力不足的矛盾。

格力在 2017—2021 年的营收分别是 1500 亿元、2000 亿元、2005 亿元、1705 亿元、1897 亿元，一直在震荡，目前还没有稳定在 2000 亿元之上。也就是说，对领航经济主场与多产业经营力滞后的主要矛盾，格力还没有很好地解决。

在攀登"珠穆朗玛峰"的道路上，美的和格力在前后梯队上，越往上走挑战越大，越往万亿峰顶走，越要平心静气。

不论经济大势如何，也不管环境怎么变化，市场需求永远存在，全球经济市场中永远有机会，企业组织力与外部机会不匹配之间的矛盾普遍存在。要抓住不同量级发展阶段的主要矛盾，提出有针对性的解决方案，找到关键抓手，牵住企业发展的"牛鼻子"。

所谓"牛鼻子"，就是解决主要矛盾的关键抓手。企业只有牵住了"牛鼻子"才能确保方向基本正确、组织充满活力。

显然，在不同量级发展阶段，针对主要矛盾的解决方案是不同的，要牵住的"牛鼻子"也不一样（见表 4-2）。

表 4-2 不同量级发展阶段的解决方案和关键抓手

| 发展阶段 | 普遍矛盾 | 主要矛盾 | 解决方案 | 关键抓手（"牛鼻子"） | |
|---|---|---|---|---|---|
| 万亿长征路 | 全球经济市场中永远有机会，企业组织力与外部机会不匹配 | 进军全球主场与产融平衡力不足的矛盾 | 产融结合+破局重生 | 从产业龙头到世界级企业 | 方向基本正确，组织充满活力 |
| 千亿大决战 | | 领航经济主场与多产业经营力滞后的矛盾 | 多品类多产业扩张+组织重构 | 从品类龙头到产业龙头 | |
| 越百大战役 | | 拓展产业边界与组织营销力薄弱的矛盾 | 平台解决方案+品牌打造 | 从单品龙头到品类龙头 | |
| 破十新征程 | | 扩大市场规模与市场爆破力欠缺的矛盾 | 极致产品力+市场扩张 | 从冠军单品到单品龙头 | |
| 过亿小目标 | | 切入产业赛道与产品竞争力不足的矛盾 | 差异化产品力+打造标杆客户 | 从亿级单品到冠军单品 | |

# "三大战役"：增量突破的 ABC 工程

"珠穆"在藏语中是女神的意思，"朗玛"是母象的意思，"珠穆朗玛"意为大地之母。珠穆朗玛峰，是世界上海拔最高的山峰。其地理环境独特，雄伟壮阔，气势磅礴，风吹积雪四溅飞舞，全球众多登山探险家通过团队合作，在此留下脚印。因此，攀登珠穆朗玛峰逐渐成为锻造团队精神挑战个人意志的极限运动。

当年，为了在较短的时间内征服珠穆朗玛峰，我国登山队详细研究了有关资料，制订了总体计划。根据我国高峰探险的经验，攀登海拔 7000 米以上的山峰，不能把希望寄托在一次攀登就取得胜利，而必须经过几次适应性攀登，逐步上升，让攀登者逐步适应高山环境，然后集中力量突击主峰。因此，我国登山队决定把攀登珠穆朗玛峰顶峰的前期战斗分成三个"战役"进行。

第一个战役：从大本营出发，到达海拔 6400 米的地方，然后返回大本营休息。

第二个战役：从大本营出发，到海拔 7600 米的地方，然后返回大本营休息。

第三个战役：从大本营出发，到海拔 8300 米的地方，再返回大本营休息。

在这三次适应性攀登中，登山队员们一方面要在沿途不同海拔高度建立起许多个高山营地，为最后登顶创造物质条件，另一方面登山队员们逐步上升高度，从而取得对高山环境的充分适应性。在这以后，登山队员们从大本营出发，直抵海拔 8500 米的地方，建立"突击营地"，然后从这个营地出发登上顶峰。

1960年5月25日，我国登山队3名队员，在高海拔无氧气以及零下40℃的严酷环境下，克服重重磨难，从珠峰的北坡登顶，这也是人类历史上第一次从北坡登顶珠峰。

## 增量突破的ABC工程

跟1960年我国登山队北坡登顶珠峰一样，企业增量突破同样规划"三大战役"，通过ABC工程来达成目标：A是厚根基，B是创爆破，C是强后劲。无基不立，A是增量突破的基础；无核不破，B是核心，是爆破的聚合威力所在，也是这个阶段跨量级发展的"牛鼻子"；无护不稳，突破之后要稳住发展态势、强化新地位，因此必须有增强后劲的C（见表4-3）。

在过亿小目标阶段，企业发展的ABC工程是A—掌舵人立大志，B—打造冠军单品（"牛鼻子"），C—锻造营销爆发力。也就是掌舵人带领团队树立"做好企业、贡献于人类"的大志向，把亿级单品或冠军"种子"打造成冠军单品，锻造营销爆发力。这个阶段的重点是提高产品经营能力。

在破十新征程阶段，企业发展的ABC工程是A—战略性发展，B—打造单品龙头（"牛鼻子"），C—招募五虎上将。也就是企业召开战略会议，明确使命、描绘愿景，用战略驱动企业持续发展，把冠军单品打造成单品龙头，招募五虎上将，用人才突破实现组织能力突破，为破十奔百积蓄能量。这个阶段的重点是提高客户经营能力。

表 4-3 增量突破的 ABC 工程

| 发展阶段 | 普遍矛盾 | 主要矛盾 | 解决方案 | 关键抓手（"牛鼻子"）突破目标 | 关键抓手（"牛鼻子"）ABC 工程 | |
|---|---|---|---|---|---|---|
| 万亿长征路 | 全球经济市场中永远有机会，企业组织力与外部机会不匹配 | 进军全球主场与产融平衡力不足的矛盾 | 产融结合+破局重生 | 从产业龙头到世界级企业 | 自生态产融结合世界级企业·无国界经营破局重生 | 方向基本正确，组织充满活力 |
| 千亿大决战 | | 领航经济主场与多产业经营力滞后的矛盾 | 多品类多产业扩张+组织重构 | 从品类龙头到产业龙头 | 国际化多产业经营产业龙头·全国领导品牌组织重构 | |
| 越百大战役 | | 拓展产业边界与组织营销力薄弱的矛盾 | 平台解决方案+品牌打造 | 从单品龙头到品类龙头 | 组织再造品类龙头·全国品牌产业经营 | |
| 破十新征程 | | 扩大市场规模与市场爆破力欠缺的矛盾 | 极致产品力+市场扩张 | 从冠军单品到单品龙头 | 五虎上将单品龙头战略性发展 | |
| 过亿小目标 | | 切入产业赛道与产品竞争力不足的矛盾 | 差异化产品力+打造标杆客户 | 从亿级单品到冠军单品 | 营销爆发力冠军单品掌舵人立大志 | |

在越百大战役阶段，企业发展的 ABC 工程 A—产业经营，B—品类龙头·全国品牌（"牛鼻子"），C—组织再造，也就是企业要做产业经营，用产业定位、产业价值贡献于产业，基于单品龙头打造品类龙头、打造全国品牌，再造百亿组织，形成市场穿透力。这个阶段的重点是提高产业经营能力。

在千亿大决战阶段，企业发展的 ABC 工程 A—组织重构，B—产业龙头·全国领导品牌、多产业经营（"牛鼻子"），C—国际化。也就是将百亿组织重构为千亿组织，基于品类龙头打造产业龙头，以一个产业为核心拓展强相关的多产业经营，打造全国领导品牌，国际化一定要上台阶。这个阶段的重点是提高多产业经营能力。

在万亿长征路上，企业发展的 ABC 工程 A—破局重生，B—世界级企业·无国界经营、产融结合（"牛鼻子"），C—自生态，也就是打造世界级企业，在全球无国界经营，产融结合，建设企业自生态，融入全球经济主场。这个阶段的重点是提高产融平衡能力。

## 厚根基之战法 1：掌舵人立大志

优秀的掌舵人都是理想主义的。他们有家国情怀，从心底想服务大众、报效国家、贡献于人类。

会不会制定合理的战略目标、敢不敢制定高远的战略目标，是企业尤其是企业家能力、魄力与格局的集中呈现，立大志、立长志首先要通过战略目标来体现。企业家的战略决心有多大、战略意志有多强、战略智慧有多深、战略定力有多足，企业的战略目标就会有多高。

事实上，我国改革开放以来，尤其是在自 20 世 90 年代开始的高速经济发展进程中，取得跨越性发展的企业无不是通过高远的战略目标拉动，倒逼组织设计，全方位变革，商业模式、市场营销、产品研发等经营各板块，将战略目标的拉力转化为企业强大的驱动力与行动力，最终做大做强、迈向成功的。从早期的海尔模式到美的、创维等家电巨头的崛起，从欧派到慕思、九牧等大家居龙头的起舞，从雷军与董明珠的目标对赌到华为的进军万亿，再到近几年从安踏、李宁到元气森林、完美日记等大消费国潮品牌兴起，莫不遵循着同样的规律。

发展目标是企业战略的核心构成。企业在依靠外部机遇和掌舵人个人能力双驱动为主的自然性成长阶段，首要的问题是活下去，因此基本上是走哪儿是哪儿，无所谓战略，更谈不上明确的目标。然而，企业一旦度过生存危机，想要可持续发展，就必须导入战略并制定目标。因此，有没有清晰的目标是衡量企业是否进入战略性发展阶段的重要标志。

从自然发展到战略性发展，企业要敢于定出大目标，追求跨量级发展，只有这样才能拉动作战团队，用打大仗、打硬仗、打胜仗的英雄主义气概挑战高目标，用销售增量、利润增量和价值增量拉动企业的可持续发展。

立大志是企业家迈向成功的必备素养，它既是对自我的鞭策，也是对员工的激励，更是对社会的担当。理解的人知道那是宏大理想，不理解的人总说是"吹牛皮"，正所谓燕雀安知鸿鹄之志哉。

企业通过持续挑战营收翻番和成本减半等大目标，缔造英雄主义的精神基因，通过一场又一场硬仗和胜仗，创造属于自己的未来。陈春花老师说：英雄主义的价值取向是企业家缔造的组织特质，它来源于两个维度，一个是"危机意识"，另一个是"优秀是一种习惯"。

大型企业都是被掌舵人的大志向、大目标拉着跑过来的。企业首先要敢想，不管是亿级、十亿级、百亿级还是千亿级的目标，先立下增量突破、跨量级发展的大志，"怎么做"才会云开雾散、清晰起来。

绝大多数中小微企业的掌舵人不是没有抱负、没有追求，也不是没有使命感、没有理想，而是没有将抱负、追求、使命感和理想聚焦在"过亿小目标"上。掌舵人应尽早立下"营收过亿"这个大志向，企业循着"为客户发展做贡献"这个大方向,很快就会找到迈向营收1亿元的康庄大道。

立大志不只是许宏愿,而是要进一步用数字承载具体目标和具体打法,这样立下的宏愿就清晰可见、实实在在,有具体抓手。

## 案例4-2　欧派:一家用数字目标拉着跑的企业

在成立24年时营收突破100亿元,用4年时间营收增长100亿元,持续28年没有徘徊跌宕,28年来营收和利润持续增长,欧派为什么能不受新冠疫情影响?欧派为什么这么厉害?

实际上,欧派是一家用数字目标拉着跑的企业。早在创业第二年,欧派就提出厨房与装修一站式服务,1997年提出八字方针,1998年提出"四不论",2000年提出橱柜电器一体化……

从业务模式到经营方针,欧派逐步提出数字目标和作战举措:2003年启动三大战役,2007年执行"百千万"计划,2011年推出"10+1"模式,2014年喊出"百亿欧派"大目标,2016年"三马一车"扬鞭。2018年2月,在2017年年会上,欧派在营收近百亿时吹响"千亿新巅峰"战斗号角,乘胜追击,连续三年打了"一战雄关""再攀巨岩"和"跨越新巅"三场大胜仗,一举突破营收200亿元。

欧派在攀登"珠穆朗玛峰"的道路上奋斗近30年。一路上,数字就是一面旗帜,欧派被自己制定的数字目标拉着跑,跑到一亿(抵达一号营地),跑到十亿(在二号营地复盘修整),跑到百亿(进入三号营地），现在再出发，吹响千亿大决战的号角（跑向四号营地）。

立大志是掌舵人觉醒的标志。千万级企业要做大，首先其掌舵人要立大志。立什么大志？一是立报国之志、立爱民之志，在国计民生中找到机会；二是树过亿小目标，拉动企业中长期发展；三是定营收翻番、成本减半的战斗目标，着手大破大立的新举措。

企业定下过亿小目标后，自然就会关注那些营收已经过亿的企业，一是向它们学习，二是想办法跟它们合作，更重要的是建立了营收量级和营收跨量级的概念。此后，企业还会关注十亿级企业和百亿级企业，想办法跟更高量级的企业合作，拉动企业营收增长和组织力提升，这就是人们常说的"与巨人握手"。

基于此，掌舵人可以组织团队讨论"过亿小目标"的问题：本企业有亿级客户吗？有十亿级客户吗？有百亿级客户吗？要切入这些大客户并跟它们长期合作，本企业的武器是什么？其实，这些都是战略性问题，得到的答案就是战略——亿级企业靠产品战略。

大目标一定，道路就开始清晰了。反之，掌舵人不立大志，对过亿小目标想都不敢想，自然只会随波逐流，遇风是风、遇雨是雨。

## 厚根基之战法 2：战略性发展

靠自然发展，企业可能做到 1 亿元或 2 亿元营收；如果没有战略支撑，则很容易爬坡乏力、徘徊跌宕。看看众多突破 10 亿元营收的企业，它们都是在爬坡途中认知到战略的重要性、着手制定战略并找到用战略驱动增长的感觉的，就算是现实也会倒逼掌舵人用战略求突破——所谓的战略，就是企业根据自身的核心能力，对接市场的变化，规划三级增长动力。

企业要在攀登途中完成战略启蒙，用第一个正式的战略进入战略管理时代。

很多掌舵人认为自己的企业有战略，但是却拿不出战略文件，企业也没有负责战略的部门。掌舵人将自己的战略情绪、战略想法、战略目标和战略意志误认为是企业战略。只要没有正式召开战略会议，没有正式的战略文件，就不能说企业有战略。要尽快将掌舵人的战略转化为企业的战略。

企业战略是组织意志、团队意志。企业在面临增长乏力、徘徊跌宕的时候，要召开正式的战略研讨会，明确使命、描绘愿景，以营收跨量级发展为目标，确立新的发展路线和新的组织，正式制定企业战略，输出战略文件，实现企业发展的重大转折，将掌舵人的战略意志转化为组织意志，这才是企业真正意义上的"战略会议"。

"战略会议"能点燃团队作战激情。"战略会议"有时间、地点、重大决策、历史意义，它意味着企业具备独立解决内部复杂问题的能力，迈上战略性发展的道路，坚持用战略驱动企业发展。有了第一个五年战略规划，就要有第二个、第三个、第四个……企业的战略管理将逐步走向成熟。

## 厚根基之战法3：产业经营·多产业经营

什么样的市场中才能冒出百亿级企业？行业市场是不够的，不论是企业所在的行业，还是客户所在的行业，行业的市场空间都有局限，只有产业的市场容量才能支持跨量级扩大。在产业市场中，企业的事业顿时豁然开朗：沿着供应链上下游延伸，扩大经营边界，实现跨产业经营。

## 案例 4-3 江小白：全产业链经营开启奔百亿征程

2012 年创立的重庆江小白酒业有限公司（以下简称"江小白"），用十年时间同时开辟了三个战场⊖，促成了白酒业近十年来最大的一次结构化创新：前段是消费品领域，一场全新的品牌侧翼战；中段是轻工业，产能和规模的闪电战；下段是农业板块，隐蔽在产业链上游的持久战。

酒业做酒，理所当然，江小白的大格局在于一开始就瞄着百亿目标、布局作物种植。财经作家樊力撰文点评说："哪怕是起步阶段，江小白自己踮着脚也要布局全产业链……今天的白沙镇，以占地760亩（约50.7万平方米）的江记酒庄为圆心，周边5000亩（约333.3万平方米）的高粱种植示范基地被带动起来，未来还将继续辐射近10万亩（约6666.7万平方米）的种植面积。"

公开资料显示，2017年和2018年，江小白的年营收分别突破10亿元、20亿元⊜，2019年江小白营收近30亿元，在小瓶白酒市场的市场占有率超过20%；2021年，江小白白酒业务增长近20%，奔百亿江小白被称为传统行业创新的"新样本"。

---

⊖ "深度复盘：江小白十年三战"，樊力，坤言资本，2021年1月26日。
⊜ "疲态江小白，疲惫陶石泉"，荆玉，巨潮WAVE，2022年6月27日。

亿级企业靠产品经营，十亿级企业靠客户经营，百亿级企业靠产业经营。

什么样的市场中才能冒出百亿级企业？百亿级企业一定做全国市场，而且一定要开启海外市场——奔百亿征程中迈向国际化，自然为越百之后进军千亿俱乐部做前期准备。

产业经营是大规模可持续发展的根基，蕴含了多产业经营的战略思路。千亿级企业必然是多产业经营的，重点在于产业结构要合理，因此企业要根据环境变化动态调整产业结构。

## 厚根基之战法 4：组织重构，破局重生

不破不立。企业在增量突破、跨量级发展过程中要建立新能力，改革组织、调整人事是每一个量级寻求突破的必然，越往更大规模的营收量级发展，组织改革的力度越大，要求越高，挑战也越大，甚至上升到组织重构、破局重生的程度。可以说，组织大改革才能拉动新能力的建立，大破大立是跨量级发展的首要条件。

企业由弱至强、从小到大，在组织上通常都要强化总部职能、激活经营单元（BU）、调整产品和产业结构。亿级企业 BU 化、活力化；十亿级企业区分经营单元、强化总部职能；百亿级企业建设成熟的事业部制（BD），建设强力总部（集团）和成熟的研究院；千亿级企业建设事业群（BG，二级集团）、全国多总部和成熟的中央研究院；万亿级企业建设生态化组织，自生态进化。

组织改革的本质是调整集权和分权的平衡，做到战略基本正确

（业务结构合理）、组织充满活力（作战能力匹配），并导入新的能力（满足增长需要）。因此，企业从小到大的组织改革中，集权和分权是同时进行的。建设"战略总部"的集团化组织成为必然。

成为千亿级、奔万亿或者万亿级企业之后，鉴于巨无霸企业的僵化倾向，反向改革——化大为小、分拆组织也时常发生。2011年11月，几乎在通用电气宣布一拆为三的同时，美国强生也宣布：企业将拆分为两家上市企业，一家专注于药品和医疗设备，另一家专注于消费品。实际上，这几年像东芝、西门子、霍尼韦尔和蒂森克虏伯等多元化工业巨头都进行了不同程度的分拆，它们有的时候是迫于经营的压力，更多的则是在顺风顺水的时候面向未来十年大破大立。当"家"不容易，当"大家"更不容易：有的时候上市，退市，有的时候组建大型集团，有的时候分析重构。这些都是壮士断腕、向死而生的组织智慧。

通过组织大改革，适应增量突破、跨量级发展的能力需要，这个过程尤其考验关键时期掌舵人和领导层顺应大势的改革魄力。随着组织持续进化、组织智慧持续沉淀，长期经营的企业在历史上不时会出现大改革家，这是企业遵循经营规律、生命勃发的自然表现。

## 创爆破之战法：从市场占有力到营销爆发力

掌舵人首先必须具备乐观主义精神，敢于追求跨量级发展，用大目标拉动强实力。只有掌舵人高举战略性发展的大旗，作战团队才知道攻城略地、开疆拓土的方向在哪里。

不论是亿级单品、冠军单品，还是单品龙头、品类龙头和产业龙头，它们都是靠营销创造出来的，都不是纯技术的，而是企业在市场上靠销研产供一体化作战打出来的，日本企业喜欢把用产品占领市场的能力称为"市场占有力"。

市场占有力是企业占领市场、稳定并提高市场占有率的能力，是企业经营的综合能力。提高市场占有力通常有五大步骤。

- 切入：在特定的市场，用差异化的产品满足目标客户需求。

- 占有：利用综合竞争优势，在同一类客户当中达到一定的市场占有率。

- 稳定：通过产品迭代和服务创新，跟客户建立长期合作关系，稳定市场占有率。

- 攀爬：巩固竞争优势，扩大市场边界，提高市场占有率，逐步提高地位。

- 龙头：巩固跟客户的长期合作关系，在特定的市场奠定遥遥领先的地位。

占有市场是一种能力，市场占有率及其稳定性是市场占有力的数字化衡量。

从企业实践来看，市场占有力有五级台阶。

- 1.0—差异化产品力：练就独门绝技，打造亿级单品。

- 2.0—极致产品力：精益求精、全面创新，打造冠军单品。

- 3.0—营销爆发力：扩大市场边界，打造单品龙头。

- 4.0—市场爆破力：扩大应用场景，实现全线产品升级，打造品类龙头。

- 5.0—市场霸占力：规模化、一体化作战，全面渗透产业，迈向产业龙头。

交付力是市场占有力的根基。

交付力是企业向客户兑现承诺、创造客户感动的能力。企业获得一个客户之后，要成为客户采购量最大的合作伙伴，要成为客户不可或缺的依赖，还要跟客户"百年好合"、携手迈向全球。

交付力有五级台阶。

- L1：订单及时交付，从不违约，交付业绩完美。

- L2：用"法拉利通道"（超快通道）接纳紧急需求，极速交付。

- L3：魅力质量、感动服务，留住客户。

- L4：快速提升产能，跟客户一体化响应市场。

- L5：跟客户战略协同，全球布局，战略陪伴。

交付力是交易能力的核心、立足于市场的根基，也是订单变现的根本。从最早接触客户、获取需求信息、理解客户需求，到提供整体解决方案，到成功交付、客户满意，创造第二单、第三单，交付的目标是全面满足客户。交付是企业的市场化作战，是企业的营销行为，在这个意义上，技术就是营销，生产也是营销，营销就是经营。

企业要有营销爆发力。爆品是打磨出来的，是极致产品力的体现，是一体化作战的结果。产品力厚积薄发就是营销爆发力。

营销爆发力是企业在最佳市场时机推出首创产品，产品一上市就销量井喷的市场作战能力。

通常可以五大方面着手锻造营销爆发力。

- 以客户的新需求逆算新品企划。
- 以最佳上市时机逆算新品开发。
- 尽早提高新品的市场认知度。
- 做足战前工作，在新品上市后最大化销量。
- 多策略跟进、扩大销量，巩固新品市场占有率。

企业要用翻番目标锻造市场占有力、交付力和营销爆发力。以松下和京瓷为代表，日本企业动不动就要翻番——营业收入翻番，或者产能翻番，而且不论经济环境是好是坏。动不动就"吹牛皮"似乎不是日本企业的风格，却是很多日本企业时不时就有的表现。

## 案例 4-4 动不动就要翻番：松下吹过的牛都实现了吗

松下动不动就要翻番（见图 4-2）。

1956 年 1 月，松下发布历史上第一个五年计划：销售额增长 2.6 倍[一]，也就是从 1955 年的 220 亿日元提高到 1960 年的 800 亿日元。这在当时造成社会轰动，也引起内部干部员工的不少质疑。

---

[一] "松下：1956 年发表'五年计划'，提出营收增长 2.6 倍"，松下（中国）官网。

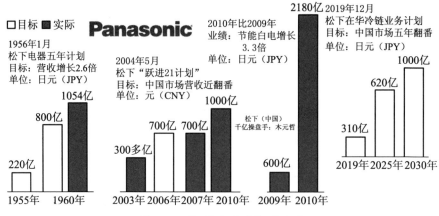

图 4-2 松下动不动就要翻番

2004 年 5 月，松下发布"跃进 21 计划"[一]，其中特别要求用三年的时间，将松下在中国的销售收入由 300 多亿元提高到 700 亿元，三年将近翻番的大目标也在中国市场引起强烈反响，当时上任不久的松下（中国）总裁木元哲对媒体说：700 亿元压力很大[二]。

2019 年 12 月，松下发布在华冷链业务计划[三]，提出用五年时间将松下在中国市场的冷链业务收入翻番，也就是由 2019 年的 310 亿日元提高到 2025 年 620 亿日元，2030 年要达到 1000 亿日元，相当于 60 亿元左右。

动不动就翻番甚至三倍，松下就不怕把牛皮吹破吗？

实际上，松下吹出来的牛最终几乎都实现了。

1960 年，松下完成销售 1054 亿日元，远远超过当时定的 800 亿

---

[一] "日本家电产业史：成长期，大家电全面普及"，乐晴智库精选。
[二] "松下中国总裁木元哲：700 亿压力很大"，搜狐财经。
[三] "千亿：松下在华推进冷链业务计划 5 年销售额翻倍"，贤集网。

日元；2007年，松下在中国的销售收入达到700亿元，虽然比计划的2006年迟了一年，但目标还是达到了，更重要的是松下紧接着又用三年时间，将销售收入由700亿元提高到1000亿元，七年时间销售收入增长了42.86%。松下（中国）千亿营收的操盘手就是木元哲先生。

还有一次更厉害的表现：2010年，松下的节能白电销售收入达到2180亿日元，为2009年的3.63倍[一]。

企业制定营收翻番的增长目标，本质上是用大目标拉动强实力。整体营收翻番拉动营销创新、一体化作战，局部市场和业务板块的营收翻番则旨在优化收入结构、拉动经营创新。显然，企业不敢提出整体翻番或局部翻番的大目标，只求自然增长，就难免掉进随波逐流、碌碌无为的泥潭。

做得好的企业，掌舵人都是乐观主义者。为什么乐观？因为看长远、长期主义，看未来十年、规划五年、着手今年明年，也就是说，优秀的掌舵人都是用战略思维进行思考和行动的。拉动企业要用战略驱动发展，不断优化战略结构、提高战略质量、提高战略管理的成熟度。

人类社会永远向前、永远向上，掌舵人必须有这样的企业家认知，这是乐观主义、理想主义的思想原点。掌舵人要立大志（使命愿景）、做大事（定战略、定跨量级发展目标），用理想主义缔造作战团队的英雄主义。

在攀登"珠穆朗玛峰"的道路上，有的企业快一点，有的企业慢

---

[一] "松下节能白电3.3倍增"，端木清言博客。

一点，有的企业前面慢一点、后面快一点，或者前面快一点、后面慢一点，这都没有关系，关键是每一年都在强身健体、铸魂修心。

穿越历史纵深，企业只要活着，就在做出贡献，就有价值，生命力就会越来越顽强，企业就在攀登企业寿命的珠穆朗玛峰。为了活下去、长寿经营，掌舵人必须研究商业组织跨量级发展的规律。

## 强后劲之战法：自生态建设

根据《财富》世界500强榜单[一]，2021年巴斯夫集团全球营收为929.29亿美元（约合5995.3亿元），排名第109位。该集团有六大主营业务，分别是化学品、材料、工业解决方案、表面处理技术、营养与护理、农业解决方案[二]。

为什么千亿级以上的企业什么都做？巨型企业不只要做多产业经营，而且必须具有有机的多产业结构，必须构建自生态。只有这样才能形成集成化能力，才能在企业经营的无人区安全、稳健地探索。

B端（企业业务）、C端（消费者业务）和G端（政府和军队业务），不管企业从哪一端切入市场，随着经营年限的增加和营收规模的扩大，为了可持续发展，都必然在这三种业务模式之间游走，最终走向业务模式多元化，这不是简单的"专注"还是"花心"的二选一问题，而是企业的战略性发展需要——一极独大的增长动力是不可能持续的，

---

[一] "2022年《财富》世界500强排行榜"，《财富》中文网，2022年8月3日。
[二] "营收786亿欧元！巴斯夫2021大中华区年报发布，在华拥有这六大基地"，搜狐网，2022年6月21日。

这也是企业自生态建设的一个维度,谁能想到巴斯夫和杜邦这样的化工巨头最终都进入了人类大农业领域呢!

实际上,企业迈上千亿级台阶之后的多产业经营、国际化和产融结合,其本质都是迈向万亿经济王国的过程中,要建设自生态;物竞天择,企业有了自生态之后还要不断进化。

## 突击登顶：牵住"牛鼻子"，创造增量突破

当攀登者到达珠穆朗玛峰突击营地，说明他们有机会登顶珠穆朗玛峰了。

不过，从突击营地到峰顶，攀登者面临的最后考验是三个台阶，第一、第三台阶难度相对较小，而第二台阶是 5 米左右的近乎垂直的岩壁。1960 年，我国第一次攀登珠穆朗玛峰的队员，在这里是靠用生命搭起的人梯才攀登上去的；1975 年，我国队员第二次攀登时，在这里搭起了金属梯子，正是这架"中国梯"后续为数千位攀登者提供了帮助。

如今，企业攀登经营的"珠穆朗玛峰"，在跨量级发展的关键阶段，也需要梯子——牵住"牛鼻子"（即关键抓手）。

企业的任何跨量级发展都不是一蹴而就的，每一个量级的水到渠成也许都需要三年、五年甚至十年以上。跨量级发展必然经历苦熬、坚守、冲锋和决战，最终才能达到目标。正因为这样，只有找准"牛鼻子"，企业才能有战略定力，才能在艰难处境、关键时刻毫不动摇，才能牵住"牛鼻子"不松手。

找准"牛鼻子"，企业才能把握主攻的聚焦点，确保方向基本正确，把资源聚焦在最有可能创造增量突破的点上，避免资源分散，实现团队协同、一体化作战。牵住"牛鼻子"，力出一孔、饱和攻击，最直接地创造营收增量，使作战团队打出战绩，打大仗、打硬仗，积小胜为大胜，打胜仗，使组织充满活力。

企业跨量级发展"牛鼻子"在哪里？

极致产品力，就是过亿、破十、越百共同的"牛鼻子"：采用利基

战略、专攻细分市场，走专精特新道路，在产品上求专求精求特求新、做专做精做特做新，用极致产品力打造亿级单品、冠军单品、单品龙头和品类龙头。

### 案例 4-5　松下手提电脑的专精特新之路

松下的手提电脑也曾经在大消费市场占有一席之地，2000 年之后似乎销声匿迹了。但是，松下手提电脑事业部直到今天都活得很好，只是早已不做 C 端业务，而是转做 B 端业务了。松下手提电脑在美国有三大客户：军方、警察和消防队。

由于个人用手提电脑竞争白热化，松下及时从红海撤退，专门为美国军方开发专用手提电脑。军用手提电脑与个人用手提电脑有什么不同呢？在一般电脑的性能方面是差不多的，但是，军方用的手提电脑有特殊要求，要做到大火烧不坏，爆炸炸不坏，极其耐冲击，在沙漠五六十度高温环境中能长期工作，插进雪堆里，在零下三四十度一样能正常开机、正常使用——就是因为在这些特殊功能上下足功夫，在新材料、新结构、新工艺上有原创技术，松下悄无声息地打进了美国军方，又悄悄地打进美国警察局、美国消防队，闷声发大财。

作为商业组织，企业跟客户交易的唯一载体就是产品，没有哪一家大型企业不是靠强产品力做大的，也没有哪一家长寿企业不是靠强产品力做久的，产品力是企业生存和发展的根基，产品战略是企业的第一子战略。

## 什么是产品力

产品力是企业打磨强力产品的能力，它可以用销量、销售收入、市场占有率和利润率来评价。打造极致产品力是企业永恒的追求，只有这样企业才能随时代变化而进化，才不会被客户所抛弃，它的第一抓手就是提高单品的市场占有率。

很多企业都有冠军种子，也有不少企业有亿级单品，企业要打造冠军单品、单品龙头，迈向品类龙头，最终成为产业龙头，途径只有一个：围绕客户需求持续打磨产品，提高市场占有率。

冠军种子（L0，起点）作为市场新秀，其销量和市场占有率快速增长，目标是市场占有率≥6.8%；打造有实力的亿级单品（L1，第一级），目标是单品占有率≥10.9%；要成为分散市场可能的冠军单品（L2，第二级）集中市场的第一梯队或可能的冠军，目标是单品占有率≥19.3%，最好是≥26.1%；而要成为遥遥领先的单品龙头（L3，第三级），目标是单品占有率≥41.7%；要成为遥遥领先的品类龙头（L4，第四级），目标是品类占有率≥41.7%；因为产业的市场规模远远大于品类的市场规模，成为产业龙头的难度远远大于成为品类龙头的难度，要成为遥遥领先的产业龙头（L5，第五级），目标是产业占有率≥26.1%；而市场占有率极限是73.9%。这些数据虽然不是绝对的标准，但可以作为企业拉动市场作战的有效目标（见表4-4）。

很多中小型企业不重视市场占有率的管理。确实，在营收规模小的时候，企业获取占有率的数据似乎无从下手，看起来也没有太大必要，但是在营收接近亿级（8000万元左右）时，企业务必着手占有率的管理了，尤其是企业出现亿级单品时，统计占有率是提高市场分析能力和加强市场战斗力的有力手段。

表 4-4　极致产品力五级台阶的占有率目标

| 台阶 | 市场占有率目标 | 市场占有力要求 | 地位 |
| --- | --- | --- | --- |
| L5 产业龙头 | ≥26.1%<br>极限是 73.9% | 市场霸占力<br>（规模化一体化作战，全面渗透产业） | 遥遥领先的产业冠军 |
| L4 品类龙头 | ≥41.7%<br>极限是 73.9% | 市场爆破力<br>（扩大应用场景，全线产品升级） | 遥遥领先的品类冠军 |
| L3 单品龙头 | ≥41.7%<br>极限是 73.9% | 营销爆发力<br>（扩大市场边界） | 遥遥领先的单品冠军 |
| L2 冠军单品 | ≥19.3%<br>最好是≥26.1% | 极致产品力<br>（精益求精，全面创新） | 分散市场可能的冠军集中市场的第一梯队或可能的冠军 |
| L1 亿级单品 | ≥10.9% | 差异化产品力<br>（练就独门绝技） | 有实力，能给市场造成影响 |
| L0 冠军种子 | ≥6.8% | 新功能高性能产品力 | 市场新秀，销量和市场占有率快速增长 |

不论企业大小、存续时间长短，掌舵人和经营团队都要首先建立亿级单品、冠军单品和单品龙头的概念，它们是产品力的市场化评价指标，指引企业从打造新功能和高性能层次的产品力到打造差异化产品力和极致产品力。

打造亿级单品是企业提升产品力的第一个台阶，在实施营收翻番、成本减半攻关项目的时候，打造亿级单品是促进销研产供一体化作战并实现目标的有力手段。

## 什么是产品战略

企业要依靠物美价廉、适销对路、具有竞争实力的产品去赢得客户，占领并开拓市场，获取经济效益。产品战略是企业对其所生产与经营的产品进行的全局性谋划，是企业经营战略的重要基础。产品战略要解决的问题是应该向市场提供什么产品，以及如何通过产品更大程度地满足客户需要，提高企业竞争能力。产品战略是否正确，直接关系企业的成败兴衰和生死存亡。因此，要打造亿级单品、冠军单品、单品龙头和品类龙头的极致产品力，首先要有清晰的产品战略。

任何产业都会经历萌芽期、上升期、成熟期和下行期四大阶段，大多数产业在下行期还会出现升级期（新产业萌芽期和上升期）。对应不同的产业阶段，因为需求的增长和价格的涨跌趋势不同，企业通常采取四种不同的产品战略（见图4-3）：在产业萌芽期洞察机会，在产业上升期打造主流产品，在产业成熟期打造细分产品，在产业下行期确保全球总成本最低的优势，在可能出现的产业升级期打造创新产品。

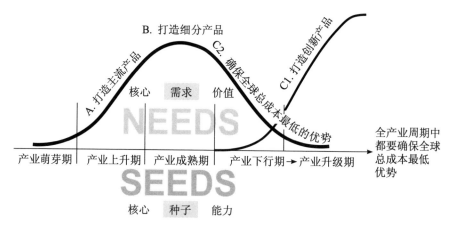

图4-3 不同产业阶段的四大产品战略

## 产业萌芽期：洞察机会

在产业萌芽期，一般是黑马企业推出横空出世的首创产品，开辟史无前例的全新时代。法国物理学家丹尼斯·帕潘提出蒸汽机的具体工作原理并打造了世界上最早的蒸汽机工作模型；英国人詹姆士·瓦特把蒸汽机产品化。史蒂夫·乔布斯领导苹果公司推出智能手机，为全球进入移动互联时代做出贡献；20世纪90年代成熟的军用无人机技术开始进入民用领域，2006年大疆创新成立，之后它推出了首屈一指的迷你无人机，开辟了全新产业；华为5G技术独辟全球产业新赛道……新产业萌芽的荣光属于极少数伟大的企业，一般企业只是由掌舵人洞察趋势、发现机会，伺机而动。

## 产业上升期：打造强力主流产品

绝大多数企业都是后知后觉的，在产业上升期跟随领先企业奔跑就可以了，企业的产品战略就是打造强力主流产品（A），在快速扩大的市场需求当中分得一杯羹，产品力跟上主流步伐也能实现增长，其中产品力非常强的企业，会很快打造出亿级单品、冠军单品甚至单品龙头、品类龙头，随着市场增速放缓，产品普及率提高，竞争日益加剧，优胜劣汰，迈向极致产品力的企业市场占有率不断提高，逐步成为品类龙头（行业冠军）、产业龙头（产业冠军）。

## 产业成熟期：打造细分产品

产业成熟期的市场主要是存量市场，市场容量已经足够大，但是增长空间和增长速度已经降下来了，竞争日趋激烈，市场集中度提高，这个阶段并不是没有新增需求，而是新增需求以个性化需求为主，企业的产品战略应该是打造细分产品（B），定位细分市场，用差异化产品满足个性化需求，抢占细分市场，争取成为细分冠军，这就是利基战略。

小型企业在产业成熟期要进入市场，只有用差异化产品满足细分需求；大型企业要继续增长，也只有走利基道路；利基战略不是中小型企业的特权，很多大型企业在细分领域都有隐形冠军产品。

丰田汽车的陆地巡洋舰这款车聚焦沙漠这一特殊应用场景，从1942年上市以来不断打磨升级，20世纪70年代LC60这个型号开始享誉全球，在同级别汽车中数十年稳坐全球销量冠军，而且不断迭代升级，是公认的全球最可靠的越野车，LC80车型被誉为"沙漠战车"。

## 产业下行期：确保全球总成本最低的优势

在产业下行期，市场需求虽然在减少，但还是仍会存在一段时间，企业在抓升级产品的同时，应仍以传统大盘产品为主：确保企业生存所需的现金流、发展所需的利润。因此，在彻底放弃下行期的产品之前，企业的产品战略务必是确保全球总成本最低的优势（C2）。

在全产业周期中建立和保持全球行业总成本最低的优势，这是企业穿越行业周期、货币政策周期和经济周期的不二法则，也是中集集团成为世界级企业的秘籍。

如果没有在产业升级期打造创新产品（C1）的支撑，在产业下行期只靠保持全球总成本最低的优势（C2），企业也是危险的，没落的产品救不了企业的命。

### 产业升级期：打造创新产品

当一个产业进入下行期，往往会出现产业升级期，也就是新产业萌芽期和上升期，这个阶段企业的产品战略应该是打造创新产品（C1），在升级的窗口期卡位、爆破，用强力产品抢占市场、争做第一。

在燃油汽车的产业成熟期和纯电汽车的产业萌芽期，日本丰田汽车创造了油电混合结合氢动力的先发优势，但是在纯电汽车带来的产业升级期却没有占据市场优势。根据全球汽车信息平台 MarkLines 发布的 2021 年全球纯电动汽车销量数据[一]，美国特斯拉、中国上汽、德国大众位列前三，前 20 名中有 12 家中国汽车企业，日本企业只有日产 – 雷诺 – 三菱联盟位列其中。

### 锻造产品力的路径：从冠军种子到品类龙头再到产业龙头

全球范围内有很多年销售几十亿元的单品，因此极致产品力就可以支撑企业越过营收百亿。产品力是企业长期发展的第一根基，不论

---

[一] "2021 年全球纯电动汽车销量 20 强榜单：特斯拉、上汽、大众前三"，新浪财经，2022 年 3 月 24 日。

现在营收规模大小,哪怕是已经破十亿、几十亿,只要产品力不足,企业就要补上极致产品力这一课,夯实发展基础。

精选冠军种子,打造亿级单品、冠军单品,直到打造单品龙头和品类龙头,企业凭此就能奔向百亿,但是要迈上百亿台阶、稳定之后奔向千亿,就要有第二个百亿级产业,用同样的方法打造品类龙头,迈向产业龙头,建立多产业经营的能力(见图4-4)。

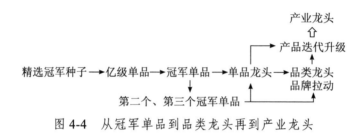

图4-4 从冠军单品到品类龙头再到产业龙头

在产业上升期,企业要做好市场定位、客户定位和产品定位,产品企划定方向,打磨强力产品快速跟进,抓住主流需求。

在产业成熟期,企业要做好细分市场定位、细分客户定位和细分品类定位,产品定位差异化,打造差异化产品,锻造极致产品力,抓住细分需求。

在产业升级期,企业要打造创新产品、激发新需求,重新定义产品概念,产品升级领先一步,开拓新品类,创造新需求。

在下一个新产业上升期,打磨新的强力产品快速跟进,抓住新的主流需求。

以产品为载体、锻造极致产品力,从产业经营到多产业经营,在过亿、破十、越百、进千亿俱乐部和迈向万亿经济王国的五大发展阶段中,企业实现增量突破、跨量级发展的路径就清晰可见了。

## 过亿"牛鼻子":打造冠军单品

千万级企业要营收过亿,首先要有能力打造亿级单品,把亿级单品打造成冠军单品,就可以迈向过亿小目标。打造亿级单品是企业提升产品力的第一个台阶,一般来说,有亿级单品的企业都有三个特点:需求把握准、新品推出快、营销出击狠。但是亿级单品未必有市场竞争力(地位),为了稳在销售亿级以上并继续增长,企业必须进一步提高产品力,把亿级单品打造成冠军单品。

### 什么是亿级单品

在我国这么庞大的市场上,很多单品(SKU,最小产品单位)都能够把销售额做到 1 亿元以上。2021 年 5 月 26 日,麦当劳中国发布 2020 汉堡趣味数据⊖,在六款人气汉堡当中排名第一的是麦辣鸡腿汉堡,它是麦当劳中国的年度汉堡销量冠军,平均每秒可卖出六份,销量达 1.892 亿份,粗略估算销售收入超过 25 亿元。

亿级单品年销售收入远超过 1 亿元,亿级单品可能不是市场冠军,却是产品力的真实反映。在美国并没有鸡肉汉堡,麦辣鸡腿汉堡是麦当劳在中国本土化经营的产品创新,却创造了亿级大单品。

企业提高产品力的第一步,就是打造亿级单品。国家级专精特新"小巨人"富耐克超硬材料股份有限公司 2017 年营收首次达到 2 亿元,

---

⊖ "2020'麦当劳汉堡趣味数据'首度发布,汉堡研究所官网焕新上线",人民资讯,2021 年 5 月 26 日。

2018年就冒出了亿级单品：立方氮化硼（CBN）超硬磨料当年销售额1.3亿元，市场占有率约26%。1986年，健力宝营收突破1亿元，330毫升易拉罐装健力宝成为中国改革开放后首个知名亿级单品。

打造亿级单品是极致产品力的第一个台阶，一般有五个步骤。

- 根据企业技术基因，基于产业定位，找到值得耕耘的细分市场，洞察客户需求。

- 销研产供一体化作战，开发差异化产品，切入标杆客户。

- 融入标杆客户使用场景，不断打磨产品，创造魅力质量。

- 使尽洪荒之力，将魅力品质单品卖给其他同类客户，快速提高销量。

- 通过产品＋特殊附件或特色服务（A+α）圈住客户，使亿级单品迈向冠军单品。

实现过亿小目标的方案有两个：打造一个亿级以上的冠军单品，或者打造两个或两个以上不到亿级的冠军单品。

一个亿级单品就可以支撑营收过亿，为什么要强调"冠军单品"呢？因为很多亿级单品是市场机会造就的，并不是企业产品力强的结果；冠军单品以市场占有率为唯一评价指标，市场占有率第一的产品必然是强产品力的结晶。只有打造冠军单品，企业才能稳定成为亿级企业（见图4-5）。

为什么有的企业要打造两个或两个以上不到亿级的冠军单品呢？很多细分市场容量不大，就算做到冠军单品也只有几千万元的销售收入，这个时候企业要有能力打造第二个、第三个冠军单品，冠军单品族支撑企业营收过亿。

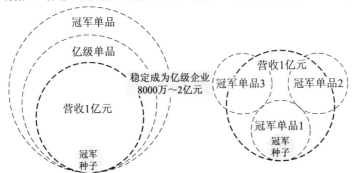

图 4-5　冠军单品成就亿级企业

市场交易当中存在连带销售的现象，购买第一个产品时顺带买了第二个产品，一个产品的销售自然带动另外一个产品的销售，冠军产品（A）的销售也会连带特殊附件或特色服务（α）的销售，因此，不论是方案一还是方案二，A+α 连带销售的结果，就是企业稳定在亿级，在营收达到 2 亿元左右的时候开启奔十亿征程。

打造亿级单品，并不能把营收稳定在 1 亿元以上，因为亿级单品未必有足够的竞争力确保茁壮成长、长盛不衰；打造亿级单品当然不容易，就算打造出了亿级单品也不能说明企业有很强的产品力。但是，这是产品力的第一级台阶，是一个标志性里程碑，从亿级单品或者有可能成为亿级单品的产品中优选出冠军种子，把冠军种子打造为冠军单品，企业就迈向了过亿小目标。

冠军单品有四大属性：直击客户痛点，体现核心技术，侵蚀竞争对手，创造毛利空间。不论是"充电5分钟，通话2小时"的OPPO闪充，"怕上火喝王老吉"的王老吉饮品，还是"一晚1度电"的美的直流变频空调，以及"大吸力老板油烟机"，都具备这四大属性（见图4-6）。

图4-6　冠军单品的四大属性

## 什么是冠军种子

打造亿级单品的前提，是找到亿级单品的种子。

企业可以从现有产品的销售数据中，发现受客户欢迎的产品。有的产品销售额虽然没有过亿，却表现出非常好的增长态势，现实中很多企业都有冠军种子。那些销售收入最高的、营收3000万元以上的单品，可能都是好种子。

掌舵人一旦在追求极致产品力上觉醒，有效打磨冠军种子，将其打造成亿级单品、冠军单品，企业就开始迈上了极致产品力之路。

## 什么是冠军单品

在某一品类市场中销量第一、市场占有率第一，并被具有公信力的第三方榜单认可的单品，即冠军单品。打磨出冠军单品是企业打造极致产品力的第一个目标，是赢得竞争优势的第一步，是企业训练冠军思维的第一步。

根据蓝契斯特法则，如果某个单品的市场占有率<19.3%，即使是第一也算不上冠军，因为在分散市场进入强力第一梯队，要求市场占有率≥19.3%，起跑不久的第一不算第一，因为比赛还在进行中。

市场边界由小到大，从细分领域/地方市场到区域市场、全国市场、国际市场再到全球市场，也对应有细分冠军单品/地方冠军单品、区域冠军单品、全国冠军单品、国际冠军单品和全球冠军单品五大量级，指引企业从细分冠军/地方冠军迈向全球冠军。企业以此为目标打造极致产品力，拉动增量突破、营收跨量级。

在全球市场，冠军单品一定是亿级单品甚至是十亿级单品，甚至在全国市场，很多冠军单品都有这个体量。当然，在全国市场，有的细分冠军单品可能不是亿级单品，因此需要迈向全球市场，或者在国内打造第二个、第三个冠军单品。

冠军单品是用市场占有率衡量的，必须被具有公信力的第三方榜单认可，不能是企业的自我标榜。因此，到了一定的阶段，企业可以请市场调查机构进行独立调查，企业要积极参加协会、商会、市场调查机构和政府等组织的评比，这是印证实力、奠定地位的重要途径，也是品牌传播和品牌升级的重要手段。

## 四步法打造冠军单品

先优选出冠军种子,接下来用四步法就可以打造出冠军单品:选准冠军种子,打造极致产品,获得标杆客户,组织营销爆破。

### 第一步:选准冠军种子

打造冠军单品本质上就是在执行产品战略,需要销研产供四位一体,明确差异化战略定位:洞察细分需求,创造竞争差异,发挥自身优势。根据差异化战略定位,优选冠军单品"种子"需要三看(见图 4-7):一看客户需求,产品是满足当前的主流快增需求,抑或是针对细分个性需求,抑或是能激发客户的潜在需求等;二看市场竞争,市场增长空间如何,行业竞争格局怎么样,产业集中程度如何等;三看自身能力,包括企业内外资源、自身发展势能、技术和人才储备等。

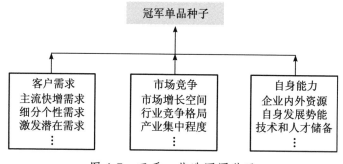

图 4-7　三看,优选冠军种子

如何精选冠军种子呢?

具体来说,企业应对现有产品的销售数据进行分析,从现状和潜力两个维度对下述内容进行系统评价(见表4-5):产品及其迭代空间,应用场景及其扩大空间,销量及其增长空间,市场占有率及其提高目标,客户最满意点及其领先度,客户最不满意点及其创新迭代机会,现有价格单位毛利金额和毛利率。

表4-5 发现冠军种子的系统方法

| 项目 | | 产品及其迭代空间 | 应用场景及其扩大空间 | 销量及其增长空间 | 市场占有率及其提高目标 | 客户最满意点及其领先度 | 客户最不满意点及其创新迭代机会 | 现有价格(元/单位) | 单位毛利金额和毛利率 | 得分 | 结论 |
|---|---|---|---|---|---|---|---|---|---|---|---|
| 销量最大的 | 现状 | | | | | | | | | | |
| | 潜力 | | | | | | | | | | |
| 市场占有率最高的 | 现状 | | | | | | | | | | |
| | 潜力 | | | | | | | | | | |
| 销售收入最高的 | 现状 | | | | | | | | | | |
| | 潜力 | | | | | | | | | | |
| 利润总额最高的 | 现状 | | | | | | | | | | |
| | 潜力 | | | | | | | | | | |
| 客户评价最高的 | 现状 | | | | | | | | | | |
| | 潜力 | | | | | | | | | | |
| 销量增长最快的 | 现状 | | | | | | | | | | |
| | 潜力 | | | | | | | | | | |

通过团队参与、充分讨论，得到一个或多个初选结论之后，就会发现企业现有的冠军种子；找到创新的方向和着力点，接下来就是制订打造冠军单品的行动计划。

同质化产品没有生命力，冠军单品一定拥有差异化核心价值，打造冠军单品首先要以差异化核心价值为原点构建产品战略定位（见图 4-8）：发现市场未被满足的需求点，也就是红海竞争中的市场缝隙，在市场上创造与竞品的差异点——细分市场、利基战略；针对目标用户在特殊应用场景中的痛点，在大品类中找到细分品类；在特性（功能和性能）、价格、服务和质量等方面创造独特的产品优势点。

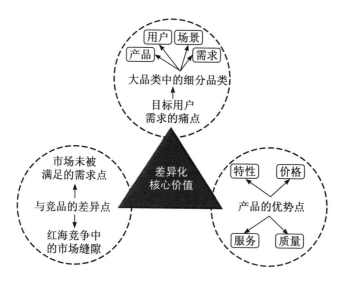

图 4-8 以差异化核心价值为原点构建产品战略定位

## 第二步：打造极致产品

产品是有生命周期的，在我国这么庞大的市场上，涌现过很多最终凋谢的亿级单品，也还有一些亿级单品甚至十亿级单品并不能支撑企业持续做强做大、破十奔百。因此，一定要把亿级单品打造成冠军单品，创造足够的产品竞争力。

差异化价值是打造极致产品的核心。企业选择了细分市场，在最有可能发挥优势、赢得竞争的领域（细分赛道），围绕客户的应用场景，理解客户痛点。打造差异化价值有五大抓手：差异化产品、魅力质量、极速交付、差异化价格和差异化服务。

选择细分赛道也好，打造差异化价值也好，首先都要基于企业的技术优势，这是企业长期发展的根基，完全没有技术基础的企业，当然需要强化技术思维，垫一垫技术的底子，比如很多贸易企业最终都要成立产品部、研发部就是这个道理。

向客户提供的差异化价值，必须使本企业产品成为客户在同类产品中的首选。差异化产品是打造差异化价值的第一大抓手，也就是在新功能、高性能上下功夫。如果能够推出全新概念、全新形式的行业首创产品、差异化产品，企业就能抓住客户、抢占先机。如果企业长期打造差异化产品，则企业的技术优势就会逐步沉淀为独门绝技。

魅力质量是打造差异化价值的第二大抓手，除了产品质量的符合性（达标）、一致性（万品如一）、稳定性（万批如一）以外，现今，产品质量的可靠性（万年如一）和迷人质量（创造惊喜和感动）更是长期留住客户的吸引力。打造魅力质量，企业可以在合适的时候导入设计思考（Design Thinking）技术，由此企业的概念创新能力和技术组织力将大幅度提高。

极速交付是打造差异化价值的第三大抓手，也是客户非常重视的采购决策标准（"买点"）。用准时生产（Just in Time）已经不够了，需要升级到用敏捷响应机制随时、即时满足客户。伊斯卡是世界上最大的金属切削刀具生产厂家之一，在 2000 年的时候开始为全球客户提供 24 小时响应服务，2010 年以后做到 1 分钟响应；通过在客户机床附近设立智能柜，做到 1 分钟供应更换用的刀片；智能柜拉动了企业的产品和服务创新，开始迈向数字化。

差异化价格是打造差异化价值的第四大抓手，免费、超低价和低价都是差异化价格，高价和超高价也是差异化价格，客户买不买单取决于差异化价格带给他的差异化价值。显然，如果客户对制造装备提出绝对可靠性的要求，超高价也是其可以接受的，客户需要的是杜绝事故成本，得到生命周期的最大价值；而国产化设备替代昂贵进口设备，在性能基本相同的前提下，中低价格就是一种差异化价值。

差异化服务是打造差异化价值的第五大抓手。服务创新的机会特别多，需要根据客户应用场景，不断发现机会、升级服务。美国通用电气医疗事业部早期的服务创新是向客户提供人才培养和设备远程诊断，目前的服务创新则是全球专家会诊和支援医学创新。

为了把冠军种子打造成冠军单品，企业需要创造第一个成功案例。在亿级单品破壳成长，成为第三名、第二名并迈向冠军单品的过程中，企业在产品（新功能、新性能和新形式）、质量、交付、价格（成本）和服务等方面的差异化能力越来越强，打造冠军单品成为组织能力——产品力，这样企业就可以与时俱进，打造出第二个、第三个冠军单品，使它们成为冠军单品族。企业的独门绝技就不限于纯技术，而是泛技术。

### 第三步：获得标杆客户

极致产品是在市场中打磨出来的，要尽早从实验室完成孕育，尽快走向市场，特别是选择标杆客户（大客户、高端客户等），用大客户拉动产品开发，用高端客户的高标准、严要求和苛刻的过程管理来检验产品、优化产品和升级产品。企业要将成为标杆客户的优秀供应商作用目标，如图4-9所示。

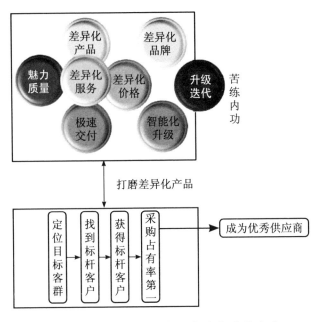

图 4-9 获得标杆客户，成为优秀供应商

通过产业定位，选准为哪个产业，在哪个细分行业，为什么样的目标客户群服务，从选定的目标客户群中找到标杆客户。什么样的客户才是标杆客户？标杆客户通常具有五大特征：

- 产业龙头企业、头部企业或者快速崛起的企业，有行业地位和品牌影响力。

- 有明确的战略规划和战略举措，发展势头良好。

- 在相关领域规模化采购，在差异化产品、魅力质量、极速交付、差异化价格和差异化服务等方面有痛点。

- 有大项目、研发创新计划或者新产品开发计划，文化刚正，寻求产学研和供应商战略合作。

- 企业的技术基础、技术优势和产品创新方向可以匹配客户的需求。企业应快速抓住机会，跟巨人握手，用大客户拉动企业的实力提升，树立品牌效应。这是一条先难后易、苦尽甘来的发展路径，关键是与实力强的客户同行，小型企业可以开阔视野、快速攀登，从巨人身上汲取能量，加速强身健体、提升实力。

## 案例4-6 京瓷：在松下"欺负"下壮大

京瓷和松下的故事广为人知。

20世纪60年代，在京瓷创立后不久，松下有一个1000万日元的大订单要挑选供应商，但是要求很高，500页的说明书令人望而生畏，很多大供应商都不愿意接这个订单，没想到"初生牛犊"的京瓷毅然接受了这个挑战。稻盛和夫带领员工克服困难，顺利完成了这个质量要求高、交货周期短、价格被压得几乎无利可图的大订单，一战成名，京瓷成为松下的战略供应商。

员工们并不知道，这是京瓷的救命大单。京瓷把这一场大仗、硬仗打成了闪电战、遭遇战和大胜仗。通过这场大仗，京瓷种下了质量好、交货快、成本低以及与大客户合作的种子，奠定了自己的产品力根基。松下一直要求供应商每年提高质量、降低价格、缩短交货期，正是在这样的严苛要求下，京瓷不断成长，使得京瓷在接受IBM审核时发现自身实力超群，闪电般地成为IBM的战略供应商，一举进入美国市场。由于服务的是计算机和半导体产业，采购价格很好，利润非常可观，京瓷在IBM的拉动下技术实力快速提升，一下子跻身新兴产业，成了不为人知的"隐形冠军"。

在与松下合作的过程中，稻盛和夫接受了松下幸之助对供应商的指导，深受其益，正是由于这样相伴成长的经历，稻盛和夫一直对松下幸之助心存感激，也一直认松下幸之助为"老师"。

虽然跟大客户合作经常遇到"店大欺客"的情形，但客观地说，与巨人握手，中小型企业还是有"利"可图的。打造极致产品和获得标杆客户是一体化的，是同时进行的，是左脸和右脸的关系，获得标杆客户之后再吃透标杆客户。

怎么获得标杆客户呢？

只有用有针对性的差异化产品和服务对接客户的需求（痛点），才能获得客户。获得客户通常有七种方法：救场，低价，扩产，新品，供应链升级，本地化采购和全球布局。

怎么吃透标杆客户呢？

企业不但要获得标杆客户，还要在客户端的供应商竞争中胜出，吃透客户！目标是成为标杆客户的优秀供应商——全能冠军，如果不能一下子成为全能冠军，就先成为单项冠军——差异化产品胜出、魅力质量胜出、极速交付胜出、智能化升级胜出、技术升级胜出和产品迭代胜出，夺取质量优秀供应商、快速交货供应商、技术协作供应商和服务优秀供应商等荣誉。

标杆客户都有成熟的供应链管理体系，从采购开发到采购维护，从供应商绩效考核到年度绩效评价、优秀供应商表彰、三级合作关系（战略供应商、重点供应商和合作供应商）调整，战略性发展的标杆客户还常态化地给战略供应商赋能。为了保障供应安全和议价能力，标杆客户都会实施三家采购：一主一辅一备胎。企业的目标是创第一：成为客户三家采购的首选，成为客户下单率第一，至少在40%以上。当然，获得标杆客户不容易，吃透标杆客户更不容易，但是企业必须要有这个雄心壮志，只有这样才能跟巨人同行、强壮自身。

不知不觉当中，企业由产品经营迈向了客户经营，基本路径是切入客户→成为备胎（第三供应商）→升级为第二供应商→成为第一供应商，抓手则是从单项冠军到全能冠军，成为标杆客户的优秀供应商。

这个思路和方法，对于供应链的后端（分销渠道）和各类合作方也是适用的。众多中小微企业助推了华为的发展，华为也成就了众多中小微企业，大中小微企业是产业经营、相融共生的关系。

## 第四步：组织营销爆破

企业要选准冠军种子，在打造极致产品、获得标杆客户的二位一体作战当中，成为标杆客户的全能冠军或单项冠军。接下来企业要乘胜追击，面向目标客户群体逐个击破，将冠军单品打造为单品龙头。

打造冠军单品需要建设五大能力。

- 领先技术力：形成壁垒的基础技术或应用技术能力。

- 极致产品力：差异于竞争对手的独特价值。

- 狼性营销力：销研产供一体化作战，用营销爆发力爆破市场。

- 连续营销爆发力（上台阶的能力）：细分冠军单品／地方冠军单品→区域冠军单品→全国冠军单品→国际冠军单品→全球冠军单品。

- 持续迭代力：通过技术升级、服务创新，冠军单品连续迭代，迈向单品龙头。

营销不是指营销部门，而是企业的市场作战，营销就是经营。对比下来，绝大多数企业都要在狼性营销力上多下功夫，尤其是有技术基础和差异化产品能力的企业，一定要销研产供一体化作战。

当企业能够销研产供一体化作战时，就要做组织营销：把企业这个"组织"推给目标客户和相关方，得到他们的接纳，与客户结成战略合作关系，而不是一单一单地抓业务，更不是做一锤子买卖，这是获得客户之后吃透客户的关键。

## 案例4-7 利元亨：两颗冠军种子支撑高速增长

2022年7月1日，全球第一梯队的锂电装备头部企业利元亨在上海证券交易所科创板正式挂牌上市，证券代码为688499。成立第八年就IPO，利元亨的成功是由于时代的机遇还是经营的实力？

实际上，利元亨是靠两颗冠军种子茁壮成长，迈向冠军单品族，从而支撑企业高速增长的。

软硬同步、一体化创业

2014年11月和12月，利元亨股东几乎同时注册成立了两家企业。一家是广东利元亨智能装备股份有限公司（即利元亨），另一家是惠州市索沃科技有限公司，它是利元亨的全资子公司，专门进行工业智能软件系统开发，向客户提供专业服务。那个时候工业4.0概念刚刚兴起，智能制造话题方兴未艾，利元亨创业团队敏锐嗅到时代的机遇，选择软硬同步、一体化创业。

研发在先：从高难度设备国产化切入市场

利元亨的创业赛道非常特别，它选择的是正在快速兴起的锂电池行业，定位在智能制造装备，具体的切入点是电芯生产线的电芯检测设备——这是全自动化生产线中的核心设备，也是依赖进口产品的关键设备——全自动热冷压化成容量测试机，技术开发的难度特别大。

因此，利元亨在创业之年就与新能源科技（ATL）和宁德时代建立了合作关系。这两家企业有同一个创始团队，2008年成立的新能源科技进军消费类电池，2011年孵化出宁德时代进军动力电池，抓住了我国新能源产业崛起的机会，开启了宁德时代的世界级进程。2015年，利元亨开始与比亚迪合作。

2016年，利元亨双层电芯检测设备实现量产，动力方壳叠片电池装配线量产交付，利元亨实现营收2.29亿元，同时与天津力神建立了合作关系；2017年利元亨成为日本爱信精机特别协力供应商，动力锂电产线实现从制芯到模组PACK的整线交付。

技术驱动、需求拉动，不断将产品升级迭代

在与标杆客户合作的过程中，利元亨从整体解决方案角度出发，聚焦核心产品的开发和升级。2018年利元亨的双层电芯检测设备升级为三层，经广东省机械工程学会鉴定，这项技术被认定为总体技术处于国际先进水平（粤机学鉴字〔2019〕002号），当年这款单机销售额近4亿元、市场占有率11.65%。2019年在市场需求增长的情况下，市场占有率为11.44%。也就是说，这款单机的销售还在增长，也许还不是冠军单品，但是已经具有了"有影响力"的地位，也是一款过亿奔十亿的单品。

挑战第一款冠军单品，接着挑战第二款冠军单品

利元亨从单机切入，向全线国产化迈进，其开发的第二款产品是向上游延伸的电芯装配专机，这款单机2019年销售额为4.98亿元，2020年又增长1.44亿元，市场占有率为16.35%，也就是说2020年这款单机销售收入接近7亿元，成为一款奔十亿的单品。在利元亨，亿级单品和十亿级单品也是屡见不鲜的（见图4-10）。

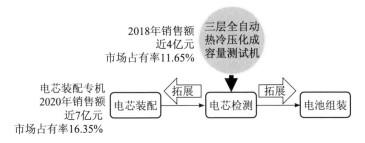

图4-10　利元亨的两颗冠军种子都是奔十亿的单品

---

㊀ "锂电设备行业之利元亨研究报告"，代川、朱宇航，广发证券，2022年2月。

**立足整体解决方案，给客户创造价值增量**

2019年，经广东省机械工程学会鉴定，利元亨生产的动力电池制芯工艺全自动装配成套装备——方形动力电池电芯装配线被认定为"总体处于国际先进水平"（粤机学鉴字〔2019〕003号），利元亨实现了从专机到整线的技术升级，利元亨的客户也从新能源科技、宁德时代、比亚迪、力神拓展到中航锂电、欣旺达等。

**产业经营、多产业布局，成为奔百亿企业**

市场交易中存在标杆客户的品牌效应：获得一个头部客户，企业有了品牌信任背书，会吸引到肩部客户和腰部客户。标杆客户往往要求全面、标准苛刻，企业获得标杆客户难度极大，要花费大量资源，吃尽千辛万苦。一旦获得标杆客户，企业就要用整体解决方案吃透客户，充分发挥品牌效应，用市场爆破力带出一串串优质客户，在营收接近20亿元的时候开启奔百亿的征程。

2018年，利元亨开始同时布局锂电以外的其他行业，2021年锂电池以外设备的销售收入为1.94亿元，基本上完成了孵化，利元亨的产业布局也从消费类电池、动力电池拓展到光伏和燃料电池领域，在奔百亿的过程中，还将拓展到信息与通信技术（ICT）产业。

从第一个拳头产品切入后，拓展第二个拳头产品，再到整体解决方案，利元亨与当时还不怎么起眼的新能源科技和宁德时代相伴，悄无声息地奠定了三家企业的战略合作关系，虽然现在三家企业的营收规模有跨量级的差别，但是它们都在敏锐洞察和世界级梦想的激发下，冲到了时代大潮的浪尖。

成立第八年就IPO，2021年实现20多亿元营收、近200亿元市值，过亿、破十亿、奔百亿，利元亨的持续增长既是时代机遇的体现，也是经营实力的体现。

## 把中国冠军单品打造成全球冠军单品

冠军也是有层次的,冠军之路虽然艰难,实现路径却也清晰明了:小步快走,创造成功体验,积累冠军能力,从小冠军迈向大冠军(见图4-11)。

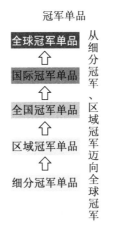

图4-11 冠军单品的五个台阶

从当地市场、细分市场切入,打造细分冠军单品、区域冠军单品,成为全国冠军,这还不够,中国企业完全有实力迈上国际冠军和全球冠军台阶,实力来源于组织志向和奋斗攀登。

2021年3月,在第29届中外管理官产学恳谈会上,全球隐形冠军之父、德国教授赫尔曼·西蒙在视频致辞中指出"中国市场虽然很大,但只占全球市场的17%",海外还有83%的市场,他鼓励中国企业进

军海外,"不要把市场范围限制在中国",国际化是成为全球隐形冠军的关键。㊀

"企业全球化进程无法在两年内一蹴而就,往往需要数年,所以要非常耐心。同时,要培养员工的忠诚度,这是成长为隐形冠军企业的关键",西蒙教授提醒说。

优选冠军种子,打造冠军单品,营收要做到 1 亿元,要牵住"牛鼻子"——把冠军种子或者亿级单品打造成冠军单品,以此为爆破目标,研产销供力出一孔,饱和攻击。

打造第一个冠军单品的过程中,要注意以下五点:

- **市场选择**:洞察并选择主要竞争对手忽视的市场缝隙或薄弱之处,避免正面对抗。

- **研发创新**:从基于解决目标客户痛点的新技术概念出发,创新开发独门绝技。

- **聚焦产品**:求专、求精、求特、求新,忌多而杂、全而次,以工匠精神打磨极致产品力。

- **营销爆发力**:以市场为导向,营销挂帅,全员快速响应,一体化作战。

- **强力战队**:招募五虎上将,集结四梁八柱,打造一支能征善战的狼性突击队。

打磨出冠军单品是一种组织能力,从推出第 1 个冠军单品到推出

---

㊀ "'隐形冠军之父'赫尔曼·西蒙:要知道,83% 的市场都在海外",赫尔曼·西蒙,中外管理传媒,2021 年 4 月 2 日。

第 N 个冠军单品，是企业增量突破、跨量级发展的必然要求，也是跨量级发展的客观体现。

## 破十"牛鼻子"：打造单品龙头

亿级企业靠产品经营，十亿级企业靠客户经营。冠军单品可以支撑亿级营收，单品龙头才能支撑破十亿营收，把冠军单品打造成单品龙头——这是破十新征程的"牛鼻子"。

### 什么是单品龙头

龙头高扬、高高在上，市场占有率遥遥领先的冠军单品即为单品龙头。

与冠军单品相比，单品龙头有五大特点：

- 单品龙头首先是冠军单品，市场占有率至少在 26.1% 以上。

- 单品龙头必须是强力冠军单品，也就是市场占有率要在 26.1% 以上、接近 41.7%。

- 单品龙头的市场占有率必须遥遥领先于第二名，不容易被超越。

- 单品龙头的市场占有率数据必须来自具有公信力的第三方报告。

- 单品龙头必须有公认的地位和稳定的增长趋势。

根据兰契斯特法则的统计学规律，某个单品想在稳定市场进入强力第一梯队，需要满足市场占有率≥26.1%，如果某个单品的市场占有率<26.1%，即使是冠军也算不上是龙头，因为很容易被超越，还有下一场比赛呢。

有的时候会出现市场双龙头，不分伯仲或者伯仲交替，就像可口可乐和百事可乐一样。目前我国市场上销量最高的饮料单品龙头之一是310毫升红罐王老吉[一]，其2011年销售额达到160亿元。"怕上火，喝王老吉"，王老吉不但打造了单品龙头，还开创了一个饮料新品类：凉茶。

冠军单品是品类中的销量第一，但是有可能是短期的、不稳定的第一，具有相对优势；单品龙头则是品类中销量的绝对第一，是长期的、稳固的第一，具有绝对优势。打造亿级单品靠营销爆发力，打造冠军单品靠极致产品力，打造单品龙头则需要市场爆破力，从冠军单品蜕变为单品龙头是企业竞争力一次质的飞跃。

从国内市场拓展到全球市场，很多冠军单品、单品龙头都可以做到数亿、十亿级甚至数十亿销售规模，尤其是在原材料和核心元器件领域。不论目前做什么市场，企业掌舵人都要放眼全球。

## 从冠军单品中培育单品龙头

两三个冠军单品就可能破十亿营收，其中一定有单品龙头的种子；打造一个单品龙头，就可能实现营收几亿甚至破十亿。现实中，无

---

[一] "红罐王老吉红遍中国"，百度文库，2019年7月11日。

数十亿级企业都是单品龙头、冠军单品和亿级单品、冠军种子同时并存的,单品龙头承载的极致产品力,能够将企业的客户经营能力提升到行业翘楚的地位,助力企业稳定在十亿级(营收 8 亿~ 20 亿元),正是在这个意义上,打造单品龙头是破十亿营收的"牛鼻子"(见图 4-12)。

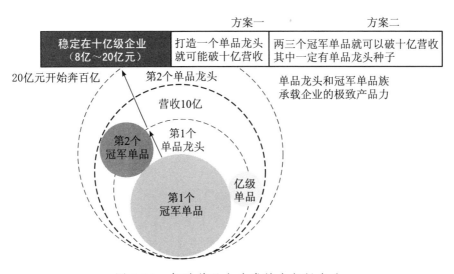

图 4-12　打造单品龙头成就十亿级企业

冠军单品是品类中销量第一的单品,虽然是市场占有率第一的,但是如果跟第二名相差不大,地位就是不稳固的,因此要把冠军单品打造成单品龙头,创造长期、稳固和绝对优势,做到遥遥领先,远远地甩开第二名、第三名。

很多企业做出冠军单品就自我满足、浅尝辄止。由于竞争态势的变化,早期的冠军单品往往是短期的、不稳定的,具有相对优势。冠军单品只有以单品龙头作为目标,才能成为品类中绝对第一的冠军,才能锻造真正的极致产品力。在数字手机时代,诺基亚连续15年雄踞世界第一,最高一年销售4.3亿部手机,一时风光无限;Nokia1100年销量2.5亿台的世界纪录迄今无人打破,也难有后来者。同样,C端产品当中,红罐王老吉也是打造单品龙头的经典案例。

案例4-8　红罐王老吉:从亿级单品到冠军单品再到单品龙头之路

亿级单品的存在,要不就是自然增长出来的,要不就是潜心打造出来的;通过战略性打造,亿级单品完全可能成为冠军单品甚至单品龙头。310毫升红罐王老吉是从亿级单品到冠军单品,最终成为单品龙头的绝佳经典案例(见图4-13)。

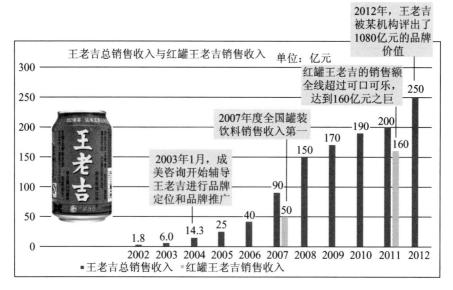

图4-13　红罐王老吉:从亿级单品到冠军单品再到单品龙头

1995年，广药集团将红罐王老吉的生产销售权租给东莞加多宝公司，2002年红罐王老吉销售额为1.8亿元，是亿级单品。

显然，从亿级单品到冠军单品，靠自然增长很难做到，冠军单品一定是战略性营销的结果。2003年1月，成美咨询受加多宝公司邀请，开始辅导其对王老吉进行品牌定位和品牌推广[1]，广告语"怕上火，喝王老吉"家喻户晓，王老吉顿时就在其传统市场广东和浙南火起来了，当年销售额提高到6亿元，随着品牌推广和市场爆破，红罐王老吉销售收入一路飙升，2007年以销售额50亿元的业绩跃居年度全国罐装饮料销售第一，成为名副其实的冠军单品；2011年，红罐王老吉销售额超过罐装可口可乐的总销售额，达到160亿元之巨，成为单品龙头；2012年，王老吉被某机构评出了1080亿元的品牌价值，伴随红罐王老吉火遍大江南北，王老吉总销售收入高达250亿元。

差异化的价值定位成就王老吉。2004年11月，《哈佛商业评论》中文版发表成美咨询整理的文章，介绍红罐王老吉的成功之道，成美项目团队总结说：红罐王老吉的成功，关键在于品牌定位、品牌推广和市场爆破，发掘王老吉的核心价值——预防上火，这既开创了凉茶新品类，又实现了王老吉与一般饮料的鲜明区隔，逐步推进的整合营销和全国传播使"怕上火，喝王老吉"脍炙人口、深入人心。

红罐王老吉如何爆破市场？通过聚焦"怕上火，喝王老吉"，大张旗鼓、诉求直观明确的全国广告运动。成美项目团队总结了最主要的四大爆破点：空中轰炸、扩大地盘、地面覆盖和活动拉升。

空中轰炸：疾风暴雨式的广告投放，建立消费者差异化记忆，使

---

[1] "红罐王老吉：凉茶1亿到360亿"，成美咨询，《哈佛商业评论》中文版，2004年11月。

红罐王老吉迅速红遍全国大江南北。

扩大地盘：巩固现有大盘市场，用销售增量提振信心，进而不断追加推广费用，滚动发展。

地面覆盖：在传统渠道密集投放 POP 广告，即在各种营业现场设置各种广告，全面推广，并快速拓展餐饮新渠道。

活动拉升：密集的促销活动，全面覆盖中间商和消费者，拉动促销和购买。

从产品系列化到产品矩阵化，单品龙头必然向品类龙头迈进。现在加多宝公司和广药集团仍然在各自的道路上享受着"怕上火，喝王老吉"的红利并继续进行产品创新，王老吉陆续推出红罐亮点点果汁饮料和益眼植物饮料等新品，正在打造功能性饮料的品类龙头。

## 打造冠军单品族，培育单品大龙头

亿级单品代表了新功能、高性能的初步产品力，冠军单品承载差异化产品力，单品龙头承载极致产品力，冠军单品族也同样承载了企业的极致产品力。在 B2B 领域，西顿照明就是从冠军单品迈向冠军单品族、实现破十奔百的典型例子。

### 案例 4-9　西顿照明：从细分市场冠军单品开启破十奔百之路

从细分市场切入打造冠军单品，继而拓展第二个、第三个细分市场，实现破十亿奔百亿，惠州市西顿工业发展有限公司（简称

"西顿照明")就是这样一家由试错到战略性发展的新锐民企(见图 4-14)。

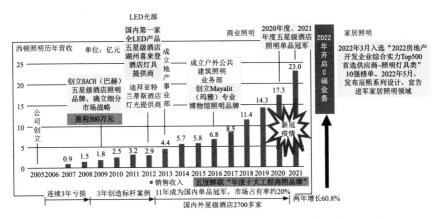

图 4-14 细分市场战略成就西顿照明开启破十奔百之路

西顿照明的创始人叫胡永宏,曾经在 1998 年与两位高中同学吴长江、杜刚共同创办了雷士照明。后来由于三人的企业经营发展理念出现重大分歧,2005 年胡永宏退出雷士照明,创办西顿照明。

创业之路并不顺畅,就算是有基本思路,也是摸着石头过河。据 2006 年加入、后来成为主要操盘手的总经理陈实介绍,从 2006 年到 2008 年,西顿照明连续三年亏损,直到 2009 年西顿照明才盈利 500 万元。

### 三年亏损之后进入战略管理时代

经过三年的试错,西顿照明经营团队找到了感觉,决定主攻五星级酒店这个细分市场,他们创立了五星级酒店照明品牌——BACH(巴赫),通过三年的产品开发和市场开拓,终于在 2012 年创造了两个标杆案例：国内的是湖州喜来登酒店，这是国内第一家全LED产品五星级酒店，国外的是迪拜亚特兰蒂斯酒店。

要切入任何一个细分市场，都要从产品对客户的价值入手，摆脱硬件产品的思维，摒弃买卖思维和订单思维，上升到价值思维、服务思维和方案思维。这样看来，照明不只是照明，灯光不只是灯光。

灯光扮演着提升酒店空间体验的重要角色，针对五星级酒店这个特定的光应用场景，西顿照明通过照明设计、空间设计与智能系统的结合，提升酒店品质与客人的入住体验——这是光方案对五星级酒店的核心价值，也是照明企业对酒店客户的重大价值。

创造标杆项目案例，在细分市场爆破

有了国内和国外这两个标杆案例的品牌背书，西顿照明开启了全面市场爆破，陆续开发了盐城万豪酒店、绍兴安澜酒店、深圳全季酒店和北京诺金度假酒店等项目，覆盖从首都、省城到地级市和县城的多层次市场。从2009年到2020年，西顿照明与国内外2700多家星级酒店长期合作，更重要的是与希尔顿、洲际、温德姆、锦江、华住、首旅如家、亚朵等第一梯队品牌达成战略合作[1]，奠定了西顿其在酒店照明领域的引领地位。历经十余年奋斗，经过中国灯饰照明行业品牌大会组委会评选，西顿照明以市场占有率约20%的业绩，被认定为"2020年五星级酒店照明单品冠军"，2021年蝉联冠军[2]。

复制成功经验，开辟第二个、第三个细分市场

从五星级酒店这个领域切入市场，在2012年找到感觉、树立标

---

[1] "西顿照明新品发布｜辰熙系列无主灯：专注住宅照明·光筑空间美学"，潇湘晨报网，2022年5月16日。

[2] "17.33亿！连续三年每年增长3个亿！西顿照明业绩太迷人……"，古镇灯饰报社新媒体中心，古镇灯饰，2021年2月6日。

杆、进入状态之后，西顿照明将打造高价值方案能力复制到开发第二个、第三个细分市场。2013年西顿照明成立地产事业部，之后陆续进入店铺、公用建筑和博物馆等应用场景，从2017年开始西顿照明五度蝉联"年度十大工程商照品牌"，2018年西顿照明营收突破10亿元，之后连续三年快速增长，2021年突破20亿元，开启奔百亿征程。

新冠疫情之年赋能强渠道，逆势增长

2020年新冠疫情暴发，和所有企业一样，西顿照明在短暂的慌张之后淡定下来，克服各种困难，艰苦地完成了11个经典工程案例的打造，包括珠海横琴口岸、武汉雷神山医院、深圳地铁和2020迪拜世博会中国馆等。西顿照明按计划落成了建筑光学实验室，以照明及应用作为设计方向，满足家用与养老等健康照明需求，为建筑光学的教学、科研提供支持，为清华大学建筑学院相关实验提供支持。

2021年，西顿照明开始赋能强渠道，以"智慧共享、优化经营"为主题，把全国顶级战略合作伙伴组织起来，每两个月召开一次会议，共同探讨逆势前行、做强做大的举措。

回顾破十奔百征程，战略专家李翼点评说，西顿照明有四个战略转折：

- ◆ 3年亏损之后，确定利基战略：先在细分市场做强。

- ◆ 创造标杆案例，通过大客户拉动大实力，用大品牌做大背书。

- ◆ 抓住新技术带来的新赛道机会，通过营销爆发力打造冠军单品。

- ◆ 增加细分赛道，快速复制冠军单品能力，通过做强实现做大，开启百亿征程。

2022年3月，西顿照明入选"2022房地产开发企业综合实力Top 500首选供应商·照明灯具类"10强榜单[一]。同年5月，西顿照明发布辰熙系列设计，宣告进军家居照明领域，开启C端业务。

**锻造市场爆破力：销研产供一体化作战**

企业要突破10亿元营收，必然要在市场爆破力上下功夫，只有锻造市场爆破力，才能扩大市场规模，打造单品龙头，具体来说：一是彻底吃透已经占领的客户；二是快速增大客户量，建立稳定的客户群，建立强有力的客户经营能力。

什么是市场爆破力？市场爆破力就是聚焦细分市场，集中优势兵力，研产销供力出一孔，占领市场，打造企业的第一个单品龙头。

从营销爆发力升级到市场爆破力，乘胜追击，各个击破，从冠军单品迈向单品龙头，这是打造极致产品力、实现市场扩张、突破10亿元营收的关键。

不论是亿级单品、冠军单品还是单品龙头，它们都是以技术为根基、以客户为中心，通过销研产供一体化作战在市场中打出来的。极致产品力不是纯技术能力，而是综合能力。很多企业有好种子却没冠军单品，原因在于技术和营销割裂。企业特别是有技术特长的企业，要尽快从"技术为王"的误区中走出来。

产品开发是营销行为、市场行为。对初创企业来说，以产品为核心的营销突破是关键，技术是营销，生产也是营销，营销就是经营，要以营销为主导，实现销研产供一体化作战。

---

[一] "西顿照明新品发布丨辰熙系列无主灯：专注住宅照明·光筑空间美学"，潇湘晨报网，2022年5月16日。

## 越百"牛鼻子":打造品类龙头

怎么做到百亿营收?

不论是像钢铁、新能源汽车这样的资金密集型产品,还是像饮料、餐巾纸这样的低单价产品,越百大战役的"牛鼻子"都有两个:打造品类龙头,建设全国品牌。

### 什么是品类龙头

品类是指同一类别的产品,有大品类,也有细分品类。在饮料行业,瓶装饮料、新茶饮是大类,碳酸饮料、凉茶是品类,330毫升罐装可口可乐和310毫升罐装王老吉是单品。汽车焊装机器人生产线是品类,家用空调和洗衣机是大品类,滚筒洗衣机是品类,5千克滚筒洗衣机是单品。

品类当中当然有品类冠军,市场占有率遥遥领先的品类冠军即为品类龙头。

与品类冠军相比,品类龙头有五大特点:

- ◆ 品类龙头首先是冠军品类,市场占有率至少在26.1%以上。

- ◆ 品类龙头必须是强力品牌,也就是市场占有率要在26.1%以上、接近41.7%。

- ◆ 品类龙头的市场占有率必须遥遥领先于第二名,不容易被超越。

- ◆ 品类龙头的市场占有率数据必须来自具有公信力的第三方报告。

- ◆ 品类龙头必须有公认的地位和稳定的增长趋势。

在全球市场上，品类龙头一定是数十亿甚至是百亿级的，甚至在全国市场上很多品类龙头也都有这个体量。企业不能只满足于成为全国品类龙头，还要大胆追求，成为全球品类龙头。

## 越百"牛鼻子"牵法1：打造品类龙头，多品类经营，迈向产业经营

企业以极致产品力为内核，销研产供一体化，用整体解决方案为客户创造差异化价值，把冠军种子打造成冠军单品、冠军单品族和单品龙头，又通过产品系列化使单品龙头成为品类龙头，这样就可以营收越百亿（见图4-15）。

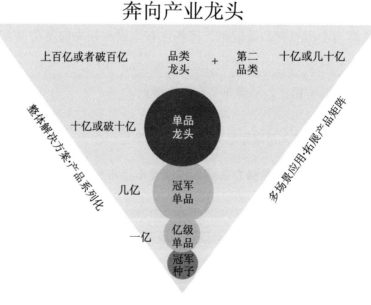

图4-15　打造品类龙头，多品类经营，迈向产业经营

营收 80 亿元左右的企业就可以算得上是百亿级了，用好发展势能，稍微努力就上去了。但是，百亿级企业不能止步于营收 100 亿元，如果没有足够的动能，徘徊跌宕就在所难免，营收很容易掉下来，因此企业的目标是营收越百之后稳定在 200 亿元左右，这样的企业才是真正的百亿级企业。

在打造第一个品类龙头的过程中，企业营收就可能上百亿或者越百亿，这还不够，企业还要有第二个品类。企业根据市场机会和自身实力，通过基于优势技术的多场景应用，拓展产品矩阵，着手第二品类的打造：复制打造冠军单品的能力，同样遵循从冠军种子、亿级单品到冠军单品和单品龙头的方法，第二品类破壳而出、快速增长，企业要通过差异化价值和极致产品力，同步打造全国品牌、用品牌助力，通常来说，第二品类要比第一品类的成长周期更短。

百亿大决战当然少不了资本战略助攻，并购、战略协同将使企业在奔百亿征途中不断蓄放发展势能。从 1997 年到 2017 年，以冰箱、空调为代表的我国家电行业大洗牌，其实就是强力品牌并购、行业集中的典型案例；在中集集团打造特种车辆的过程中，资本战略也是最有效率的产业拓展手段，中集集团用十年左右的奋斗成就了第二个世界级业务。

企业要用差异化产品切入客户，用极致产品力成为客户单品第一大供应商，根据客户需求，使冠军单品系列化，用全面综合竞争优势成为客户某个品类的第一大供应商，成为客户不可或缺的依赖，彻底吃透已经获得的客户，这就是客户经营。

用冠军单品占领市场，使冠军单品成为单品龙头；利用某个冠军单品创造的技术和服务能力，寻找新的应用场景，在新的细分赛道创造冠军单品,甚至开辟新的细分赛道,通过冠军单品矩阵化,企业迈向品类龙头——这是企业越百大战役的"牛鼻子",这个时候企业开始产业经营。

### 案例4-10 汇川技术:打造冠军单品族,迈向品类龙头

深圳市汇川技术股份有限公司(以下简称"汇川技术")创立于2003年,从有公开数据的2007年开始,实现了15年持续增长(见图4-16)。谈起创业和发展历程,创始人、董事长朱兴明在2022年2月接受《时代周报》采访时说:先凭借一个质量高、性能普通的产品,专门覆盖30%~40%的"国内市场缝隙",再进一步打下其他市场㊀。

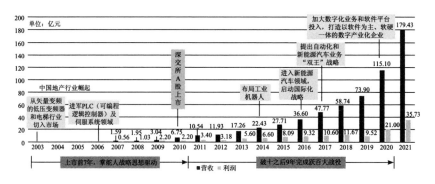

图4-16 汇川技术:打造冠军单品族,迈向品类冠军

---

㊀ "朱兴明:顺时代,专行业,强平台,涌现大型企业",陈加,《时代周报》,2022年2月8日。

从细分市场切入，在缝隙中做强站稳

创业之初，确定在自动化领域发展的朱兴明面对的是世界级企业的竞争，他决定从矢量变频切入行业，在此基础上推出电梯一体化控制器。

汇川技术选择走细分市场的专业化道路，是因为朱兴明看到快速崛起的地产行业，他认为电梯行业也会迎来巨大机会，同时可以避免一开始就与ABB、西门子等巨头品牌正面竞争。汇川技术抓住中国城镇化和房地产高歌猛进的红利，果断瞄准基建配套电梯产业快速兴起带来的市场需求。

客户的痛点在于质量（可靠性）和工期，凭借洞察力和直觉，朱兴明组织开发出基于"专机"的解决方案——在通用、模块化产品的基础上，针对特定行业的特殊需求，开发集控制与驱动于一体的产品，这些产品质量（可靠性）高，性能满足使用要求，同时将设备现场安装工期缩短了一半，精准解决了客户的痛点问题。

差异化价值，高毛利回报

在切入市场的创业阶段，汇川技术的产业定位是城市基建与房地产配套设施；伴随21世纪初房地产火山爆发式的发展，汇川技术的品类定位是电梯一体化矢量变频器开创者，其当时的品牌定位是中国领先的电梯一体化解决方案提供者。

过去，一个熟练的技术工人每天只能调试两部电梯。应用汇川技术的一体机之后，一个稍加培训的工人只需20分钟即可完成一部电梯的调试——这就是汇川技术给电梯行业提供的独特价值，正因为这样，汇川技术的毛利率一度高达64.6%，最低也有58.99%。

### 从一个冠军到四个冠军、一个亚军

也许是巧合，这个思路一试就灵，市场很快被打开，汇川技术快速抢占了国际品牌的中国市场份额。在这个思路的指引下，汇川技术陆续进入可编程逻辑控制器（PLC）及伺服系统、工业机器人和新能源汽车等工业控制领域，取得了非凡的市场战绩，这就绝不是巧合了。

2021年12月22日，美国波士顿咨询公司（BCG）携手《财富》杂志联合发布2021创建未来50强排行榜（Future 50）㊀，16家中国企业上榜，汇川技术赫然在列，根据制造业权威市场研究机构MIR DATABANK和中国高工产研锂电研究所（GGII）的统计数据，到2021年汇川技术已经打造了四个冠军、一个亚军产品，分别是：①低压变频器，2020年市场占有率18.8%，排名第一，力压ABB、西门子。②中高压变频器，2020年市场占有率10.5%，排名第二；③伺服系统，2021年上半年中国市场占有率15.9%，排名第一；④高精密伺服电机，2021年市场占有率全国第一，包括高效节能永磁电机、MS1小功率永磁伺服电机、ESMG大功率永磁伺服电机、MX无框式直驱电机和MV31通用型永磁同步电机等。

### 从冠军单品族迈向品类龙头、多产业经营

2020年汇川技术营收首次突破百亿元，2021年179.4亿元，2022年228.6亿，在特殊时期实现逆势增长。细分切入、冠军单品、战略驱动，成就了汇川技术在中国工控行业的龙头地位。

2017年，汇川技术提出自动化和新能源汽车业务的"双王"战略；2020年，汇川技术开始在数字化业务和软件平台上加大投入，着力打

---

㊀ "中国工控巨头入选'全球未来50强'，汇川技术、恒立液压凭啥？"，工控网，2021年12月28日。

造以软件为主、软硬一体的数字产业化企业。现在，汇川技术的业务包括通用自动化、电梯电气大配套、新能源汽车、工业机器人和轨道交通五大板块，汇川技术成为一家多产业经营的奔千亿企业。

**从掌舵人战略思想到组织战略驱动**

"汇川技术上市之前的 7 年，所有的战略其实都是我一个人的思想，源自于创始人的商业嗅觉。汇川技术真正开始做战略是在 2010 年以后，到今天汇川技术的战略思想越来越成熟，并达成'战略引领'的效果。"朱兴明说。

小型企业以营销、技术驱动，这对于一家营收四五亿元的企业就已足够；然而，企业要高速发展就一定要构建战略引领的驱动力。

已经成为中国中控行业龙头企业的汇川技术，在全球市场上是后来者，西门子、ABB、施耐德电气、三菱电机和安川电机等世界级同行都是业绩卓越的老大哥，汇川技术后生可畏，正在向全球第一梯队勇敢迈进。

## 越百"牛鼻子"牵法 2：建设全国品牌，助力产业经营

如果说亿级企业是大虾，十亿级企业是大鱼，百亿级企业就是大鲨。大虾游河，大鱼穿江入海，大鲨在海洋遨游。百亿级企业一定是在全国经济主场发挥作用的，一定是做全国市场，甚至开启海外市场的。因此，即使产品做得再好，奔百亿企业都需要在市场爆破的同时，建设全国品牌——让品牌在全国范围内人人皆知，用品牌赋能营销，加速覆盖全国市场，助力产业经营。

三一重工就是很好的案例。

## 案例4-11 三一重工：建设全国品牌，赋能营收越百亿

回顾三一重工的发展史，人们不得不承认：三一重工是一个"早熟"的企业。

**两次搬迁、两次改名，从县城到省城再到首都**

1989年在涟源创立，1992年从涟源迁到长沙，2012年把集团总部搬迁到北京。三一重工的三级跳，不但使经营团队扩大了视野，使企业吸纳了人才，更使集团快速攀升格局、链接全国资源。1994年，企业名称由湖南省涟源市焊接材料厂更名为湖南三一重工业集团有限公司，后来组建成立"三一集团有限公司"。

**一反全球行业惯例：专业产品对一般消费者做广告**

早在20世纪90年代，三一重工就开始在CCTV和凤凰卫视等大众媒体投入大量广告并持续至今，"品质改变世界"的三一重工印象深入人心。专业重工产品一般不面向消费者做广告，三一重工一反全球行业惯例，却取得了令人意外的促销效果。在中国品牌研究院发布的《2006中外品牌美誉度调查报告》[○]中，三一重工位列美誉度涨幅百强第49位，是唯一的机械制造企业。三一重工一直在市场拉动下提升产品力，在营销爆发力和市场爆破力上下功夫。2000年三一重工的营收只有6000万元，伴随品牌和销售左右开弓，紧跟中国大建设大发展的步伐，三一重工很快过亿破十，营收连年增长，2008年三一重工营收首次越百，达到137.5亿元。

**"早熟"的三一重工：源于对市场和用户的深刻洞察**

面向普通消费者做专业广告，打破行业惯例，成就全国品牌，

---

○ "三一重工品牌化之路"，理论教育，2021年11月21日。

三一重工"早熟"的能力其实是基于对中国市场独特的用户特征和使用环境的敏锐洞察,在当时的中国建设市场上,相当一部分工程机械由包工头等个人购买,像装载机这样的产品,个人用户购买的比例甚至高达90%,官方媒体的背书在很大程度上使个人用户对三一重工品牌快速建立了信任,减少了购买决策的纠结。

**事件营销逐渐成为三一重工的一大能力**

2003年在上交所上市也是三一重工成为全国品牌的关键事件,作为"股权分置改革第一股",三一重工一下子成为万民瞩目的焦点。在中国国际公共关系协会组织评选的2005年度"中国十大公关事件"中,三一重工的股权改革成功事件位列第3位,可见其社会影响力。

一次一次经历,一点一点积累,三一重工的事件营销能力日渐成熟。2011年,三一重工62米泵车紧急驰援日本福岛核事故现场,十年如一日,三一重工的"大长颈鹿"泵车(62米泵车)还在"守护"福岛。大爱无私的三一重工也在建设国际品牌方面得到了正面的回报。

**市场研究下大功夫,产业经营成就百亿**

从冠军单品到单品龙头,这无疑是一条极具挑战性的道路,是一条艰难的道路。正是打造单品龙头的极致追求,使"冠军"成为企业基因,积力到一定程度,冠军种子、亿级单品、冠军单品和单品龙头如雨后春笋一般冒出来,企业快速增大客户量、建立稳定的客户群,迈向品类龙头。产业经营成就企业百亿之路。

不论是销售产品还是服务,企业都要充分研究消费者,研究时代发展,推出符合时代、符合客户需求的产品,不能故步自封,否则结果只能是被市场教育,最后被淘汰。反过来,积极研究客户需求,对产品做出改进、不断迭代,就能够使企业快速发展并形成强大竞争力。

企业对产品绝不可以得过且过、采取鸵鸟政策。战略与品牌定位专家郭亚东说："当年学习国外市场营销，我感受最深刻的一点是：西方企业在推销环节下功夫很少，销售人员也不多，但市场研究人员很多，在研究市场需求上花了大工夫，所以推出的产品往往能够一击必中，一下子成为革命性创新产品，苹果手机、特斯拉电动汽车都是如此。"

中国企业尤其是制造业企业同样需要这样重视市场研究。《道德经》云：天之道，不争而善胜。企业竞争的王者就是通过不断打造差异化优势产品，用极致产品力不争而胜。

## 进千"牛鼻子"：打造产业龙头

企业越百亿之后在攀登"珠穆朗玛峰"的三号营地稳一稳（80亿～200亿元），整装再发，开启奔千亿征程。大虾游河，大鱼穿江入海，大鲨在海洋遨游，巨鲸跨越大洋。千亿级企业一定是在国家经济主场发挥领航作用，同时在国际市场有一席之地的。

在千亿大决战阶段，领航经济主场与产业经营力滞后是主要矛盾，多品类、多产业扩张和组织再造是企业解决这一矛盾的中长期战略，关键抓手——千亿大决战的"牛鼻子"有三个：打造产业龙头，树立全国领导品牌，开启多产业经营。

## 什么是产业龙头

产业龙头是在某个产业领域中市场占有率最高、营收规模最大的国家全能冠军企业，代表了国家产业水平，是国家产业发展的引领者。

产业龙头首先是国家综合冠军，整体市场占有率至少在 26.1% 以上、接近 41.7%，极限是 73.9%，在产品、技术、标准和产业生态等方面代表国家竞争力，是产业革新者、新产业定义者，对产业发展起着拉动、带动、示范和引导作用。

产业龙头处于产业链核心位置，在产业生态建设、产业间合作方面做出重大贡献，是国家产业顶梁柱、产业核心企业，承载国家产业发展的重大使命。

产业龙头一般都是营收几百亿元甚至上千亿元的企业。美的把传统家电业务升格为"智能家居"业务，2021 年业务收入高达 2349 亿元，其中空调的线上和线下市场占有率分别为 34.6% 和 36%，可见美的是名副其实的智能家居龙头企业。

有时候会出现产业双龙头甚至是三龙头，不分伯仲或者伯仲交替，就像中国家电产业的格力、美的和海尔。随着企业的多产业经营和市场竞争格局的变化，优秀的产业龙头必然成长为世界产业巨头。纵向为径，横向为纬，在历史经纬发生变化之后，基于原有的标准进行竞争性比较就逐步失去意义，对标世界产业巨头，加速迈向世界第一梯度是中国产业龙头的发展方向。

冠军种子孕育着企业发展的希望，亿级单品、冠军单品、单品龙头、品类龙头和产业龙头，分别代表着过亿、数亿、数十亿和越百亿、奔千亿的营收规模。产品立企，从亿级单品到冠军单品，再到单品龙头、品类龙头,最后到产业龙头,这是极致产品力的五级台阶。成为世界产业巨头,必然是中国产业龙头的最高目标。

企业以技术为王、一体化作战,在市场中打造出亿级单品、冠军单品和单品龙头,成为品类龙头、迈向产业龙头,这是企业发展的康庄大道。

## 进千"牛鼻子"牵法 1:打造产业龙头,加速奔向千亿

怎么做到千亿营收?

一个品类龙头就能做到几十亿甚至几百亿营收。用产业经营的思维做多品类经营,用产品矩阵全面满足目标客户群体,技术为基、产品立企,用极致产品力夯实一级又一级台阶,迈上产业龙头台阶,在艰苦卓绝的奋斗中,企业开始向千亿目标攀登。

打造产业龙头、多产业布局,只有这样企业破千亿之后才能稳定在千亿级,实现持续增长。

### 案例 4-12　千亿三一重工:工程机械龙头企业向多产业拓展

2021 年,三一重工以破千亿之后再增长的耀眼业绩,成为中国工程机械领域名副其实的龙头企业,前七家企业的营收分别是:三一重工 1069 亿元,徐工机械 843.28 亿元,中联重科 671.31 亿元,柳工 287.01 亿元,中国龙工 168.41 亿元,铁建重工 95.17 亿元,山推股份 91.60 亿元。显然,工程机械领域已经跑出了千亿级、奔千亿和百亿级

三大梯队。

根据亿牛网数据，从2018—2021年，三一重工营收连年增长，利润率在11%～16%，真可谓逆势发展。三一重工22年厚积薄发、山峰式攀登的发展轨迹，弥漫着千亿大决战的硝烟（见图4-17）。

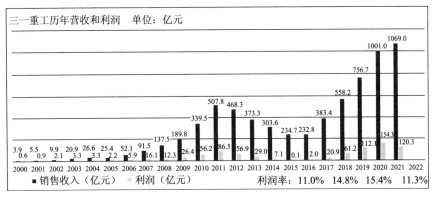

图4-17　三一重工千亿爬坡，成为中国工程机械领域的龙头企业

**多品类冠军厚积成产业龙头，奔向千亿**

说三一重工是中国工程机械领域的龙头企业，一点也不为过：2021年1069亿元营收当中，工程机械营收为1013.2亿元，超过徐工机械营收近170亿元。这不仅仅是营收的差别，更是产品力的巨大差别：三一重工有四个全国品类冠军（见表4-6），分别是挖掘机械、混凝土机械、起重机械和路面机械；三一重工还有两个全球品类冠军，即混凝土机械和挖掘机；五个工信部认定的全国冠军单品，分别是悬臂式掘进机（2018年）、旋挖钻机（2019年）、混凝土泵车（2021年）、履带起重机（2021年）和汽车起重机（2022年）。

表 4-6 四个冠军品类奠定三一重工工程机械的产业龙头地位

| 地位 | 品类 | 2021 年销售收入 | 实力说明 |
| --- | --- | --- | --- |
| 全国第一冠军品类 | 挖掘机械 | 417.5 亿元 | 连续 11 年蝉联国内销量冠军 |
| 全国第一冠军品类 | 混凝土机械 | 266.74 亿元 | 市场占有率 36.3%（2021 年国内混凝土机械行业总产值为 735 亿元[①]）<br>连续多年稳居全球第一品牌 |
| 名列前茅 | 起重机械 | 218.59 亿元 | 冠军单品：汽车起重机市场占有率突破 31%，冠军单品：大中型履带起重机占有率超 40% |
| 初露头角 | 路面机械 | 27 亿元 | 冠军单品：摊铺机市场占有率突破 30% |
| 初露头角 | 桩工机械 | 52.94 亿元 | — |
| 合计 | | 982.77 亿元 | 冠军品类 + α = 千亿级 |

[①]《混凝土分会秘书处工作总结》，中国工程机械工业协会混凝机械分会秘书长李祥兰，2022 年 5 月 27 日。

三一重工的第一大品类为挖掘机械。其挖掘机械是全国冠军和全球冠军，2021 年销售收入 417.5 亿元，毛利率 28.9%，连续 11 年蝉联国内销量第一；全球销量破 10 万台大关，海外市场占有率突破 6%，连续两年全球第一。

三一重工的第二大品类为混凝土机械。其混凝土机械 2021 年销售收入 266.74 亿元，连续多年稳居全球第一品牌。根据中国工程机械工业协会混凝机械分会秘书长李祥兰 2022 年 5 月 27 日发表的《混凝土分会秘书处工作总结》[⊖]，2021 年全国混凝土机械行业总产值为 735 亿元，按照这个数据计算，三一重工的混凝土机械市场占有率为 36.3%。

---

⊖ "2021 年混凝土机械总产值 735 亿元，2022 年预计下滑 30%～50%"，《今日工程机械》，2022 年 5 月 28 日。

三一重工的第三大品类为起重机械。其起重机械2021年销售收入218.59亿元，其中汽车起重机市场占有率突破31%，大中型履带起重机占有率超40%，稳居全国第一。

三一重工的第四大品类为路面机械。其路面机械2021年销售收入27亿元，其中摊铺机市场占有率突破30%，居全国第一。

实际上，三一重工还有多个冠军单品。2018年11月1日，工业和信息化部和中国工业经济联合会发布第三批制造业单项冠军企业和单项冠军产品名单，三一重工的悬臂式掘进机就在名单之中。

一个品类冠军就可能实现营收几十亿元甚至破百亿元，多品类冠军可能厚积成产业龙头，三一重工奔向千亿企业是极致产品力、市场爆破力水到渠成的结果。

开启多产业经营，稳定在千亿级企业（营收800亿～3000亿元）

营收突破1000亿元是不够的，一定要稳定在1000亿元以上。在攀登"珠穆朗玛峰"的五号营地时，千亿级企业的休整目标是营收突破2000亿元、迈向3000亿元（500亿美元），在这个层次的才是真正的千亿级企业。企业营收接近3000亿元的时候，万亿长征路开启。

在营收接近1000亿元的时候，三一重工已经开启了多产业经营。根据三一重工发布的2021年年报⊖，在2021年的1069亿元营收当中，被归为"其他"的业务收入占比5.22%，达到55.8亿元（见图4-18）。

---

⊖ "国际销售收入同比增近8成，三一重工2021年实现营收1061亿元"，《证券时报》，2022年4月23日。

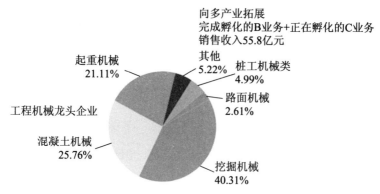

图 4-18　千亿三一重工正在向多元产业拓展

"其他"包括什么呢？

从三一重工官网的公开信息来看，三一重工的业务布局除了挖掘机械、混凝土机械、起重机械、路面机械和桩工机械以外，还有煤炭机械、港口机械、风力发电机组、重卡、装配式建筑装备、石油装备、环保机械、应急救援装备、矿用自卸车和自卸车等。也就是说，工程机械领域是三一重工的大盘，在成为产业龙头之后，三一重工正在布局煤炭、港口、新能源、物流、建筑、石油、环保、安全应急和矿产开采等多个产业，以装备为核心，千亿三一重工正在成长为多元化经营的超大型集团（见图4-19），这一点，从三一重工的二级集团架构中也可以一览无余。

2022年4月，三一重工与埃克森美孚首次发布联合品牌高性能润滑油——三一重工专用发动机油CI-4 15W-40与三一重工专用液压油46/68，其能够满足工程机械设备多工况、多应用的润滑需求，帮助设备增强抗磨保护，延长换油周期，降低客户总拥有成本，助力客户实现降本增效。

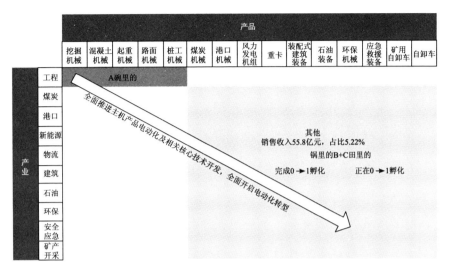

图 4-19 千亿三一重工：从工程领域向多产业布局

从 2021 年 55.8 亿元的营收来看，这些多产业业务布局，有的已经完成了从 0 到 1 的孵化，接下来进入快速增长作战，有的则正在从 0 到 1 进行孵化。吃好碗里的、做好锅里的、种好田里的，可以说，以极致产品力为根基的三一重工，其战略规划和战略执行的结构是非常刚正的。

## 进千"牛鼻子"牵法 2：树立全国领导品牌，助飞产业龙头

全国品牌助力企业越百亿，只有全国领导品牌才能赋能企业奔千亿。企业应做强第一产业，布局第二产业、第三产业。企业成为产业龙头靠的是长期耕耘、厚积薄发，在第二产业、第三产业发力，要释放发展势能、适当提速，必须树立全国领导品牌。

## 案例 4-13　三一腾飞：由全国领导品牌迈向国际化品牌

2006年，三一重工营收首次突破50亿元，2008年突破100亿元，2011年突破500亿元，2012年其总部搬迁到北京。伴随着营收的快速攀升，特别是2020年首破1000亿元，三一重工在中国的影响力也如日中天，不知不觉间，人们心目中的"三一重工"行业品牌蝶变为"三一"品牌，企业品牌逐步确立在国际级，"三一+"品牌矩阵水到渠成。

随着营收跨量级发展，企业的资源动员力也不断提高，通过组织营销、资本战略，企业可以更好地链接产业资源、活用国家资源，从而在市场拓展和多产业经营方面越来越有效率、越来越有效益。

**"蛇吞象"加速三一国际化和品牌国际化**

登高望远、见贤思齐。企业在营收越过百亿之后，将看到世界更广阔的风景，经营境界也会变得全然不同。2010年，三一成功援救智利矿工；2011年，三一驰援日本福岛核事故应急；2012年，三一收购有"大象"之称的全球混凝土机械巨头——德国普茨迈斯特，被誉为"蛇吞象"。这些是现象级的品牌营销事件。

此后，2014年第20届世界杯足球赛，三一参与了巴西超过六成球场建设项目；2016年第31届夏季奥运会，三一参与了巴西里约7座新建场馆、2座现有场馆和里约地铁4号线等建设，可谓名利双收，巴西成为三一在南美重锤砸下的一根支柱。

**跨国经营和品牌国际化是一体两面**

实际上，三一的国际化很早就开始了。

伴随着中国加入世贸组织，从2002年开始，三一推进国际化战略，如今已经走过了 20 多年。

最早为了走出国门，三一曾选择与美国迪尔公司合作并代理其部分产品，直到 2002 年三一第一次将平地机出口至摩洛哥，成为最早进入非洲市场的中国工程机械企业之一，开启了国际化之路。

2006 年，三一投资 6000 万美元在印度浦那建立了研发制造基地；2007 年，三一在美国投资，第一次将工厂建到工程机械制造业发达国家；2009 年，三一又投资 1 亿欧元在德国建立研发制造基地，这是中国企业当时在欧洲建造的最大工厂。

此后，三一又在海外基地事业部之外实施海外大区制，成立亚太、南非、北非、拉美等海外大区，海外产业布局基本成形。

2011 年是中国工程机械行业振奋不已的一年。这一年，三一以 215.84 亿美元（折算约 1395 亿元）的市值入围全球 500 强，成为中国机械行业首次上榜的企业。在全球工程机械制造 50 强排名中，中国企业数量首次超过日美，实现历史性跨越。

实力的提升推动三一大步迈出了海外并购的步伐。2012 年，三一斥资 3.6 亿欧元收购了被视为全球混凝土机械第一品牌的德国普茨迈斯特，三一在国际市场中的品牌和技术实力得到更大提升。

这种大刀阔斧走出去的势头也迅速取得成效。从 2013 年起，三一海外销售收入突破 100 亿元，直到 2018 年已连续五年过百亿元，其国际化发展迎来全面盈利阶段。

通过在国际市场的长期耕耘，三一已经逐渐从中国品牌成为国际品牌。2018 年，三一实现国际销售收入 136.27 亿元，同比增长 17.29%；海外各大区域的经营质量持续提高，东南亚、印度尼西亚、拉美等八大海外大区的销售收入均实现快速增长，海外市场地位得到明显提升。

以印度市场为例，2006年工厂投建后，2007年三一又设立了研发基地，2009年生产基地投入运营。现在，印度基地已经成为三一覆盖东南亚市场的重要支撑：2016年三一在印度的销售收入近10亿元；2022年5月，在南亚最大的工程机械展——Excon 2022上，三一的印度基地与普茨迈斯特联手收获8亿元订单及意向订单[1]。

从市场国际化（海外销售）到跨国经营，三一的国际化道路可谓稳健，印度基地越来越成熟，普茨迈斯特与三一的"蛇象"之家也迎来十年美满。

根据三一发布的年报，2021年三一海外销售收入为248.46亿元，占比为23.4%，比上一年上升9.2个百分点，也就是说，三一的国际化已经上了一个大台阶，三一与普茨迈斯特双品牌开始在全球市场比翼齐飞。

在工程机械领域，全球有三大国际展会：德国慕尼黑工程机械展、美国拉斯维加斯工程机械展和法国巴黎工程机械展。不知不觉间，三一已成为三大国际展会的主角。

三一经历2012年—2016年营收五连跌后，接着迎来营收五年连续上扬，2020年—2021年营收稳在千亿元，2018年—2021年连续四年利润率都在11%以上，说三一是龙头企业、全国领导品牌、国际品牌，也就毋庸置疑了。

---

[1] "三一印度年销售近10亿元，"印度制造"辐射效应增强"，中国新闻网，2017年6月8日。

## 进千"牛鼻子"牵法3：多产业布局，迈向多元化集团

千亿级企业要稳定增长，除了多产业经营、持续优化产业结构这条康庄大道外，还有其他路吗？

在中国企业界，时不时有人挑起专业化还是多元化的讨论，不管是用正面案例还是反面案例，最终都没有定论，专业化和多元化都有道理。

实际上，这跟企业的营收量级有关：打造亿级单品、冠军单品，成就亿级企业；打造单品龙头、全面吃透客户，成就十亿级企业；打造品类龙头、建设全国品牌，成就百亿级企业。可以说，营收在亿级和十亿级的时候，聚焦细分市场、专业化经营是必然的。

奔百亿、进千亿途中，企业有了技术根基，只有从产业经营向多产业经营发展，从区域市场向全国市场、全球市场发展，才能支撑大规模可持续增长，而这无法靠单一产业、单一客群、单一业务、单一产品、单一市场、单一业务模式和单一团队实现。企业营收规模越大，越需要多元化收入结构，跨量级发展必然不断扩大企业经营的边界，让企业由大河大江奔向星辰大海。

### 案例4-14　2011年就开始了：美的为什么要进军生物医疗

2020年，美的集团（以下简称美的）组建合肥美的生物医疗有限公司，全面拓展生物安全领域低温存储设备业务。做风扇起家的美的，是全国数一数二的家电产业龙头，为什么要进军生物医疗领域呢？

根据美的生物医疗官网信息，凭借超过35年的制冷技术积累，美

的以更智能、更专业、更安全的行业场景化解决方案,为医疗卫生、生物医药、疾控系统、科研院校和农业畜牧等领域目标客群提供低温存储设备及服务。

美的为什么要进军生物医疗领域?

**导入新产业:战略性增长是目的**

这是美的进入千亿俱乐部之后迈向万亿经济王国的战略探索业务,也就是 C 业务,目的是孵化出支撑未来五年增长的业务板块(事业群)。

奥维云网数据显示,中国家电市场零售额在 2018 年达到顶点[1]。事实上,不只是美的,早在 2009 年,TCL、海信、海尔、格力等家电企业都瞄准了医疗器械这个市场。

据众成医械大数据平台统计,2020 年年底全国进口医疗器械产品共计 26713 件,而进口医疗器械 II、III 类产品(中高端器械)占比 64%,共计 17019 件,"以飞利浦、GE、西门子为代表的国际巨头在中国高端医疗器械市场长期处于垄断地位,占据超过 70% 的市场份额",也就是说,在中国市场,医疗器械的国产替代还大有可为,这为千亿级家电企业提供了战略性增长的新空间。

美的怎么进军生物医疗领域?

**从温度管理的延长线上切入,从浅水区进入深水区**

官网介绍,美的早在 2011 年就开始进入生物医疗领域,经过 10 年的技术积累,2020 年生物医疗作为独立的业务板块加速发展。也就是说,美的从 2011 年开始就为客户提供生物医疗用低温存储设备。美

---

[1] "美的、格力、海尔……家电巨头为何争相入局医疗器械?",健康界,2021 年 3 月 23 日。

的是从温度管理的延长线上切入生物医疗领域的,这是技术强相关的多元化路线。

按照制冷专业知识,-25～-40℃是浅冷,-90～-100℃是普冷,-100～-190℃是深冷,-190～-230℃是超冷。美的靠空调做大,后来又做冰箱、冰柜、冷柜,这些业务的本质是温度管理,靠的是浅冷技术。基于温度管理的核心技术,由一般温度向深冷技术突破,美的在既有能力的延长线和新的应用场景找到了增长点,这是强相关的多元化战略。

2017年,美的与日本安川共同开发单车型康复机器人;2021年2月,美的收购北京万东医疗科技股份有限公司(简称"万东医疗"),布局医学影像领域,这意味着作为战略探索业务,美的进军生物医疗领域的步伐从浅水区进入深水区(见图4-20)。

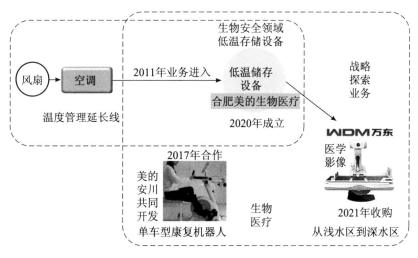

图4-20 美的进军医疗领域

### 通过并购导入新业务和新能力

多元化的美的有成熟的资本运作能力，其收购的万东医疗是老牌上市影像企业，数字化 X 线摄影（DR）是其第一支柱产品线⊖，包括乳腺 DR、肠胃 DR、移动 DR 等品类，市场占有率连续十年保持着全国第一。

2010 年，美的营收刚过 1000 亿元，2011 年开始开发低温存储设备，进入生物医学安全领域；2022 年，美的睿云超低温 MD-86L568 先后进驻华中科技大学和湖北省农业科学院⊖，用于生物样本存放。这是目前美的生物医疗超低温的尖刀产品，为中国生物医学科研保驾护航。

根据美的 2021 年年报，美的在生物医疗领域目前并没有形成独立占比的规模收入，也就是说这个战略探索业务还处在孵化阶段。

吃好碗里的、做好锅里的、种好田里的。可以预计，美的在生物医疗领域还会有大动作，这是美的迈向万亿经济王国的过程中，调整产业结构、实现持续增长的战略举措之一。

关于专业化还是多元化，日本企业似乎从来都不纠结，"经营是行动学"，一切都是做出来的，大型企业小经营，超大集团是由大中小微不同业务板块有机构成的，大型企业中多元化和专业化并存：在战略层面是多产业经营；在战术层面，每一个业务都是专业化经营。万亿级松下早已经不是家电集团，而是以 B2B 业务为主的多产业集团，通过几十年上百年专业化经营，其电动剃须刀和电吹风长期跟飞利浦相伴，分别位居全球第一、第二，赚得盆满钵满。

---

⊖ "布局医疗，家电巨头们的终极出路"，动脉网，2021 年 3 月 2 日。
⊖ "揭秘美的 2021 年营收增长 20% 的背后科技逻辑"，财联社，2022 年 5 月 9 日。

以极致产品力锻造出冠军单品甚至是单品龙头,企业获得的是整体解决方案和独门绝技,相同的技术可以在不同的应用场景创新价值、再造辉煌。随着社会进步和市场变化,只要有客户需求和商业机会,基于优势技术的产业拓展、客群拓展、业务拓展、产品矩阵化、市场拓展和新业务模式拓展,就都是完全可行的,关键是企业要做战略尝试,全力以赴把事情干成。

企业要多产业经营,用多级动力确保稳健奔向千亿俱乐部。实际上,海尔、美的、格力、海信和TCL等中国家电巨头的千亿战略转型,几乎都是走日本家电巨头和美国家电巨头走过的道路。网上也有文章认为,这些"历史跟随式"战略正迎来"丝丝寒意",那为什么这些"千亿级大脑"还是"明知故犯"呢,根本原因还是:时代变了,所有产业都可以用数字化升级一遍。

## 迈万"牛鼻子":成为世界级企业

在万亿长征路阶段,进军全球主场与产融平衡力不足是主要矛盾,解决方案是产融结合、破局重生,关键抓手——企业迈向万亿级的"牛鼻子"有三个:成为世界级企业,无国界经营,产融结合。

根据《财富》杂志世界500强榜单,2020年全世界营收规模在500亿~1000亿美元(约合3000亿~6000亿元)的企业有149家,营收1000亿美元(约合6000亿元)及以上的企业有68家;这两类企业数量在2021年分别增加到155家和72家。也就是说,奔万亿企业和万亿级企业在世界上是可以拉清单、数得出来的。

万亿级企业都是世界级企业，它们在巨大的时代变迁和激烈的全球竞争中攀登到第一梯队，进入了企业经营的无人区，尤其是那些长期保持在世界 500 强榜单上的传统企业，以及在全球竞争格局下脱颖而出的新兴世界 500 强企业，它们的卓越实践代表了世界级水准。

## 迈万"牛鼻子"牵法 1：成为世界级企业

2022 年 2 月 28 日，在中央全面深化改革委员会第二十四次会议上，习近平总书记强调"加快建设一批产品卓越、品牌卓著、创新领先、治理现代的世界一流企业，在全面建设社会主义现代化国家、实现第二个百年奋斗目标进程中实现更大发展、发挥更大作用"⊖，会议审议通过的《关于加快建设世界一流企业的指导意见》为中国企业指明了前进方向、提供了根本遵循。

世界一流企业一般被称为"世界级企业"。世界级企业的概念最早见于 1987 年《电讯通讯》杂志⊜。1995 年美国管理学会前主席威廉·纽曼教授在中国的某个战略研讨班上提出"中国需要在竞争性行业发展自己的世界级企业"，中国企业与"世界级企业"联系起来。

对于迈向全球的中国企业来说，"世界级"充满了引领作用：世界级代表的是当前人类实践的最高水准，世界级的科技实力、世界级的管理能力、世界级人才、世界级品牌、世界级制造……所有世界级水准的企业，都代表人类进入了前沿探索的无人区。

---

⊖ "加快建设世界一流企业"，人民网，2022 年 4 月 29 日。
⊜ "世界级企业"，百度百科。

并不是说只有奔万亿和万亿级企业才是世界级企业，在很多细分领域都有不为一般人熟知的世界级企业——隐形冠军，实际上它们在相关产业中都是不折不扣的世界级品牌。

美的是世界级企业吗？海尔堪称世界级企业吗？中集集团艰苦摸索，首先成为集装箱行业的世界级企业，目前正在打造更多领域的世界级；华为曾经对标松下，现在是世界级企业；大疆被认为是未来最有可能成为世界级企业的"种子"；欧派公开宣告世界级愿景……

越来越多的中国企业以"世界级企业"为导向，以全球最佳实践为标杆，定位于全球市场，创造差异化能力，强化系统竞争力，尤其是利用技术换代和数字经济的历史机遇，建立后发优势，抓住新兴机会，为全球经济和地球可持续发展贡献自己的智慧。

对于营收超过3000亿元（约合500亿美元）的巨型企业来说，在迈向万亿经济王国的长征路上，成为世界级企业是第一抓手（"牛鼻子"）。

## 案例4-15 创业第10年就进入世界500强：小米为什么长这么快

说到小米，人们自然想到2013年雷军与董明珠的"10亿赌局"。2010年创立，第3年营收越百亿，第8年进入千亿俱乐部，第10年进入世界500强，第12年营收破3000亿元。也就是说，2021年，12岁的小米跟54岁的美的一起爬上了五号营地，同步开启了万亿长征路（见图4-21）。

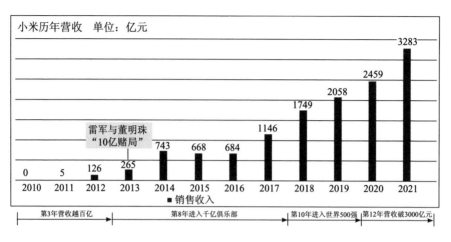

图 4-21 成立 12 年营收破 3000 亿元，小米正在迈向世界级

**瞄准全球第一：从互联网时代孕育出来的新物种**

小米是一家什么样的企业？随着小米的壮大，人们对小米的判断也发生着变化。现在，小米跟美的一样，是一家多产业经营的科技集团，跟美的不同的是：小米有互联网基因，从互联网出发、用互联网思维做消费电子，打造硬件－内容－互联网的生态闭环，2019 年小米生态链已经支持超过 2000 款设备，智能设备连接数超过 1.96 亿台，覆盖全球超 200 个国家和地区。

小米之所以能够快速壮大，正如小米创始人雷军所说：小米是新物种。

从智能手机、手机配件、智能硬件到生活消费品，小米用生态思维构筑自己的业务闭环，更重要的是用这一战略拉动科技创新、打造自生态，开放地融入正在迈向数字经济的生态进化浪潮。这个阶段小米战略执行的第一任务就是用智能手机业务奠定长期发展的大盘基础。

2011年小米发布第一代手机，2014年就做到了中国销量第一、世界前三。2020年8月11日，雷军在小米成立十周年演讲时强调：小米的任务是真正站稳全球第二。即便是在快速增长的中国市场上，小米的成长速度在众多企业当中也是极其出众的。

先爬上千亿高山：过硬产品加快速流量，抓住机会窗口，打破营收跌宕

抓住市场的机会窗口，用极致产品力和市场爆破力把单点（手机）做强、占领市场，这就是小米的创业步伐。得到App课程主理人梁宁认为，这得益于小米的互联网基因：用户体验＋效率，构筑起小米的护城河[1]。

小米为什么长这么快？2011—2013年是中国市场从数字手机向智能手机转换的窗口期，"产品的新需求、用户的变化和流量的变化这三个时代级的红利一起撑起了小米手机"，梁宁认为，小米一次只推一款主力机型，几乎把所有的资源砸在一两个型号上，用这一两个型号卖到一个很大的规模。充分的用户参与打造出过硬的产品，小米由此享受到时代的大红利。

由于一心一意专注在线上，2015—2016年小米营收下滑。错过了县城、乡镇市场线下换机潮的小米启动小米线下店，通过电商磨炼出来的大数据，支持线下零售做高效率的决策，小米得以快速进入一二三线城市；任何个人都可以申请做小米小店的店主，小米利用粉丝客户的个人流量快速拓展小米小店，渗透县城和乡镇两级市场，2017年约20万家小米小店悄无声息地在全国城乡遍地开花，小米小

---

[1] "从企业财报看小米背后的八大战略布局"，融资中国，2019年10月10日。

店正在朝百万家"长大"。过硬的产品加上快速拓展的流量，小米迅速占领国内市场，穿越了自身发展的负向周期，2017年营收突破1000亿元。

万亿长征路：双引擎战略，纵向并购，扩展产业链上游

奔万亿企业必然关注供应链的上游，尤其要确保战略性资源的优势供应、长期稳定和与时俱进，因此不可避免地进入核心零部件、原材料、装备、软件和系统甚至矿产资源等领域，成为多产业经营的巨型企业。资本战略是产业战略必不可少的互促动力。

2019年，小米启动"手机+AIoT（AI+IoT）"双引擎战略，当年有六项对外战略投资，其中涉及三家芯片生产商，分别是智多晶、VeriSilicon和恒玄科技，小米多产业布局开始加速。小米的资本运营能力发挥越来越大的作用。

长大的小米要长青：多产业经营，迈向全球市场

大盘不稳就会摇摇晃晃，地基不牢自然大厦将倾。智能手机业务仍然是小米的根基。

三级火箭三级动力，梁宁认为：小米的一级火箭是智能手机，也是头部流量；二级火箭是小米手机拉动的立体化零售渠道；三级火箭是未来MIUI、小米云等互联网业务，真正支撑起小米的利润和智能化未来。

根据腾讯自选股App对小米年报的分析，2021年小米的主营业务包括智能手机、IoT与生活消费产品、互联网服务和其他四大类，收入分别是2088.7亿元、849.8亿元、282.1亿元和62.5亿元，占比分别是63.6%、25.9%、8.6%和1.9%。小米业务结构的ABC三级战略动力（碗里的–锅里的–田里的）非常清晰，单"其他"（战略探索业务）一项

就营收奔百亿，小米已经是一家多产业经营的奔万亿企业。

以智能手机为市场爆破点，从印度等互联网渗透率低的东南亚国家切入再走向海外，小米陆续开发了俄罗斯等欧洲国家。2021年，小米3282亿元营收当中50.2%来自中国、49.8%来自于海外，从约五五开的市场结构来看，小米已经是一家迈向海外市场的国际化企业，全球市场为小米的万亿长征路提供了极大的市场空间。

以世界级企业为关键抓手，企业可以从以下问题中获得非常丰富的战略指引：在这个领域，目前的世界级企业是哪几家？它们的科技实力、研发布局、全球战略、产业结构、人才队伍、制造模式、品牌建设等分别是什么样的？它们走过了怎样的发展道路？它们的成功之道有哪些？它们又踩过哪些坑？……

通过对标世界级企业，企业不但可以获得战略启发，而且可以从以下问题中发现战略机遇、战略灵感：在迈向数字化时代的今天，自己有哪些可以和世界级企业站在同一起跑线上公平竞争的机会？自己有哪些后发优势，在哪些点上可以创造全球领先？自己可以在哪些细分领域通过专精特新战略打造全球单项冠军？……

进入世界500强不应该是企业的发展目标，成为世界级企业才应该是奔万亿企业的长期追求。世界500强榜单只是外部评价，只能作为迈向世界级企业的参照系。

奔万亿企业不但要对标全球顶级企业，还要从长期经营、跌宕起伏、大难不死的长青企业汲取营养，向成功学习、向失败学习，从锻造组织力、缔造生命力的高度，以"成为世界级企业"为抓手，迈上漫漫长征路，稳健地迈向万亿经济王国。

## 迈万"牛鼻子"牵法2：无国界经营

企业经营中，国际化是无法回避的，就算是只做国内市场，也无法避免国际化：技术的国际化，设备、原材料和零部件供应的国际化，客户和市场的国际化，就算是材料和零部件百分之百国产化、只做国内市场的企业，也难免在国内碰到外资企业客户、外国个人消费者或者客户把本企业的产品单独或组装后销往海外。

所谓的国际化经营，是指从全球战略出发，规划和开展经营活动，在世界范围内开拓市场、合理布局、定点专业生产、定点销售产品，实现整体利润最大化和企业可持续发展。

如图4-22所示，企业国际化有五大量级：国内经营，国内国际双循环，跨国经营，多洲渗透，无国界经营（全球化）。

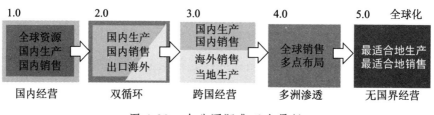

图4-22　企业国际化五大量级

国际化1.0：国内经营。企业利用国内和海外资源，在国内生产、国内销售，虽然看起来似乎没有国际化，实际上生产和销售涉及技术、设备、原材料、零部件和客户等多方资源，一旦遇到汇率波动、国家间关系等国际环境变化，企业经营必然受到直接影响。企业应主动建立国际化意识，放眼全球，活用全球资源助力企业稳健经营、持续增长，例如在人民币升值的大趋势下，国内和国外双渠道供应有利于企业动态保持总成本最低的优势。

国际化2.0：双循环。企业在国内生产，国内销售并出口海外。这个阶段的国际化，是企业把在国内建立的产品优势拓展到海外，扩大市场边界，创造营收和利润增长。国内国际双循环，企业必然会接触到全球客户和全球资源，更充分地利用优势资源，提高经营质量。

国际化3.0：跨国经营。除了国内生产、国内销售外，为了缩短跟外国客户的距离，企业还走出国门，在海外当地生产、当地销售，这个时候企业进入了跨国经营状态。跨国经营是指企业以本国为基地，通过对外直接投资，在世界各地设立分支机构或子公司，从事国际化生产和经营活动。企业面临的是提高国际化经营能力的课题，本质上是企业进驻海外某个国家之后如何快速实现本土化经营的问题。

只有了解异国文化，将其与自身的价值观相融合，企业才能在跨文化环境中有效推进业务、积极经营。企业要将营销、研发、生产、管理、人力资源和财务管理等经营诸方面全方位融入东道国经济中，承担在东道国的企业公民责任，并将企业文化融入和植根于当地文化。做好本土化，才能实现国际化；做不好本土化，就不是真正的国际化。

国际化4.0：多洲渗透。企业在全球销售，多点布局，深耕市场。国际化的本质是跨越国界，企业在全球逐步形成有优势的几个制造基地，在亚洲、欧洲、非洲、北美洲、南美洲、大洋洲，深耕某一个或几个洲的当地市场，长期经营。

彻底本土化，才能彻底国际化。跨国企业的海外子公司在东道国从事生产和经营活动过程中，要迅速适应东道国的经济、文化、政治环境，淡化企业的母国色彩，在人员、资金、零部件供应、技术开发等方面都实施本土化策略，努力成为地道的当地企业。本土化是国际化的必然战略，只有融入当地，提高当地响应能力，企业才能成为真正意义上的跨国企业。

本土化的本质是当地企业自主责任经营，特别是在以下三个方面：对于出口业务，遵守销售市场所在国家的市场秩序、销售规则；对于海外经营，要雇佣当地员工并加以培养和重用，当地企业可以自主运营财务资金；对于发展中国家和欠发达国家，当地企业应该履行技术支援、培养所在国家产业的义务。

只有做好本土化，才能迅速融入当地、降低交易成本，并被当地社会认同；只有根植当地土壤，才能实现可持续经营。做好本土化，才能实现国际化；做不好本土化，就不是真正的国际化。税收和利润是海外子公司对东道国贡献的评价指标。海外子公司对东道国的贡献越大，其所缴税和利润就越多，表明其本土化经营做得越好，越受当地民众、社区和政府的欢迎。

国际化5.0：无国界经营。在最适合地生产，在最适合地销售，无国界经营，这是真正意义上的国际化。

营销覆盖全球大部分市场，包括发达国家、发展中国家和欠发达国家；在全球销售、全球接单、全球分配订单；全球有多个制造基地，既保持全球行业总成本最低的优势，又满足向客户极速交付、快速响应的需要，在全球最有优势的地方（成本洼地）生产，建立多个卫星工厂，必要时快速转移生产能力，全球迁徙。

影响企业经营的因素既包括经济因素，又包括非经济因素，无国界经营的跨国集团不但需要经济能力，更需要跨国政治能力和危机应对能力，识时务、知进退，这样才能在全球经济的晴雨风霜中穿行游走,持续活下去。

## 案例4-16 提早布局海外,广场协议激活松下马来西亚出口基地

2022年7月,在《山下俊彦》中文版付印之即,松下(中国)前总裁木元哲在推荐序中回忆了1972年山下俊彦力排众议、布局海外的那段历史。

汇率风险是所有企业都可能面临的风险

1985年,木元哲为了签订第二年空调的意向订单,走遍了整个美国。当年9月22日,广场协议签订,当天的汇率是1美元兑换235日元;第二天,1美元兑换215日元,日元上涨8.5%。这样下去,松下的空调出口将出现大亏损。

汇率风险从天而降,木元哲不禁后背冒冷汗,赶紧给日本总部的领导打国际电话,提议停止预售签单。

他的直接领导是山下俊彦的弟子,没想到领导泰然自若,指示木元哲继续预约销售,而且要竭尽全力,尽可能多地签单。

海外布局,帮助企业规避汇率风险

原来早在13年前,基于当时担任总裁(社长)的山下俊彦的决断,松下在马来西亚设立了出口专用的空调生产基地,没想到广场协议把它激活了。只用了四个月的时间,松下就完成了复杂的生产能力转移,从1986年2月开始,向美国出口的松下空调全部从马来西亚生产发货。

1986年4月,日元升值到1美元兑换160日元左右,仅仅半年时

间日元升值了约32%,如果继续从日本出口,32%的价格缩水,收入锐减,松下空调肯定巨亏。

当时马来西亚林吉特与美元挂钩,不受汇率变化影响,而且马来西亚适用美国优惠关税政策,松下在马来西亚的空调出货量顿时猛增。

国际化战略首先靠掌舵人洞见未来的锐利眼光

木元哲还想起在空调年出口只有10万台的时候,松下在马来西亚建设的空调出口专用基地却是规划了一年30万台的生产能力,这在当时来说是非常"鲁莽"的决策,现在回头来看,山下俊彦洞见未来的锐利眼光实在是太厉害了。回忆起这些,木元哲对山下俊彦的敬重之情又多添几分。

1985年,山下俊彦颁布了松下的海外事业基本方针:

- 受到所在国家的欢迎。

- 培养所在国家的员工。

- 向所在国家转移技术。

- 贯彻自主责任经营。

- 尊重所在国家的风俗、文化和习惯。

以广场协议带来的危机为契机,松下马来西亚空调基地名副其实地实践了这一基本方针,成为松下全公司实现理想姿态的领跑者。

中国企业不能回避的三大战略课题

结构性改革、增强体质、扩大海外生产——这是山下俊彦当时提出的松下三大课题，在急速变化常态化的当下，这也是中国企业不能回避的最重要的战略课题。

日本企业的国际化从20世纪70年代就开始了，20世纪90年代出现高峰，2000年以后日本企业基本上实现了全球化。木元哲回顾说：日本企业走向海外有六大原因，一是扩大市场空间，二是为了进口便宜的矿产、原材料、零部件和产品来消减国内制造成本，三是更好地满足国外客户的需求，四是通过海外投资取得专利费、技术指导费、品牌使用费和分红等国际收入，五是把员工派驻海外以保障员工就业，六是为了利用海外的高新技术。

很多中国企业已经或者正在迈向全球化，还有很多中国企业即将开启国际化尤其是跨国经营。客观上来说，快速融入当地，快速取信于当地人，快速跟政府、大学、社区和公益组织等非商业组织建立可靠而持续的合作关系，不论是在发达国家、发展中国家还是欠发达国家，一些日本企业都有非常出色的表现和值得借鉴的经验，为中国企业迈向全球化提供了参考。

## 迈万"牛鼻子"牵法3：产融结合

进入千亿俱乐部、迈向万亿经济王国的过程中，由于营收规模巨大，航空母舰群级别的企业想要可持续发展，不但需要传统的多产业动力，而且需要金融这个"核动力"确保巨型企业集团有续航能力遨游全球，产融结合成为必由之路。

金融是资源配置的重要方式，产融结合是产业资本与金融资本的有机融合，可以更有效率地服务实体企业。从全球来看，超过80%的世界500强企业实现了产融结合<sup>⊖</sup>。产融结合已经成为大规模企业可持续发展的全球化趋势。

广义的产融结合包括实体产业与金融业的外在结合和内在融合；狭义的产融结合是指大型企业与金融企业合作，向产业相关方提供金融服务，或者大型企业导入消费金融和供应链金融业务，甚至成立自己的银行进入专业金融领域。

---

⊖ "产融结合是大势所趋，我们要谈金融而色变吗？"，董希淼，2021年11月25日。

| 第 5 章 |

# 跨量级发展：增量突破的组合拳

勾拳：原动力之战略驱动

刺拳：原动力之资本助飞

直拳：组织力建设之硬实力突破

摆拳：组织力建设之软实力跨越

INCREMENTAL
BREAKTHROUGH

How to Develop Enterprises Across
Orders of Magnitude

拳击选手要在比赛中取胜，有时要正面进攻，有时要侧面袭击，有时要快而有力，有时则要佯攻测试，既要有进攻之力，又要有防守之备，既要有爆发力，又要有耐力。单一拳法无法使选手在比赛中取胜，选手想要夺冠胜出，就需要练就各项拳法。任何一次比赛中，选手都要用到勾拳、直拳、刺拳和摆拳各种拳法，只有打组合拳、组合得当，才能取胜。

做企业也一样，在市场竞技场上，增量突破也要打组合拳，战略驱动就像是勾拳，资本助飞好比刺拳，硬实力突破犹如直拳，软实力跨越堪比摆拳。

## 勾拳：原动力之战略驱动

勾拳，是一种弧线由下向上击打的拳法，而且是作为近距离攻击的拳法，它与直拳、摆拳等放长远击的拳法相比在动作结构和击打技术上要复杂得多，打击威力并不亚于直拳和摆拳。

企业发展依赖两大原动力：一是战略，二是资本。战略驱动，解决的是面向未来十年的增长动力规划问题；资本助飞，使企业快速扩大经营边界、将战略落地，融资、增发股份、合资和并购（M&A）是资本助飞的常用手段。

无疑，战略是企业发展的第一原动力。

老生常谈的"战略"，却是企业每天都面临的新课题：或是制定新战略顺应时代变化，或是充满活力地执行既定战略、创造增长。

## 战略驱动：首先澄清战略意图

在制定完整的新战略之前，企业掌舵人和领导层首先应该澄清企业的战略意图，将其用使命、愿景和战略目标表现出来。战略目标是中长期的大目标，不论第一、领先还是一流，都要落实到量化的营收目标，比如破十、越百或者进千亿俱乐部。

战略意图的澄清可以激发员工憧憬，点燃团队激情。2022年6月18日，在成立21周年之际，亿纬锂能正式发布新的愿景："打造最具创造力的锂电池龙头企业，为人类可持续发展做出突出贡献。"正是在这一愿景的指引下，亿纬锂能明确了千亿目标，从2021年营收越百亿之年开始全面布局，在惠州和玉溪建设千亿级新能源电池产业集群，从产业链后端往前端的材料开发、矿产开发和加工拓展，若干千亿工程就是亿纬锂能千亿大决战的重大战役。

## 从产业经营的高度进行差异化战略定位，匹配强关联子战略

在攀登"珠穆朗玛峰"的道路上，所有企业最终都必然站到产业经营甚至是多产业经营的高度，差异化战略定位是战略决策的第一步，包括目标定位和价值定位。

目标定位包括企业愿景、地位和营收目标，这是由掌舵人和领导层的战略意图决定的，是组织化的梦想、蓝图和目标；价值定位包括产业价值、品类价值和品牌价值，企业价值 = 品类价值 × 品牌价值 × 产业价值。企业选择对下一阶段发展最具有决定性的差异化核心价值，作为企业未来五年战略定位（见图 5-1）。

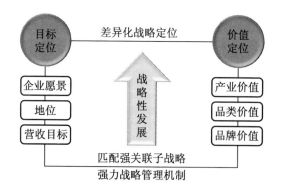

图 5-1　差异化战略定位，匹配强关联子战略

企业不只是贡献于客户，还要贡献于产业。产业价值是指基于企业在产业链中的特殊位置，企业为产业贡献的独特价值；品类价值是指企业通过自己的产品大类，采用独特技术和差异化产品承载对产业的贡献；品牌价值则是指企业通过自身品牌给客户创造的价值增量。

从目标定位到价值定位，企业在制定战略时一定要以差异化为核心进行整体发展规划，匹配强关联的子战略，并建立动态的强力战略管理机制，将战略目标转化为经营业绩。

企业的子战略一般包括十二个：产品战略、营销战略、市场战略、研发战略、制造战略、供应链战略、品牌战略、组织战略、人才战略、数字化战略、财务战略和资本战略。这些子战略并不需要面面俱到，企业在不同的量级、不同的发展阶段，根据整体战略落地的需要，匹配强关联的子战略即可。

## 战略：不断优化收入结构，实现企业持续发展

所谓战略，就是不断优化收入结构，实现企业持续发展；其表现在饼状图上，就是"变脸"：营收规模变大或变小，收入结构不断变迁。

### 案例 5-1　日本日清纺：每过若干年就发生一次巨大变化

日本日清纺株式会社（以下简称"日清纺"）[一]成立于1907年。

---

[一] 日本日清纺株式会社官网，https://www.nisshinbo.co.jp。

1980年日清纺营收是1629亿日元：第一大业务是纤维（纺织），其收入占67.3%，略超2/3；第二大业务是刹车，其收入占8.8%，近1/10；其后依次是化学品、纸制品和精密机器，收入占比分别是6.4%、4.9%和2.0%；其他业务的收入占比为10.5%。

到了2000年，日清纺的第一大业务虽然还是纤维，但是其收入占比下降到34.8%，略超1/3。第二大业务还是刹车，收入占比是22.6%，略超1/5；纸制品成为第三大业务，收入占比为12.2%。显然，纤维业务是萎缩的，刹车、纸制品和房地产支撑了整体营收706亿日元的增长。

到了2013年，日清纺的第一大业务变为电子，收入占比38%；刹车还是第二大业务，收入占比提高到30.1%；纤维退为第三大业务，收入占比10.4%，销售收入由1980年的1096亿日元降低到2013年的514亿日元，缩水了大约一半（见图5-2）。

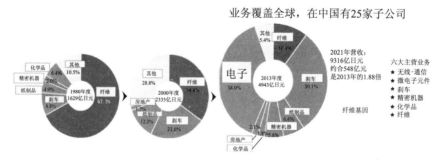

图5-2 日清纺"变脸"：收入结构每过若干年发生一次巨大变化

经历经济泡沫破裂的20年，2001—2013年日本GDP平均增长率只有0.78%，在这样的环境中，日清纺营收从1980年的1629亿日元增长到2013年的4943亿日元，增长了两倍。试想，如果日清纺还是依赖纤维业务，没有刹车、电子、纸制品等增长动力，也许今天日清纺已经不存在了。2013年，日清纺制定了未来四年（2014—2017年）营收6000亿日元的挑战目标。

正是由于多元化的业务结构，不断孵化新的增长点，日清纺每十年发生一次巨大变化，这家一百多年前成立的纺织企业，穿越经济泡沫和日本国内制造"空心化"，2021年营收达到9316亿日元，约合548亿元，是2013年的1.88倍。在无线·通信、微电子元件、刹车、精密机器、化学品和纤维六大主营业务的支撑下，日清纺在2013年挑战目标的基础上继续增长，已经发展为一家业务覆盖全球的跨国企业，仅在中国就拥有25家子公司。

奇怪的是，日清纺至今仍然保留着起家的业务——纤维，这绝对不是基于历史感情，而是因为纤维基因缔造了今天的日清纺。

任何企业都要阶段性地规划新的收入结构，从产品、业务、客户、行业、产业、市场和业务模式等维度，在营收跨量级目标的拉动下，确保有新的增长点。

用单一产品切入市场的企业，到了一定阶段就必然要产品系列化、矩阵化；做单一业务的企业，到了一定阶段必然要做多业务；靠单一大客户起家的企业，到了一定阶段必然要开发多客户，做到大中小客户结构合理；营收越百亿之后，企业必然从单一产业经营走向多产业经营；只做国内市场的企业，到了一定阶段必然要开拓海外市场，国内国际双循环是企业长期经营的必然，甚至是组织能力的分水岭。

环境在变，老结构不能创造新增长，单一结构支撑不了持续增长，只有导入新的收入结构，企业才能持续经营下去。至于具体的收入结构规划，那就是中期战略要解决的问题。

战略并不是空洞的理论，而是实实在在的发展抓手，是面向未来发展的落地规划，中长期 – 中期 – 短期三大规划缺一不可，确保规划结构的完整性是制定战略的第一原则。这样的战略才能保证企业稳健地迈向未来。

## ABC 三级战略动力：碗里的 – 锅里的 – 田里的

如何制定战略？

现有大盘业务要持续增长，同时要审视新的增长机会，按照 IBM 提出、华为实践出来的业务领先模式（Business Leadership Model，BLM），要确保战略大致正确、组织充满活力、实现卓越绩效，战略规划的重点就在于 ABC 业务设计：吃着碗里的（A），看着锅里的（B），想着田里的（C），如图 5-3 所示。

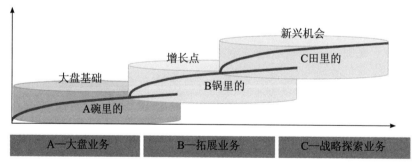

图 5-3　ABC 三级战略动力：碗里的 – 锅里的 – 田里的

A 是大盘业务，也就是现有核心业务，俗称碗里的，是当前给企业带来主要现金流和利润的主体业务，是企业生存和发展的根基，也是保障低成本运营的基础。企业要保持大盘业务增长。

B 是拓展业务，能提高客户价值、市场价值和社会价值，也是提高企业营收和利润的第二大业务，俗称锅里的，是企业未来五年销售收入和利润的主要增长点，是决定企业未来的重点业务。

C 是战略探索业务也是新兴机会，是企业进行战略尝试的第三大业务，是面向未来十年、为了下一个五年发展、在这一个五年就要着手投入的新业务，俗称田里的。

企业要基于市场洞察，对市场进行细分，做出选择和取舍，用行业 – 业务组合（见表 5-1）、客户 – 产品组合（见表 5-2）进行战略 ABC 三级战略动力，将所选择的市场做强。

表 5-1 用行业 – 业务组合规划 ABC 三级战略动力

| 行业 | 业务 | | | | |
|---|---|---|---|---|---|
| | | | | | |
| | | | | | |
| | | | | | |
| | | | | | |

A 大盘业务·核心业务 （碗里的） ◎
B 增长业务·拓展业务 （锅里的） △
C 战略探索业务·新兴机会 （田里的） ×

表 5-2　用客户 – 产品组合规划战略 ABC 三级战略动力

| 客户 | 产品 | | | |
|---|---|---|---|---|
|  |  |  |  |  |
|  |  |  |  |  |
|  |  |  |  |  |
|  |  |  |  |  |
|  |  |  |  |  |

A 大盘业务・核心业务
（碗里的）
◎

B 增长业务・拓展业务
（锅里的）
△

C 战略探索业务・新兴机会
（田里的）
×

在进行战略规划的时候，企业要针对三大业务，制定相应的战略重点。A 业务要护大盘、求增长，鞭打快牛，抓利润、抓人效，也就是要压低成本、提高人均年销售收入和人均年利润。B 业务要重点投入人力资源，抓收入、抓占有率，目标是抢占市场，因为新业务的附加值高，只要超过盈亏平衡点，达到一定的市场份额，就会有较高的利润。C 业务是面向未来十年的战略探索，重点抓研发投入、抓快赢产出，也就是要确保固定投资，把预算用好，既不能多花也不能少花，不能乱花更不能不花，而且要"在攀登珠穆朗玛峰的路上沿途下蛋"，不断输出创新成果，及时将 C 业务转化为 B 业务（见图 5-4）。

ABC 三级战略动力规划了企业面向未来十年的三级增长动力：A 业务要实现从 10 到 100 的增长，B 业务要实现从 1 到 10 的快速增长，C 业务要实现从 0 到 1 的孵化。

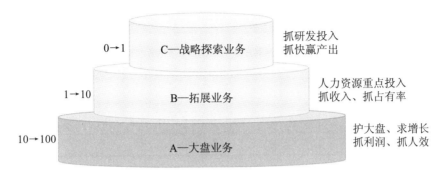

图 5-4　三大业务的战略重点

企业用这样的三级战略动力持续推进战略落地，根据环境变化强化执行，必要时动态调整。原有 A 业务逐步做大做优；B 业务逐步变为 A 业务，大盘越来越大，就算是原来的 A 业务衰退或者被战略性放弃，企业大盘仍然稳固；C 业务虽然有战略试错的成分，有成的也有不成的，但持续探索下去，一定有一部分 C 业务可以从 0 到 1 孵化出来，转化为 B 业务，追求从 1 到 10 的增长。

## 战略 ABC 思维：八个维度规划增长结构

实际上，用战略 ABC（碗里的 – 锅里的 – 田里的）规划企业的增长结构，不局限于行业、业务、客户、产品维度，还可以从客户、行业、产业、业务模式、市场和团队等维度出发（见表 5-3）。

从产品维度，企业的大盘产品是什么？拓展产品是什么？战略探索产品是什么？

从业务维度，企业的大盘业务是什么？拓展业务是什么？战略探索业务是什么？

表 5-3　八个维度规划三大增长结构

| 结构 | 产品 | 业务 | 客户 | 行业 | 产业 | 业务模式 | 市场 | 团队 |
|---|---|---|---|---|---|---|---|---|
| C—战略探索 | | | | | | | | |
| B—拓展 | | | | | | | | |
| A—大盘 | | | | | | | | |

从客户维度，企业的大盘客户有哪些？要开发哪些拓展客户？要尝试开发哪些战略探索客户？

从行业维度，企业服务的大盘行业是哪个？拓展行业是哪个？战略探索行业又是哪个？

从产业维度，企业经营的大盘产业是哪个？拓展产业是哪个？战略探索产业是哪个？

从业务模式维度，企业的大盘是什么业务模式？B2B（企业间业务）、B2C（消费者业务）还是 B2G（政府业务）？企业要拓展什么新业务模式？要对哪些业务模式进行战略探索？

从市场维度，企业的大盘市场在哪里？华南、华中、华东还是华北？国内还是国外？企业的拓展市场在哪里？战略探索市场又在哪里？

从团队维度，企业的大盘团队是哪个？拓展团队是哪个？是否需要战略探索团队？

## 谁来挑担子？用新组织落实 ABC 三级战略动力

战略规划的时候，要吃着碗里的、看着锅里的、想着田里的；战略执行的时候，要吃好碗里的、做好锅里的、种好田里的。

战略执行的难点在于：用什么样的组织将 ABC 三级战略动力落地。很多企业习惯性地用老组织执行新战略。碗里的、锅里的和田里的都是同一帮人负责，多数情形下又都是把新人混编进老队伍，出于历史感情，还是由老干部负总责。这样做的结果是 A 业务难以实现从 10 到 100 的增长，B 业务难以实现从 1 到 10 的快速增长，C 业务也难以实现从 0 到 1 的孵化。

改革组织，调整人事，用新组织执行新战略，用新人带来新能力，这是战略突破的铁定法则。

谁来挑担子？谁负责吃好碗里的？谁负责做好锅里的？谁负责种好田里的？责任分开，对应配置资源，考核和奖励也要分开。只有这样，才能将大盘业务、拓展业务和战略探索业务三大增长目标落到实处。

亿级企业提出十亿目标，十亿企业提出百亿战役，一些老干部对此直接怀疑、下意识抗拒甚至消极对待。十亿团队打不了百亿江山，百亿团队打不了千亿江山，掌舵人如果不能意识到这一点，不能引入新的五虎上将，在战略执行上就会浪费时间和市场机会。

## 战略突破：五大量级的战略重心

从过亿小目标到破十新征程、越百大战役、千亿大决战，再到万亿长征路，显然，企业要创造营收跨量级发展，在不同阶段的战略重心是不一样的：亿级企业靠产品经营，十亿级企业靠客户经营，百亿级企业靠产业经营，千亿级企业靠多产业经营，万亿级企业靠无国界经营和产融结合，不同量级需要不同的战略高度（见图5-5）。

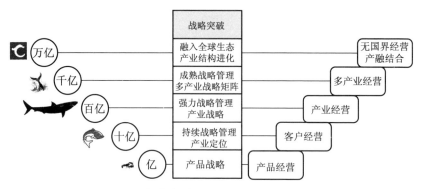

图5-5 战略突破：五大量级的战略重心

奔亿企业要尽快召开战略会议，进入战略管理时代，重心是产品战略，稳健迈上营收一亿元的台阶。

奔十亿企业要持续进行战略管理，做好产业定位，服务好目标客户群体，稳健迈上营收十亿元的台阶。

奔百亿企业要基于差异化的产业定位做好产业经营，并持续进行强力战略管理，这样才能稳健迈上营收百亿元的台阶。2014年营收首次达到40亿元的老干妈到2019年才爬上50亿元营收台阶，之后又在50亿元台阶上徘徊了三年，并没有表现出奔百亿企业的发展势能。作者认为如果不加速产品矩阵建设，不布局辣椒和大豆等贵州地理标志产品的种植，不加速品牌年轻化，不导入事业部制并建设强力总部职能，不迈上资本道路，老干妈始终难以突破徘徊局面，甚至可能再度出现大危机。

奔千亿企业必然是多产业经营的，多产业布局必然有战略质量的问题。百亿以上的掌舵人，其市场洞察结论是差不多的，奔千亿战略也大同小异，关键在于战略执行能力——除了组织和战队外，更在于产业资源的整合能力，这样才能稳健迈上营收千亿元的台阶。

过亿、破十、越百、进千、迈向万亿经济王国，奔万亿企业一定要产融结合、成为世界级企业；多产业结构优化、产融结合、无国界经营是其战略管理的重心。本质上，奔万亿企业应探索巨无霸企业的组织治理模式，找到适合自身阶段性、可持续发展的道路，只有这样才能稳健地迈上万亿元台阶；花多长时间做到万亿元营收并不是企业的具体目标。是一条勇敢者的道路。在攀登"珠穆朗玛峰"的道路上，一切的理论知识只有通过现实试错才能转化为企业家认知。伟大企业都是熬出来的，从众多优秀企业的成败实践中吸取经验，提前厘清思路，在不同发展阶段匹配不同的战略，企业增量突破、跨量级发展就可以少走很多弯路。

## 构筑跨量级发展战略体系

战略规划不是画饼，而是做饼，规划是为了执行、为了增长、为了持续发展，因此要构筑跨量级发展战略体系，以差异化战略定位为引领，规划企业发展总战略，制定各业务与相关职能板块子战略，三位一体，高度协同，引领企业实现跨量级发展。

总战略规划要进行 ABC 三级战略动力的业务设计、明确关键任务，要切实落地，还要制定强相关子战略、落地方针与行动计划，将战略规划转化为年度经营的协同作战。

关键任务和子战略规划就是战略解码。将确保战略目标实现的关键任务和职能任务，设立为企业级别的战略项目，设立考核指标，保障资源投入，由专门的组织和团队负责执行，并在企业层面进行管理，战略执行与战略规划一线贯通。

## 刺拳：原动力之资本助飞

刺拳是以击打头、腹部为主的中远距离拳法。由于其轻而快，故多用于试探、引诱、挑衅，干扰对手进攻节奏，控制距离，起到突然一记的作用，是比较常用的搏击招式。

产业经营和资本经营，是企业经营的一体两面。产业经营贡献于产品客户，创造经济增加值；资本经营贡献于资本客户，创造资本增加值。在企业营收破十亿之后，资本经营就显得越来越重要，这与是不是走上市路线无关，也不是简单的资金筹措，而是企业要实现大规模可持续发展，只有通过产业资本与产业资源的强链接，才能高质量地越过百亿、奔向千亿。

## 资本助飞：从强力企业，到科技企业＋有机并购

企业发展必然经历两个大的阶段：第一阶段是强力企业，第二阶段是科技企业＋有机并购。强力企业是得到第三方认定的专精特新企业、瞪羚企业和独角兽企业等，虽然营收规模不一定特别大，但是因为高成长性而被资本市场看好。在营收达到一定规模、地位达到一定程度之后，强力企业必然进入全国强企榜单甚至是全球强企榜单，企业大规模可持续发展必然以科技为先导、通过有机并购才能实现。

有机并购是相对于简单堆砌式的无机并购而言的，企业基于中长期战略，为加速产业布局而并购其他企业，通过资源融合和业务协同，达到 1+1>2 的效果。有机并购要实现业务融合、资源融合、文化融合

和战略协同，最终增强企业发展后劲。

基于战略的业务拼图，进行有针对性的企业并购，通过业务融合，加速企业收入结构调整；并购之后，导入互补性的新资源和新能力，在业务、技术、产品、产能、客户、渠道、市场和人才等方面实现资源融合；掌舵人亲自参与，基于企业文化的贯彻和包容，实现文化融合，确保并购之后核心人才能够快速融入企业大战队，不流失；并购进来的企业业务与企业现有业务快速产生战略协同，用战略驱动和三高体系（制定高目标，创造高业绩，回报高收入），以最快的速度实现人才与客户的同边效应和跨边效应，蓄放企业势能，增强企业发展后劲。

有机并购可以创造时间和空间上的叠加优势，实现有机发展，是企业跨量级发展的重要手段。因此，企业跨量级发展需要资本助飞，产业经营要与资本经营交织进行、互相促进。

## 掌舵人要尽快完成资本启蒙

启势资本合伙人徐艺林认为，董事会对股东承担最高经营责任，要对股东负两大责任：一是正确地经营，合法合规，防范风险，实现持续增长；二是创造理想的分红，使股东获得合理的收益率，维持企业股价稳定，避免被恶意收购。

很多靠个人自有资金创业发展的小微企业，既不靠银行资金也不用民间资本，老板既不领工资也不分红，这当然是创业艰难的无奈之举，也有"企业是我的"的认知误区。持续下去的结果，必然是企业资产、企业资金和个人资产、家庭资金混在一起，个人消费全部变成企业费用。老板不领工资则不能反映企业正常的成本和盈利水平,最终"有限责任"将变成事实上的"无限责任"。

这样的情形在有两个以上的股东时必然会改变,至少双方都要拿一份作为企业高管的工资;科技型的小微企业需要研发和市场投入,也必然向外融资,经过种子轮、天使轮、A轮、B轮、C轮等;资本方成为投资方或者股东,必然加速对经营回报的要求,要么是分红回报,要么是资本增值。

把企业当企业来经营,企业经营既是在做产业经营,也是在做资本经营。单一股东的创始人既是企业的经营者,又是企业的资本客户,因此既要追求经济增值,同时也要实现资本增值;该领工资就要领工资,不该拿到企业报销的个人消费就不要报,该分红就要分红。

初创企业和小微企业的掌舵人要尽快完成资本启蒙,也就是认识资本、建立资本经营的概念,有资本意识和资本知识。

企业营收过亿之后,要开始关注资本,适时制定资本战略,开启资本经营。首先企业要不排斥资本、不恐惧资本,开始了解资本是什么;进而关注资本,关注资本可以给企业带来的好处;接纳并拥抱资本,积极把资本融入企业经营;在利用资本的驱动作用,加速企业发展的同时,也要不被资本所挟持,自上而下驾驭资本。

## 案例 5-2 爱尔眼科:从 30 亿元到 3000 亿元的资本驱动幸运儿

2009 年,爱尔眼科登陆科创板,彼时它还只有 19 家连锁医院。上市十多年爱尔眼科的股价一路飙升，连锁医院数量也一路飙升至600余家，市值一度超过千亿元，被称为"眼科茅台"。启势资本合伙人徐艺林评论说：爱尔眼科之所以会有这样的名号，除了超强的赚钱能力之外，还因为其股价走势和贵州茅台相似。根据亿牛网的数据，在2009年上市之初，爱尔眼科的市值不过只有28亿元，但到2021年时市值最高就达到了3853.05亿元，市值在十二年间翻了100倍不止，表现十分亮眼（见图5-6）。

图5-6 爱尔眼科的市值变化

爱尔眼科之所以能市值一路飙升，主要是它踩中了资本市场偏爱的脉搏。

**市场肥沃、前景广阔**

眼科行业一直以来都是资本市场的宠儿，医疗服务行业有句俗语"金眼、银牙、铜骨头"，其背后讲的是医疗行业中各种科室的赚钱能力和难易程度。相比于门槛较低的牙科，眼科市场的门槛更高，更适合品牌连锁模式，不仅如此，眼科主要治疗项目渗透率仍有很大提升空间[1]。

增长持续、龙头地位稳定

爱尔眼科从刚上市至今，营收、利润双双保持连年增长，且始终专注于眼科领域，多年坐稳民营眼科市场头把交椅。据第三方统计，截至2020年年底，爱尔眼科占据31.4%的民营眼科市场份额，比第二名至第十名加起来的市场份额还多，已然是中国民营眼科市场的品类龙头企业。

开创了"并购基金模式"，又被称为"体外培育扩张模式"

简单来说，"并购基金模式"就是先投资处于成长期的眼科医院，待其盈利稳定后再由上市企业收购，并入上市企业表内，这种模式的玩法很简单但很高明。

第一步，到市场上寻找经营不善的眼科医院，用比较低的价格把医院的股权买下来，取得绝对控制权。关键是只收70%～80%股权，而不是100%，留20%～30%股权还可以继续链接当地资源（见图5-7）。

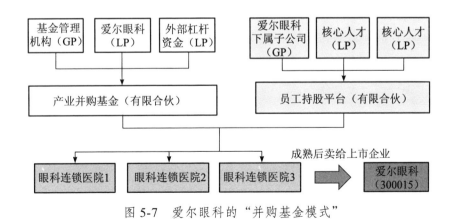

图5-7　爱尔眼科的"并购基金模式"

---

[1] "爱尔眼科还值得爱吗？"，澎湃新闻，2021年11月5日。

第二步，爱尔眼科总部输入人才、管理模式，产业并购基金输入资金，全面整改收购的医院，使之成为像爱尔眼科原来的连锁医院一样的盈利医院。

第三步，等收购的医院稳定盈利后，再卖给上市企业。

如此一来，多方共赢：经营不善的医院变成稳定盈利的医院，原来的股东逐步套现收益，产业并购基金短期投资退出获益，员工参与整改也获益，上市企业收获了一家稳定盈利的医院，业绩节节攀升，市值随之节节高。

这个模式的优势非常明显，那就是可以避免新建医院较长盈利爬坡时间带来的前期利润承压，减少用在管理上的营业成本。自2014年推出这种模式之后，爱尔眼科的营收便开始大幅提升，在2014年时其全年营收仅有24.02亿元，而到了2021年营收就达到了150亿元，短短七年时间营收翻了超过5倍。

没有资本助飞，企业的奔百亿道路注定是千难万难的。"千万不要入股、控股、上市、贷款，不要任何广告宣传，实力才是硬道理"，自设"不上市、不宣传、不融资"原则的老干妈到了资本觉醒的时候了。意识到"让资本赋能企业，创造增量突破，加速跨量级发展"，这是企业做强做大的良好开端。

有了资本启蒙、资本觉醒，企业才能有资本战略、资本道路。从资本战略出发，资本助飞有五大台阶：资本经营、资本运营、消费金融、供应链金融和专业金融。

## 从资本经营到资本运营

企业早期的资本经营主要还是以某个企业实体为载体追求资本增值,资本运营则是将资本经营扩大到更广的产业层面。

通过资本层面的合作,企业实现有效链接产业资源,有效配置企业资源,助力产业经营,实现资本增值。资本运营有五大核心价值。

- 资金活血:通过融资,在短时间内增加财务现金流,抓住市场机会。
- 规范治理:专业投资方拉动,加速企业合规经营、规范治理。
- 产业联姻:通过产业资本链接产业资源,优质资源联姻互补。
- 驱动助燃:通过资本驱动,加速企业发展。
- 与狼共舞:实体企业与资本共创共享,互相促进,相融共生。

通过资本运营提高效益、实现资本增值,资本助飞是企业跨量级发展第二大原动力。

横观诸多营收百亿以上尤其是千亿级企业,它们都有三头六臂:三头是强大的总部职能、强大的研究院、强大的资本能力;六臂是成熟的战略管理机制、相融共生的企业文化、全球人才运营、多元产业拓展模式、强力组织营销、国际品牌建设。强大的资本能力和多元产业拓展模式是互联互通的。

## 案例 5-3　资本运营：奔万亿美的跨量级发展和向科技集团转型的关键能力

根据美的集团（简称美的）发布的年报，2021年美的营收3434亿元，略高于500亿美元，进入奔万亿通道，正在加速由家电集团向科技集团转型。其中，资本运营发挥了至关重要的作用。根据德邦证券2019年发布的报告[一]，美的第一次并购发生在1985年，它通过收购广州航海仪器厂的一条空调生产线切入空调行业，从此进入外延并购式发展。

"美的在半个多世纪的发展中，合资并购的动作从来没有停止过，一直被称作家电界的'并购大王'。"管理专家刘欣撰文写道[二]。

1998年美的收购东芝万家乐进入空调压缩机行业，极大地支撑了空调市场大战，2021年美的终于在三强争霸中胜出，成为全球空调产业的老大。如果说人们对美的在大家电产业中的并购已经耳熟能详，近十年来美的进军智能制造和智能楼宇领域的动作，就更能显示出有机并购对千亿级企业的重要性。

2015年美的与日本安川成立机器人合资企业，2016年美的收购以色列高创，2017年美的收购德国库卡，2020年美的收购菱王电梯……

美的的资本经营做得很好，一直给资本客户带来合理的分红和稳健的资本回报，在此基础上，美的资本运营能力节节攀升，通过合资并购带来有效增长。

根据曾经担任美的高管的刘欣的总结，这得益于美的资本运作的

---

[一] "全价值链赋能，打造国际科技集团"，德邦证券，2019年12月24日。

[二] "为什么美的能通过合资并购，带来有效增长？"，刘欣，卓越运营实战，2022年1月12日。

"五不"原则：不重新造轮子、不偏离主航道、不超能力边界、不拍脑袋决策、不一条道走到黑。顺着产业链扩张，资本运作帮助美的实现了多产业布局。根据资深美的人黄剑峰绘制的美的产品进化简史（见图5-8），人们一眼就能看出美的多元化的强关联逻辑。

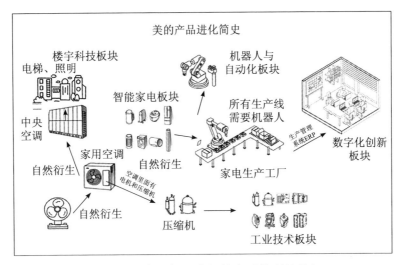

图5-8　美的产品进化简史（黄剑峰绘）

1993年上市后，美的用九年时间实现营收越百亿，又用了八年时间进入千亿俱乐部，而迈上2000亿元台阶只用了七年，踏进3000亿元门槛仅仅用了四年。2016年美的提出"成为全球领先的消费电器、暖通空调、机器人及工业自动化科技集团"的新愿景，吹响向科技集团转型的战斗号角。2021年美的工业技术、楼宇科技和机器人与自动化三大业务的营收为651亿元，占比接近19%。

历数商业世界中的合资并购案例，失败的要远远多过成功的。"历数美的的合资并购案例，却是成功的要远远多过失败的。"刘欣说。正是在这个意义上，资本运营、有机并购是奔万亿美的跨量级发展和向科技集团转型的关键能力。

如果做空调的不做压缩机，做燃油汽车的不生产发动机，做新能源汽车的没有动力电池产能，做 3C 产品的没有芯片能力，它们到了一定规模以后都会受到极大制约。从产品经营、客户经营，到迈上产业经营，在营收越百进千阶段，企业要做产业扩张。投资新建或者扩产、入股联姻和企业并购都是有质量、高效率的方法，这些都要求企业具备强有力的资本运营能力。

## 从资本运营到企业金融

企业不仅需要资本经营、资本运营能力，奔万亿企业更需要金融能力，主要原因有两个：一是基于商业模式和超大营收规模，企业自然会积累较大规模的自有资金池，因此企业一定要保证大额自有资金的保值增值，这就需要进行资金管理和投资增值；二是根据供应链加速流动、加大流量的需要，后端的分销渠道和消费者业务、前端的供应商和供应保障，特别是大额期货业务、矿产投资等都需要金融赋能。金融能力成为奔万亿超大型企业的刚需。

**案例 5-4　东呈集团：金融业务护航，企业逆势增长**

2021 年 5 月，广西东呈酒店管理集团股份有限公司（以下简称

"东呈集团")联合大呈金服酒店金融服务平台,提供百亿授信金融贷款①,一方面扶持集团旗下在营门店,提供翻新改造、日常经营周转、酒店租金支付等融资服务,另一方面为酒店投资人提供个人流动性资金支持,加速门店扩张。东呈集团早已布局的金融业务极大地支持了新冠疫情影响下的企业发展,及时的门店金融业务使东呈集团逆势增长:2021年企业酒店数量(含已签约酒店)从2413家增长至3216家,增长33.3%;截至2021年年底,企业已开业酒店总数达2165家,其中直营酒店3家、加盟酒店2162家。根据中国饭店协会发布的《2021年中国酒店集团TOP50报告》②,东呈集团以出色的经营业绩,在"中国酒店集团规模TOP50排行榜单"由第六名升为第五名。

加盟连锁酒店的业务是资金密集型业务,交易规模大、资金流动性好,品牌方的营业收入主要包括加盟费、管理费、中央输客(会员客户在集团平台下单,分配给加盟酒店)、集团采购和非房收入;而东呈集团已经导入金融业务多年,其营业收入还包括门店金融收入和其他金融收入(见图5-9)。

图5-9 东呈集团的收入结构

---

① "东呈国际集团百亿授信金融贷款政策助力酒店行业复苏",美通社,2021年5月25日。
② "2021年中国酒店集团规模排行榜:锦江国际蝉联榜首,东呈国际赶超尚美生活",产业信息网,2021年7月19日。

正是有金融能力的保驾护航，在新冠疫情之后国内出游人次数和酒店客房数大幅下降的市场环境中，东呈集团 2021 年的营业收入为 10.43 亿元，比疫情之前 2019 年的 8.89 亿元增长 17.3%，注册会员数量超 5500 万人，线上会员月活量平均超 120 万人，分别比 2019 年增长 140% 和 130%。

2022 年 7 月，东呈集团提交招股说明书并获得证监会受理⊖，拟在深交所主板上市，东呈集团在资本道路上进入新的发展阶段。

金融是以货币本身为经营目的，通过货币融通使货币增值的经济活动。企业从初级的资金筹措、资金处理、资金使用到资金运营，最终要具备资本运作的能力。

企业金融不是广义的金融产业。企业经营过程中与金融相关的行为、业务和部署等，都是企业金融，包括企业的融资能力、投资能力和资本运作能力。虽然也有少数企业进入传统金融产业，甚至像索尼转型成为以金融为主业的多元化大集团，但是对于绝大多数企业来说，企业金融是企业的金融行为。

## 从消费金融、供应链金融到专业金融

消费金融和供应链金融是大多数企业最先涉足的金融业务，少数企业会最终走上专业金融之路。

消费金融是向各阶层消费者提供消费贷款的现代金融服务。对于

---

⊖ "国内第五大连锁酒店集团拟在深交所上市，东呈募资用于酒店扩张和数智化"，新浪网，2022 年 7 月 5 日。

做 C 端产品的企业来说，提供消费金融服务成为方便客户、抢占市场的基本条件，大可到住宅、汽车，小可到家用电器。

供应链金融是商业银行根据产业特点，围绕供应链上的核心企业，基于交易过程向上下游相关企业提供的综合金融服务。

## 案例 5-5　中集集团：金融业务助力多产业拓展

中集集团（简称中集）早在 2011 年就以融资租赁的方式开展金融业务，其对金融业务的定位是：协助集团产业战略发展、产业结构调整和竞争市场目标的实现，构建与集团全球领先制造业地位相匹配的金融服务体系。

通过发展融资租赁、经营性租赁和其他相关业务等，中集金融与中集制造无缝对接，促进了装备制造板块的设备和服务销售，为客户提供全链条、全产品线的融资解决方案。

中集旗下融资租赁企业和财务企业围绕中集各产业发展提供多样化的金融支持服务。2013 年金融业务板块营收 8.77 亿元、利润 4.31 亿元[1]；2017 年金融业务板块营收 23.4 亿元，净利润 9.92 亿元[2]。

实际上，正是在金融业务的支持下，中集的登机廊桥业务几乎达到国内 100% 的市场份额，中集的空港业务也由此起步进入摆渡车领域，通过收购法国 Air Marrel 公司、德国 Ziegler 公司，中集分别进入升降平台和高端消防车领域。

金融能力是百亿级企业迈向千亿级的必备能力，是企业生存与发

---

[1] "中集集团发力融资租赁"，徒步，《证券市场周刊》，2013 年 7 月 22 日。
[2] "中集集团：空港和金融业务值得关注"，林然，中国论文网。

展不可或缺的能力。企业通常会经历从资金部到投融部、财务企业、金融部和金融企业等多阶段的组织进化。千亿级以上的超大型企业到了一定阶段必然要构建企业金融体系，包括金融资本规划、金融形象建设、金融团队打造、金融资源整合和信用体系建设等。

对于千亿级企业和奔万亿途中的企业，金融能力是自生态不可或缺的组成部分，正因为这样，一直没有上市计划的华为也在2016年开始布局金融业务。

战略驱动，资本助飞。中集对金融业务的定位和实践，非常好地诠释了产业战略和资本战略如何比翼齐飞，双动力驱动企业创造增量突破，实现跨量级发展。对于广大的中小型企业来说，要在认知层面实现这种突破。

需要特别说明的一点是：上市是一种资本战略，退市也是一种资本战略。利用全球资本做强做大，或者回购股票、退出公共资本市场，减少外部干预，静心思考战略，这都是资本战略与产业战略交互促进的重大举措。退市不是终点，而是一个崭新的、价值重估的起点。

## 直拳：组织力建设之硬实力突破

直拳是指从出拳到被击目标，沿直线运动的一种击打方法。直拳一般用于进攻或有意识退却时破坏对方动作，打乱对方阵脚，是夺取胜利的主要手段。美国普林斯顿大学拳击教练约瑟夫·布朗说过："掌握直拳技术等于掌握拳击技术的80%。"

在不同的量级阶段，企业要实现增量突破、跨量级发展，既要抓住主要矛盾、牵住"牛鼻子"，又需要系统建设组织力，同步实现软实力和硬实力突破。

过亿、破十、越百、进千、迈万，企业跨量级发展需要建设十二维组织力，分别是：战略突破，资本助飞，强力硬核（包括组织进化、人才突破、营销突破、制造升级、降本突破、科技突破、品牌突破和数字化突破），软实力跨越（包括激励突破、文化升级）。在不同发展阶段，十二维组织力的能力层次和建设重点并不相同（见图5-10）。

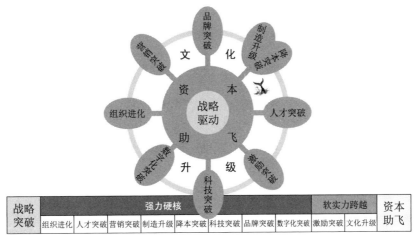

图5-10 企业跨量级发展需要建设十二维组织力

## 组织进化：从 BU 化到自生态组织

### 打造亿级组织：BU 化，活力化

千万级企业在奔亿途中，化小业务单元，建设有活力的小经营体，从老板经营迈上团队经营，从团队经营迈向组织经营，目标是打造活力化的强力单体企业（职能化组织），同时开始区分经营职能和总部职能，通过 BU 的裂变和一体化作战，实现营收增长。

亿级企业是市（地级市）一级管理对象，小型企业也要开始进行企业治理。

### 锻造十亿级组织：经营单位 + 强大的总部职能

营收过亿之后，奔十亿企业必然要扩大市场边界，进行区域化布局，迈向全国市场；同时要下功夫建设强力总部职能，赋能经营单位开疆拓土。在这个阶段，因为管理成熟度不高，企业必然面临各种风险，因此要建立危机应对机制，风险管理也要从被动到主动、常态化地进行。

改革组织、调整人事、导入变革文化是奔十新征程的关键。营收量级上台阶，企业治理也要同步上台阶，企业必须要合规经营，否则掌舵人将面临个人风险或不可承受之重。

## 升级到百亿级组织：多事业部 + 强大的研究院

百亿企业布局全国市场，奔百亿企业必然要建设平台型组织：建设强力事业部，成熟的事业部制是百亿企业的必由之路；用做研究院的方法建研究院，建设真正有实力的研究院，向市场一线提供强力武器；再造组织力，必要时建设全国双总部。

百亿大战役，峥嵘岁月、坎坷征途，跨量级发展过程中一定有艰难险阻，企业直面生死大考，应强化危机应对机制，伴随做强、做大的当然还有做久的考验。

## 组织重构，迈上千亿级：二级集团（事业群）+ 强大的中央研究院

百亿企业靠事业部制，千亿级企业靠事业群。多产业经营要求千亿级企业建设二级集团（即事业群），像航空母舰群出海那样，迈向国际化、进军全球市场；同时，随着市场环境和世界政经格局的变化，企业将基于产业结构的调整进行事业群优化，贡献于人类命运共同体；按照市场和事业群情况，企业将建设国内双总部甚至多总部，以提高全球敏捷运作的能力；千亿级企业都有强大的中央研究院，并组建自己的科学家队伍，布局基础研究和应用研究，走在全球技术前沿。

奔千亿企业必然要进行组织重构，在持续变革中持续进化，尤其要重视攻守平衡——既要有攻势经营，又要有守势经营，缔造组织生命力。

## 持续进化：生态化组织，向万亿经济王国攀登

万亿级企业都是产融结合、自成生态的，这就能理解华为从不做手机到做手机、从不做云到做云、从不做芯片到联合突破芯片、从没有系统到开发系统的转变了。

奔万亿企业要构建企业自生态，贡献于全球经济主场，要做到全球最适合地生产、最适合地销售，还要能全球快速迁徙。奔万亿企业必然要建设全球多总部，迈入无国界经营。提高跨国界政治能力、适应风起云涌的国际变化也是奔万亿企业的必修课。奔万亿企业将在全球市场中沉淀组织智慧，穿越历史风云，绽放企业生命光辉。

## 人才突破：五虎上将，四梁八柱，全球人才运营

亿级营收靠能人，奔亿企业要锻造亿级精英；十亿级营收靠团队，奔十亿企业要用全国人才，锻造十亿级团队，人丁兴旺才能事业兴旺；百亿级营收靠战队，奔百亿企业要锻造百亿级战队，集结五虎上将，构建四梁八柱，还要开始引进国际化人才；千亿级营收靠集团军，奔千亿企业要锻造千亿集团军，用全球人才做全球事业；万亿级营收，则靠"陆海空天"多军种协同作战，奔万亿企业要锻造自己的"陆海空天"多军种的全球实力和集成化作战能力。

### 奔亿企业锻造亿级精英：从超人老板到四梁八柱

创业是勇敢者的道路，伟大的老板（掌舵人）都是超人，随着年龄

的增长和事业的扩大，限于时间、精力和耐力，老板必须逐步从日常事务中解脱出来做更重要的工作，逐步往后退、往上走，从做业务到做管理，从负责经营到负责战略和文化。

老板要选好左膀右臂，带出企业的业务精英。俗话说"一个好汉三个帮"，老板至少要哪三个好汉帮？营收奔亿的企业中，营销人才、研发人才和生产人才是老板必须要有的三类大将。企业要持续发展，就要搭稳企业的四梁八柱。做企业一定要人丁兴旺，老板一定要思考企业的人才战略。

## 奔十亿企业锻造十亿级团队：五虎上将 + 人丁兴旺

细分市场和区域市场满足不了十亿营收的需要，奔十亿企业必然做多区域市场、迈向全国市场，走出当地、走出区域，用全国人才做全国市场，以支撑十亿营收。

奔十亿企业还要加强产学研合作，融入全国产业生态，打通人才输送通道；面向全国市场，招募五虎上将，打造高能人才队伍，培养内部专家，适当的时候着手招募和培育国际化人才。

## 奔百亿企业锻造百亿级战队：打造人才供应链

百亿江山一定要人才操大盘，使全国人才为我所用。奔百亿企业要运营全国人才，建立人才供应链，招募行业专家，还要开始链接国家级人才，融入全国人才生态，吸纳领军人才，集结五虎上将。

不论是在技术、设备、原材料方面还是客户、市场方面，奔百亿企业都一定会开始国际化，此时自然还有一个其不可回避的事情：招聘海外员工，引进国外专家。

### 奔千亿企业锻造千亿级集团军：打造世界级人才队伍

根据美的集团发布的年报，2018年美的集团研发人才超过10000人，其中外籍资深专家超过500人；2021年，美的集团海外收入1377亿元，占比达40.1%。

没有战略上的大格局，没有人才上的大格局，企业做不到千亿级。千亿级企业一定是做国际市场的，用全球人创全球事业，只有强大的国际化人才队伍才能支撑千亿级企业的国际化经营。

从单一产业经营到多产业经营，从研究院到中央研究院，从多事业部到多事业群，从一级集团到二级集团，百亿级企业的千亿大决战实际上就是多点大创业，通过全球人才运营，组建华为军团那样的梦之队。创业型作战机制是人才突破的抓手，即企业提供机会，让员工当中的"优秀种子"在企业的平台上创业、共创共享。

千亿级企业是超大型产业集团，要培养企业家队伍，还要有代代相传的接班机制。

### 奔万亿企业锻造"陆海空天"多军种集成化作战

奔万亿企业用全球人才无国界经营。万亿级企业必须与世界级人才共舞，在走向星辰大海、浩瀚宇宙的过程中贡献于人类、创造卓越。

长寿的大型企业一定会孕育出世界级经营大师，奔万亿企业必然沉淀出出色的经营思想，进千迈万的企业也一定有人才外溢，这是大型企业对社会、国家和人类的另一份贡献。

老板都是超人，可是人命不过百岁，培养专家队伍、招募行业专家，吸纳领军人才、集结五虎上将，链接国家级人才、融入人才生态，与世界级人才共舞，这才是企业增量突破、跨量级发展的人才之道。

## 营销突破：从老板营销到整合营销

产品是企业与客户商业交易的唯一载体，营销是开发客户、拓展市场的第一能力，强力营销才能强力创收。不论是亿级企业还是万亿级企业，它们都必须打造强力创收金三角（见图5-11），即极致产品力、营销爆发力和极速交付力，也就是说，把钱收回来是成功营销的目标，产品和交付是营销的有机组成部分。

图 5-11　创收金三角

企业要创造营收增量突破、跨量级发展，就必须持续强化营销体系建设，实现营销能力升级，从抓订单到占领需求，从开发客户到圈住客户，从切入市场到抢占市场。营销也有不同的量级。

企业的营销一共有五大量级：老板营销、精英营销、团队营销、组织营销、整合营销，实现跨量级营销突破。广义的业务营销以产品和业务为载体，包括产品营销和狭义的业务营销，使产品和业务得到客户接纳，形成商业合作；组织营销就是以组织为载体，使"企业"这个组织得到客户和相关方接纳，形成多元化合作，最终迈向整合营销。

营销突破的路径如图 5-12 所示。

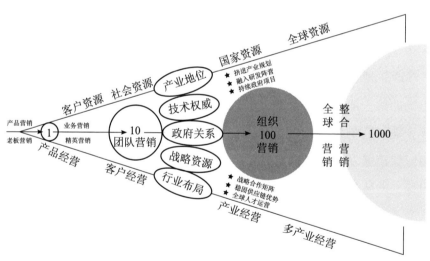

图 5-12　营销突破路径

**老板营销是营销 1.0**。在创业初期，收入是一单一单做出来的，老板是企业的第一营销员、最大的营销员、最强的营销员，既要找客户、谈单，又要开发技术、做产品，实现成功交付。显然，老板的时间、精力、体力和脑力都是有限的，随着企业做大，企业增长不能只靠老板单级营销动力。对于制造型企业来说，老板再厉害，做到一亿元营收就是极限，所以老板一定要有意识地培养左膀右臂，招募新的营销战将。

**精英营销是营销 2.0**。企业要有若干名营销精英，也就是精品业务员，每个人都可以独当一面、开疆拓土，企业的客户、订单和收入不再依赖老板一个人，老板的销售收入占比不断降低，直到企业消除对"超人"老板的依赖。这个阶段企业对几位精英还是有依赖的，毕竟是单兵作战，少一位就少一部分收入，虽然如此，但只要营销精英数量不是太少，一两位精英的离职对企业而言已经不那么伤筋动骨了，企业开始在客户端积累组织信任。

营销应该是团队作战，而不是单兵作战。精英营销可以使企业破亿奔十，但营收要稳定在十亿元以上，企业就要尽快迈上团队营销、迈向组织营销，这样才能继续奔百亿。

**团队营销是营销 3.0**。跟精英营销不同，首先，团队营销要在营销部门形成高 – 中 – 低三层次人才结构，用 1+1、1+2 或 1+1+1 三种结构的小分队进行市场开拓、客户开发和客户维护；其次，团队营销要根据产品开发、市场开拓、客户开发和客户维护的需要，使营销、研发、生产交付和其他职能部门一体化作战。

## 案例 5-6　从松下的逆算营销看一体化团队作战

在日本 20 世纪 80 年代进入成熟市场之后，松下从细分需求、个性化需求中发现机会，拉动差异化产品开发，占领缝隙市场，实现销售增量和营收增长，摸索出一套独特的方法——逆算营销。

从客户需求倒推新产品开发，从最佳上市日期倒推新产品开发流程管理，目标是做到新产品一上市，在价格最高、利润最好的时候实现销量最大化——关键点是在新产品上市前尽早提高客户认知度、清空渠道库存、尽早接单，确保老产品零库存、不影响新产品销售，这是团队营销的经典范例。

松下的逆算营销是苹果手机"饥饿营销"的原型。正是用这种一体化作战的产品创新能力，松下在转向以 B 端业务为重心的战略大调整过程中，在新材料开发和核心零部件产品创新方面屡创佳绩，静静地作战，默默地享受前端利润。

**组织营销是营销 4.0**。早期的老板营销、精英营销和团队营销都是面向客户的，向客户推广企业的产品和业务，目标是让客户认知产品、达成交易、抓订单。跟产品营销和业务营销不同，组织营销所营销的是"组织"——将企业这个"组织"向外推广，目标是得到相关方的接纳、达成战略合作。这个相关方是指产业生态中的相关方，包括客户、分销商（渠道）、供应商（含装备厂家、数字化方案商）、研究机构（大学、研究院等）、商协会、金融机构和政府部门等。组织营销的目的是链接资源，跟战略契合的相关方达成战略合作，整合资源为产业经营服务。

**整合营销是营销 5.0**。将各种营销工具和手段系统化地结合，整合营销在产品营销、业务（整体解决方案）营销的基础上，强力推进组织营销和品牌营销，实施"三大战役""九大工程"。"三大战役"是指品牌 IP 打造、品牌内容打造、品牌推广活动。"九大工程"包括：品牌 IP 打造的品牌定位系统工程，企业家 IP 打造工程，品牌数字化展厅工程，品牌内容打造的标杆案例包装与传播系统工程，品牌信任状打造的系统工程，产业研究院建设工程，品牌推广活动的行业峰会展会和自办会议工程，品牌媒介推广系统工程，线上营销系统工程（线上直播）。

整合营销把各个独立的营销模块集成为营销有机体，各模块一体化作战、协同作战，产品创新、品牌推广和营销爆破融为一体、交织互促，有利于企业抢占市场、创造增量突破。

老板营销是老板作战、依赖老板；精英营销是单兵作战，依赖金牌业务员；团队营销是团队作战，依赖团队，必然涌现一群金牌业务员，营销人才辈出；组织营销是营销组织、链接资源，与优势客户战略契合，整合产业资源、社会资源和国家资源；整合营销是营销整合、一体化作战，积蓄企业的发展势能，将其释放为企业的增量突破，创造跨量级业绩增长（见图 5-13）。

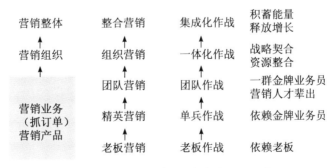

图 5-13　从营销产品到营销"组织"

## 制造升级：迈向世界级制造

没有工厂的苹果公司，却能够实现全球交付、世界级质量；有庞大工厂的特斯拉，造车成本越来越低，品牌溢价令人垂涎。在传统制造业竞争极其激烈的同时，世界级制造也正在横空出世、迅猛发展，技术密集、资本密集和无人化（黑灯工厂）、数字化成为最主要的时代特征，世界级制造产出的不是传统产品，而是跨界的、具有全新价值的高利润产品，智能化和数字化正在再造所有行业甚至整个社会，这一进程虽然尚需时日，但是速度趋快。企业要创造营收增量突破、跨量级发展，制造就必须升级。

制造的本质是交付，交付周期越短，客户越满意，资金流动越快。因此，制造的核心目标有两个：快速流动，总成本最低。显然，因为每天交付金额、出货量和交付边界的巨大差别，亿级企业、十亿级企业、百亿级企业、千亿级企业和万亿级企业对制造的要求截然不同，从当地交付、区域交付到全国交付、全球交付，对制造模式、制造水平、全球布局、物流配送和供应链管理的要求存在绝对的层次差别。

### 案例 5-7　苹果公司：一家地地道道的制造企业

想到苹果公司，人们会想：每一次新产品设计都拉动制造技术创新；全面主导并掌握制造工艺，随时把产业链移到合适的地方；微米级质量管控测量体系；极致追求，把"变态"需求变成现实；混合代工模式，体现了其对制造的独特理解……

2020年10月15日，财经作家林雪萍发表《向苹果学习制造：美国制造体系从未外包》，细说对苹果进行研究之后的惊人发现：苹果的世界级代工厂，家家都有独特的金刚钻；高度把控制造硬核技术，造就苹果高度抗风险能力；苹果打破常规思维，有惊人的制造洞见；看起来的制造外包背后是诸多不外包——没有工厂的苹果却代表了当今世界级制造（见图5-14）。

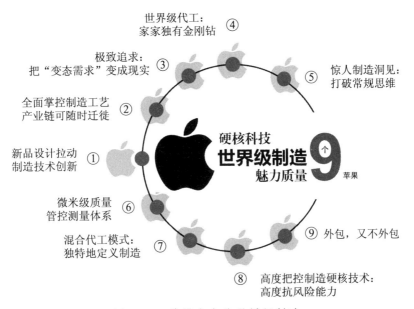

图5-14　苹果代表的世界级制造

"苹果是一家地地道道的制造企业"，没有工厂却有清晰的制造战略、极强的制造技术和制造管理能力，为全球供应链提供世界级的反向服务，赋能战略供应商，实现世界级制造、全球交付、世界级质量和全球响应，而且是全球行业总成本最低的企业之一。

2010年开始，中国企业界议论苹果的创新；2020年开始，全球企业界研究苹果的制造，向苹果学习制造⊖，人们突然发现：美国制造体系从未外包。林雪萍在文章中惊呼："大家往往只看到了这些精湛的设计和亮丽的产品，忽视了苹果是一家地地道道的制造企业。它对制造的理解那也是首屈一指的，甚至在每一个加工工艺细节上苹果都做了严格把控，这正是苹果在制造方面的独特之处，也是与其他厂商的不同之处。"

实际上，1976年创立的苹果是从制造起家的，创业一年就推出了人类历史上第一台个人电脑Apple Ⅱ。根据公开发布的年报，苹果在2021年的营收为3658亿美元，约合23777亿元，是十足的万亿经济王国，躲在这一切背后的是：苹果有一支强大的世界级制造专家队伍。

制造是苹果最早的基因。

**全球制造5.0：从精益化到世界级制造**

同样是制造，不同企业的制造管理成熟度也有层次上的差别，全球制造水准有五大层次：精益化、自动化、服务型制造、智能制造和世界级制造（见图5-15）。

精益化是制造1.0。精益化覆盖企业三大核心业务流程（见图5-16）：产品开发流程（产品轴）、客户开发流程（客户轴）和订单执行流程（供应链轴）。精益化的本质是加速流动、实现总成本最低，精益（Lean）是从丰田生产方式（Toyota Production System）脱胎出来的流程优化技术，也是制造型企业的基石。

---

⊖ "向苹果学习制造：美国制造体系从未外包"，林雪萍，雪球，2020年10月15日。

第 5 章 跨量级发展：增量突破的组合拳

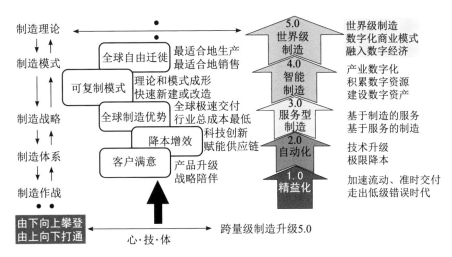

图 5-15 跨量级制造升级路线图：全球制造 5.0

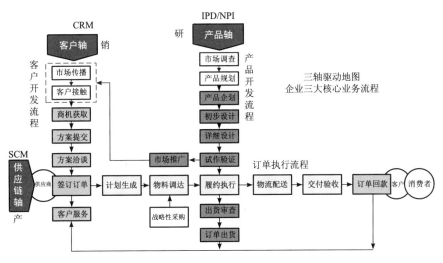

图 5-16 精益化的对象是企业三大核心业务流程

自动化是制造2.0。当今时代的自动化不仅仅是机器换人，更是基于物联网技术（IoT）和智能防错的自动化，根据产品附加值和生产工艺，选择适合的自动化程度，尤其是在危险度高、有毒有害、作业环境差、质量难以保证和重体力等特殊作业岗位上，要彻底实现自动化，最大限度地减少对员工的依赖，最终迈向无人化和黑灯工厂。

服务型制造是制造3.0。所有的企业都应该是服务型企业，传统的制造型企业应该彻底地迈向服务型制造：基于制造的服务和基于服务的制造。服务型制造的基本标准是30%的销售收入来自服务。当今时代，制造业和服务业正在全面融合，制造型企业加速向服务型企业转型，只有这样企业才能迈上产业经营的道路，实现增量突破、跨量级发展。

智能制造是制造4.0。显然，真正意义上的智能制造已经再造商业模式、助力企业迈入数字经济，不但创造和活用数字资源服务于客户、贡献于产业，而且基于数字资产创造资产增值。

世界级制造是制造5.0。它是全球制造的最高水准，每个时代的世界级制造都不一样，随着历史的演变，世界级制造不断被重新定义，当前的世界级制造有四大特征：智能制造、魅力质量、服务型制造和世界级品牌。

制造升级：从追求客户满意到全球自由迁徙

从亿级企业到万亿级企业，只有制造升级才能支撑企业跨量级发展。在制造1.0时代，制造追求的是持续客户满意：通过产品升级，为客户提供战略陪伴。在制造2.0时代，制造追求的是持续降本增效：通过科技创新，赋能供应链，实现全链快速流动和总成本最低的优势。在3.0时代，制造要创造全球优势：做到全球极速交付、全球行业总成本最低。在制造 4.0 时代，制造要锻造可复制模式：有成形的理论和模式，可以快速新建或改造，不断升级，快速复制有优势的交付能力。在制造 5.0 时代，制造追求的是建立全球自由迁徙能力：支撑在全球最适合地生产、最适合地销售，一旦需要就可以快速转移制造交付能力。

从全球制造进化的方向来看，卫星工厂是大势所趋，迈向全球化的中国企业，应该向日本和德国企业学习，建立全球快速迁徙的能力。

全球制造升级的技术集成应用

世界级制造是人类共同的财富。工业文明的诞生，尤其是最近一百多年的企业实践，从工业工程（Industrial Engineering，IE）、价值工程（Value Engineering，VE）和统计技术（Statistical Technology，ST）三大管理技术，到精益和六西格玛（6σ）流程优化技术，共同奠定了 20 世纪世界级制造的基础。

20 世纪 90 年代中后期，为了在全新高度超越日本制造，美国联邦政府推动先进制造技术（Advanced Manufacturing Technology，AMT）计划，涌现了 3D 打印等诸多创新成果，诸多先进制造的创新成果与信息技术（Information Technology，IT）和互联网相结合，特别是与物联网（Internet of Things，IoT）技术和数字化、云计算（Cloud Computing）技术相融合，诞生了工业 4.0 或者叫智能制造。

在跨量级发展的过程中，企业需要根据自身特点和发展需要，将各种技术集成化地应用于制造升级，打造有全球优势的营销模式、研发模式和生产模式。

迈向世界级制造：从制造作战到企业制造理论

企业增量突破、跨量级发展的过程就是迈向全球化和世界级的过程。早期，企业为了实现客户满意，在质量（Q）、成本（C）、交期

（D）、安全环保职业健康（EHS）和柔性（F）等方面实施制造作战；之后，为了降本增效，企业全面建设制造体系；在迈向百亿的过程中，为了创造全球优势，企业必须通过制造战略进行制造升级；在奔千亿进程中，企业打造出优势制造模式，形成自己的制造理论。

在迈向世界级制造的过程中，为了创造魅力质量，企业必然要用到设计思考（Design Thinking，DT）技术，寻求创新解决方案，创造更多的可能；为了解决发明问题、推进系统创新，企业必然用到萃智理论（Teoriya Resheniya Izobreatatelskikh Zadatch，TRIZ），加快创造发明的进程，得到高质量的创新产品；同时，集成产品开发（Integrated Product Development，IPD）和集成供应链（Integrated Supply Chain）等模式都是创新技术的优秀实践。

## 降本突破：创造全球行业总成本最低的优势

不论是做低端市场还是做高端市场，只要企业还在市场中经营，就必然面临价格竞争，就必须同步提高价格竞争力和非价格竞争力。提高价格竞争力的唯一途径，就是永不停歇地砍削成本——持续开展降成本活动，每年都批量地推进降成本项目，在创造"硬钱"（Hard Money）回报的同时，提高降成本能力，培养降成本专家，提高成本竞争力。

开源节流互为条件，必须同步推进，管理之刀、科技之斧和规模之炮构成企业降成本的金三角（见图5-17）。

图 5-17　降成本金三角

降成本的本质是极限化地提高利用率，追求 100% 的利用率：浪费为零。这既需要管理之刀——全员、全面、全流程杜绝浪费，也需要科技之斧从源头将成本砍半再砍半，还缺不了规模之炮——用大销量提高资产利用率，没有规模优势，再有效的降成本措施也创造不了经济效益和竞争优势。

## 全球降本 5.0：从降成本活动到科技创新

成本之痛和利润之殇几乎是绝大多数企业每年都必须面对的现实，企业降成本有五大量级：开展降成本活动，全面推进价值工程，全线产品升级，规模化一体化作战，科技创新（科技降本）。

全球降本 1.0：开展降成本活动。不要等，全面动员、全员参与、全面作战，立即开展降成本活动，追求硬钱回报，提高降成本收益力。搞活动、做项目，既要拍"苍蝇"也要打"老虎"——砍削大额成本。在全球降本 1.0 阶段，降成本就是为了降成本。

全球降本 2.0：全面推进价值工程。以产品为中心进行价值分析，利用比较对照法发现改进机会，以项目为载体提高价值、降低成本，创造合理利润，实现整体盈利。在全球降本 2.0 阶段，降成本是为了经营。

全球降本 3.0：全线产品升级。实际上，降成本在本质上是指降低产品的成本比率、提高产品毛利率，如果产品不升级，降成本就是有极限的。也就是说，企业要持续优化产品结构，推出新产品，创造对客户的价值增量，进入中高端市场。要高质量经营，就必须创造穿越周期的持续盈利能力。在全球降本 3.0 阶段，降成本是为了发展，是战略行为。

全球降本 4.0：规模化一体化作战。只有以提高市场占有率为目标，从冠军单品到单品龙头、品类龙头再到产业龙头，大小通吃，创造规模优势，才能最大限度地分摊固定成本、创造经济效益。大型企业的掌舵人更难当家，这也是众多国际高端品牌进军中低端市场、与中低端品牌抢夺市场的根本原因。企业应以水库式经营为指引，规模化一体化作战，扩大自有资金池，创造资金余量，未雨绸缪，以备应对危机。在全球降本 4.0 阶段，降成本是为了不死。

全球降本 5.0：科技创新（科技降本）。管理是渐进性的，技术才是突破性的。上升到科技高度，企业用新技术、新材料、新工艺、新装备和新服务这"五新"武器，突破性地降低成本，创造全球行业总成本最低的优势——这样的降成本能力才能使企业穿越周期，在大灾大难之年活下去。

2021 年年底，美国通用电气和日本东芝各自一拆为三，美国强生一分为二，国际企业巨头分拆渐成潮流。迈向万亿级的超大型企业，也要适时"瘦身"——用大集团急速"减肥术"，确保体质健康。在全球降本 5.0 阶段，降成本是为了长寿。

## 案例 5-8 用软件替代硬件：通用医疗进军中国农村市场

美国通用电气医疗事业部（简称通用医疗）在全面占领全球高端市场之后，决定进军广大农村市场，服务更多民众。在对比了中国和印度市场之后，通用医疗首选从中国农村市场切入，再拓展到印度农村市场。

"能否提供高技术、低价格的医疗设备，是通用医疗成功俘获中国农村市场的关键"，财经作家陈振烨观察到通用医疗农村医疗产品的创新逻辑是：用软件替代硬件功能，大量削减硬件使用，同时缩小产品体积，以节省原材料成本○。举例来说，在保证使用效果的前提下，可将 10 寸（约 33 厘米）的产品缩短到 5 寸（约 17 厘米），减少不必要的键盘、支架等，缩小体积。简而言之，通用医疗通过产品设计创新来彻底改变产品结构，然后通过大批量生产来降低成本。"其实，这种创新思维也适用于其他领域。"陈振烨说。

"理论、系统和软件构成三位一体，体现了一般化发展趋势，主角由硬件变成了软件。"2009 年 5 月 12 日，东京大学名誉教授木村英纪在日本《经济学人》周刊发表文章，他大声疾呼："日本亟须改变技术发展模式。"

今天，软件是可以替代硬件的，不但可以创造全新的使用体验，而且可以在根本上大幅度、极限化地降低产品成本：对硬件来说，如果 1 个产品的硬件成本是 1，则 $N$ 个产品的硬件成本就是 $N$；软件成本是开发人员的工资，如果开发成本是 1，产品销量为 1 时，单位产品软件成本就是 1，产品销量为 $N$ 时，单位产品软件成本就是 $1/N$。

---

○ "GE 医疗转战农村"，陈振烨，《经理人》，2009 年 01 月。

用软件替代硬件,科技创新支撑了高端医疗机械进军中低端农村市场,这就是科技的力量。

## 穿越周期:构建全球行业总成本最低的优势

过着好日子,想着苦日子;市道好的时候别忘了未来还有市道不好的时候,赚钱的时候别忘了存钱,家有余粮心中不慌,要保留一定的自有资金以"过冬"。

构建全球行业总成本最低优势,是企业穿越经济周期、货币政策周期和行业周期的生命线。只要动态地保持全球行业总成本最低,在经济景气、行业向好的时候,家家都赚钱,自己就能赚得更多;在经济下行、行业向好的时候,家家都亏钱,自己就能亏得更少。

保持全球行业总成本最低的优势,是中集集团20多年保持集装箱销量世界第一的"秘籍",也是中集集团不断创造一个又一个世界第一的公开"秘籍"。持续保有全球行业总成本最低的经营能力,已经成了中集集团最重要的核心能力之一。钢铁、生猪养殖和国际物流等周期性行业的企业尤其应该重视和实现保持全球行业总成本最低的优势。

不被过去状况所束缚,用零基预算开展降成本活动,永远将降成本活动进行到底,用科技创新打破降成本的"厚地板",让降成本没有极限。也就是说,按照零基预算方法制定目标成本,不考虑过去的预算项目和费用水平,以零为基点,根据需要编制预算,不受以往预算的影响。

企业应持续进行销售额翻番、成本减半,从全球降本1.0到全球降本 5.0，站在全球高度，以科技创新为武器推进极限化降成本，降成本是无止境的。

## 科技突破：从技术到科学技术

产品有生命周期，既有技术也不断被颠覆，持续的科学研究将诞生一代又一代新技术。企业在做战略规划的时候，既要吃着碗里的，也要看着锅里的、想着田里的；在战略执行的时候，既要吃好碗里的，也要做好锅里的、种好田里的。因此，企业要做好三代产品规划：销售一代、储备一代、开发一代（见图 5-18）。

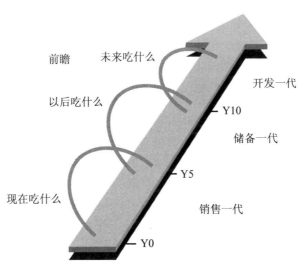

图 5-18 企业三代产品规划

三代产品规划要落实在技术研究开发（R&D）规划中。在跨量级发展过程中，企业要实现从技术到科技（科学技术）的突破，构建基础研究、应用研究和产品技术的价值增量金三角（见图5-19），用科技布局和科技实力确保企业面向未来十年、二十年的发展后劲。

图 5-19　价值增量金三角

不论是在国家产业战略领域，还是在民生（百姓幸福生活）领域，企业都担当着产业报国的重大责任。企业科技突破的需求来源于五大方面（见图5-20）：最常见的客户痛点，进口产品的国产替代，填补国内空白，解决卡脖子的问题，进入无人区之后的科技创新（最高层次）。每个企业都有自己的技术基因，企业聚焦细分市场和目标客户的应用场景，从这五大方面就可以找到客户个性化需求，发现科技创新的机会。

图 5-20　从五大方面发现科技创新的机会

小型企业也要有工程师；一般业务企业都有自己的技术部，进行市场化的产品开发，培养自己的技术专家队伍；很多破十奔百的企业开始建设自己的研究所；百亿级企业一定要建设研究院，着手应用研究，打造国家级专家队伍，贡献于产业发展；千亿级企业要建设中央研究院，有自己的科学家队伍，布局基础研究；万亿经济王国已经迈向无人区、世界级，携手全球科学家，共同探索宇宙奥秘。

科技突破的五大层次如图 5-21 所示。

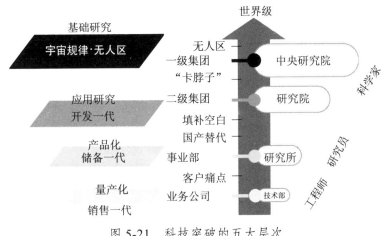

图 5-21　科技突破的五大层次

本田汽车从自行车改装起家，有工程师基因；大发明家爱迪生创立通用电气（GE），通用电气有发明家的基因。显然，要成就科技集团，企业要按照营收增量的需要进行基础研究、应用研究和产品技术三层次科技布局，不但要建设工程师队伍，还要建设研究员队伍和科学家队伍；企业不但要有工程师文化，还要及时导入研究员文化和科学家文化；在达到一定技术深度尤其是进入无人区之后，企业一定要跟世界级科学家合作。

## 品牌突破：迈向世界级品牌

品牌有量级，不同的品牌或者同一品牌在不同的发展阶段，所具备的价值是有差异的，品牌价值的差异决定了品牌外在溢价能力、市场地位和影响范围的差异，品牌所处的差异性客观发展阶段与发展状态，被称为品牌量级。

### 品牌五大量级：用"1+3"维度衡量

"1+3"维度是指一大核心维度，即品牌价值，三大外延维度，即溢价能力、市场地位和影响范围（见图5-22）。

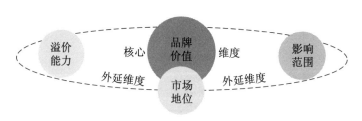

图 5-22 用"1+3"维度衡量品牌五大量级

在品牌价值维度，品牌的五大量级分别是产品价值级品牌→功能价值级品牌→理念价值级品牌→文化价值级品牌→信仰价值级品牌。

在溢价能力维度，品牌的五大量级分别是低端品牌→中端品牌→高端品牌→超高端品牌→顶级品牌。

在市场地位维度，品牌的五大量级分别是弱势品牌→跟随品牌→强势品牌→头部品牌→领导品牌。

在影响范围维度，品牌的五大量级分别是地方品牌→区域品牌→全国品牌→国际品牌→全球品牌。

## 品牌突破：蓄放品牌能量

企业围绕整体发展战略，全员协同一体，通过持续性、系统性、差异化的品牌规划、品牌建设与品牌营销活动，不断提升品牌价值，从而实现品牌量级的不断进阶与突破，将品牌能量释放为营销增量。

从品牌规划到品牌建设，再到品牌营销活动，品牌跨量级发展遵循以下路径：品牌价值从产品价值级迈向功能价值级、理念价值级乃至文化价值级、信仰价值级，品牌溢价能力从低端迈向中端、高端乃至超高端，品牌市场地位从弱势迈向强势、头部乃至领导，品牌影响范围从区域迈向全国、国际乃至全球。品牌跨量级发展是以企业差异化战略定位为核心的整合行为，其根本目的是打造企业差异化核心竞争力（见图5-23）。

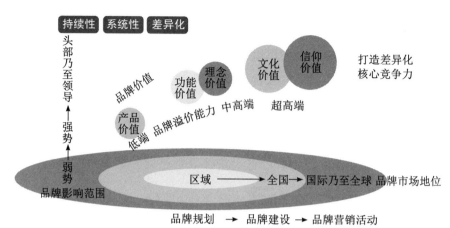

图 5-23　品牌跨量级发展的路径

## 企业品牌矩阵：匹配生态战略的品牌突破

企业发展到一定阶段，随着品类与产业的多元化拓展，企业为了扩大市场份额、阻击竞争对手、降低经营风险，往往会从单品牌战略迈向多品牌战略。多品牌有机组合，既相对独立又整体协同而形成的集群式品牌阵列，就是品牌矩阵（见图5-24）。

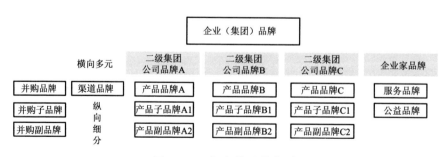

图 5-24　企业的品牌矩阵

横向多元、纵向细分，使企业能实现匹配生态战略的品牌突破，吹响品牌集结号，构建品牌集团军。品牌矩阵是企业实现跨量级发展的重大战略举措。

## 品牌年轻化：企业持续经营绕不开的坎儿

品牌年轻化的对立面是品牌老化。随着时间的推移，品牌可能会走向僵化、保守甚至封闭，逐渐与主流用户（客户）群体疏离，与大时代浪潮脱节，最终有被市场淘汰的风险。这就要求品牌经营者（企业）要始终以与时俱进的姿态，时刻洞察目标用户（客户）心声并与之同频共振，保持品牌的年轻"四感"——存在感、活力感、开放感与时代感，只有这样，品牌才能摆脱老化陷阱，穿越历史风云。一代人终将老去，伟大的品牌却永远年轻！

品牌年轻化是品牌保持长盛不衰的重要前提与保障，是品牌动态管理的核心任务之一。通常3～5年企业就必须展开一轮品牌焕新运动。

1886年5月8日可口可乐在美国亚特兰大诞生，一百多年来与社会发展相互交融，激发创新灵感，每天为全球的人们带来怡神畅快的感受，是品牌年轻化的经典案例；李宁品牌经历老化衰退的痛苦，终于蜕变重生，成为新时代老中青三代的钟爱，是成功的品牌年轻化案例；面临产品单一、品牌老化困境的老干妈正在寻求突破……故步自封是品牌建设的大忌，品牌年轻化的本质是贴近用户（客户），以变应变。

## 企业家品牌建设：与企业跨量级发展高度同步、相融共生

企业家品牌是指通过人设定位、策划、推广等一系列手段，所建立起来的企业创始人或掌舵人在行业、产业、机构等利益相关群体乃至社会公众心目中的个人形象认知标签。企业家品牌是企业品牌资产的重要组成部分。

企业家品牌也有跨量级发展（见图5-25）。企业家品牌打造的初阶是依托本企业文化和差异化价值，让企业家品牌成为企业文化和价值对外输出的载体与放大器；企业家品牌打造的中阶是使企业家品牌成为行业IP，成为值得信任的行业专家，助力公关、招聘和融资等；企业家品牌打造的高阶是通过企业家品牌掌握产业话语权，淬炼事物本质，输出产业洞察，让企业家品牌成为公众心目中的产业代名词。

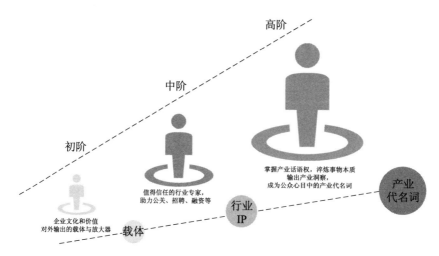

图 5-25 企业家品牌跨量级发展

企业家品牌也是有量级的，企业家品牌的跨量级发展与企业的增量突破、跨量级发展往往高度同步、相融共生。

## 品牌增量突破的最终目标：从强势品牌迈向领导品牌，从全国品牌迈向全球品牌

强势品牌是指市场地位介于弱势、跟随品牌和领导品牌之间，已积蓄了较强的品牌发展势能，处于品牌价值上升、释放阶段，具备较大影响力和较高成长性的品牌。

强势品牌力 = 强势技术力 + 强势产品力 + 强势营销力。打造差异化价值是建设强势品牌的关键。强势品牌需要匹配强势的品牌组织、管理机制和变革机制。强势品牌的巩固发展需要三重对标：同业对标、跨界对标、全球对标。

当某个品牌在品类或产业领域拥有最高知名度、美誉度和忠诚度，赢得最多目标用户（客户）指名购买，这个品牌就成为领导品牌。领导品牌往往成为用户（客户）心目中该品类或产业的第一联想甚至是代名词。

领导品牌有五大特征：核心价值高于其所有的竞争品牌，具备同类品牌中最强的溢价能力，是市场中最受人尊重、最被追随的品牌，是企业高质量经营的最终结果与集中呈现，被各类（区域、行业、全国、全球）第三方权威品牌价值榜一致推崇、品牌排名榜首。

从追随到引领，从引领到持续引领，成为中国乃至全球领导品牌是企业跨量级发展的终极追求。强者恒强，品牌竞争也有马太效应，

打造强势品牌，成为领导品牌、全球品牌，实现品牌增量突破，为企业破十、越百、进千、迈万提供持续发展势能。

## 数字化突破：从信息化、数字化到数字经济

随着数字化浪潮的到来，人类进入数字经济时代，企业的数字化也成为必然。

企业数字化可分为五个阶段：实现企业信息化，实现企业数字化，驱动价值链数字化，协调数字生态圈，推动数字产业化或产业数字化（见图 5-26）。

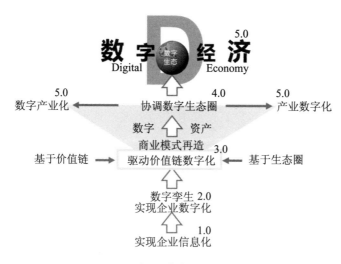

图 5-26　企业数字化的五个阶段

数字化 1.0：实现企业信息化。企业信息化是企业数字化的基础，通过信息系统，将企业在现实世界中的管理流程反映在数字世界中[一]。例如以数字地图的形式反映和呈现企业在现实世界的管理和流程。

数字化 2.0：实现企业数字化。在企业信息化的基础上，通过数字化平台与技术，对数字世界所反映的数据进行分析，给企业管理提供有价值的信息和洞见，进而重塑现实世界中的管理和流程。例如在企业数字地图上根据战略目标对企业的发展进行精准导航。

数字化转型是商业模式创新而不是技术变革。在数字经济时代，企业可以从价值链和生态圈的角度出发，思考数字化如何赋能企业所处的价值链和生态圈，创建富有活力的数字化商业模式，进而实现数字化 3.0 和数字化 4.0。

数字化 3.0：驱动价值链数字化。企业可以从所处的价值链角度出发，思考数字化如何赋能价值链。这个阶段不是为了数字化而数字化，而是为了在企业所处的价值链上创造新价值而数字化。

数字化 4.0：协调数字生态圈。通过数字化技术，企业组织和协调生态圈中各方的活动和利益，实现生态圈参与者的互促共进，不断扩展和整合生态圈资源，实现生态圈参与者的相融共生、共创共享。

数字化 5.0：推动数字产业化或产业数字化。传统农业、工业和服务业企业通过数字化技术转型升级，实现产业数字化，为客户、供应链、产业链和社会创造经济增加值，提高社会资产效率；而基础电信、电子制造、软件及服务和互联网等新兴信息和数字行业的企业，通过

---

[一] "以数字化转型开启新征程"，崔国强，《经济日报》，2021 年 11 月 28 日。

协调数字生态圈，赋能传统产业数字化，将数字资源变现为产业价值，从而创造数字产业的增加值。

## 案例 5-9　奔万亿马士基：数字化创造新价值

根据网络公开信息，成立于 1904 年的马士基集团 2021 年营收为 618 亿美元[一]，约合 4017 亿元，旗下的马士基航运是全球最大的集装箱承运企业之一，服务网络遍及全球。

通常，营收规模越大的企业越重视数字化推进，奔万亿马士基也不例外，马士基的数字化动力首先来源于客户：所有的客户都希望随时知道自己的货物集装箱的流动和到港状态——除了航期、价格和安全外，这应该是客户最关切的了。马士基提出了新的有价值的服务：集装箱即时跟踪服务。

600 多艘集装箱船一年 365 天穿行在全球各大洋，载着 200 多万个集装箱周转在 120 多个国家，涉足 350 多个国际港口，要对这样庞大的全球物流提供即时跟踪服务，数字化成为唯一选择。转型的阻碍在于：每个国家或地区都有不同种类的文件、不同的进出口文件和程序，以及不同的法律和财务制度，如果按照传统的思维制定解决方案，铁定困难重重，甚至难以实现。

最终，马士基采用的是分散式方法：在集装箱上安装传感器，实时获取地理位置、温度和湿度等相关数据，全面获取集装箱和集装箱船的状态信息。这不但满足了客户即时查询的需求，而且马士基可以

---

[一]　"马士基 2021 年营收飙升至 618 亿美元并创丹麦商业史上最高利润"，中国驻丹麦王国大使馆经济商务处，2022 年 2 月 10 日。

据此进行航程优化和空集装箱优化，开展预测性维护，降低集装箱空置率，改善集装箱船的燃油经济性。

数字化专家张思萱博士点评说：信息化是地图，数字化是导航，马士基的数字化推进不但为客户增加了新价值，而且为企业创造了新效益。

## 数字经济＝数字产业化＋产业数字化

数字经济正在崛起、方兴未艾，给国民经济注入了新的动能和活力，数字产业化和产业数字化构成数字经济的整体，数字技术正在再造农业、工业和服务业。

### 案例 5-10　南方航空持续推进数字化

在航空领域，中国南方航空集团有限公司（以下简称"南方航空"）是数字化转型速度快、效果好的排头兵，旅客最直接感受到的是"南航 e 行"：南方航空梳理完善了全流程 300 多项服务点，优化航班动态，推出选座值机、全渠道退改、选餐、行李全流程追踪等服务，旅客感受到便捷、安心的全新体验。

南方航空特别推出的"绿色飞行"项目，通过提前获取旅客用餐需求，建设全流程跟踪平台，提高了餐食数量的精准度和灵活度，配餐信息实时可查，配餐数量及时调节，既满足了旅客需求，又减少了餐食浪费，降低了航班成本。

实际上，类似的数字化项目还有很多，如"航油e云"、财务机器人，"南航e家"等。2021年11月，南方航空董事长马须伦接受经济日报记者采访时介绍说，南方航空正在开展"对标世界一流管理提升行动"[一]，将科技信息作为十个领域重点任务之一，在安全保障、运行效率、机队规划、航线网络、成本核算、航油管理、经营分析等领域实施数字化变革。

南方航空的数字化推进始终没有停滞，而且还在加大力度，更加具有战略价值。数字化助推高质量发展，南方航空正在不断向建设世界一流航空运输企业的目标迈进。

数字技术正在再造世界，数字化正在拉动企业转型升级，数字经济作为新的经济动能，正在引发社会和经济的整体性深刻变革。在跨量级发展过程中，数字化突破是企业的必由之路。

---

[一] "以数字化转型开启新征程"，崔国强，《经济日报》，2021年11月28日。

## 摆拳：组织力建设之软实力跨越

摆拳是从左向右或者从右向左循弧线打出的击拳方式，一般用于稍近距离"作战"，击打目标为头部的左右腮。摆拳在实战格斗中应用于近距离攻击，通常是配合刺拳、在刺拳后的。几乎没有起初攻击就用摆拳的，在连续的刺拳使敌人招架不住时，伺机一记猛劲摆拳，那就是致命的攻击了，可以将敌人完全制服。由此可见摆拳的威力。

## 激励突破：塑造以奋斗者为本的攀登文化

企业要实现跨量级发展，需要以奋斗者为本，需要建设攀登文化。企业为客户创造价值、为社会创造财富，那么给员工什么呢？企业要给奋斗者尤其是超级奋斗者高收入，激发员工的三大动力（财富动力、事业动力、人生动力），这也是奋斗者文化的不二载体。

企业的跨量级激励体系有五大层次（见图 5-27）：优势薪酬体系（含高级福利）；用战略性薪酬体系实施增量激励；建设三高体系，激发员工财富动力；用增量合伙人机制和多级多期股权激励，实现战略共创共享，激发员工事业动力；优化财富分配的顶层设计，通过财富公平、共同致富，激发员工的人生动力。

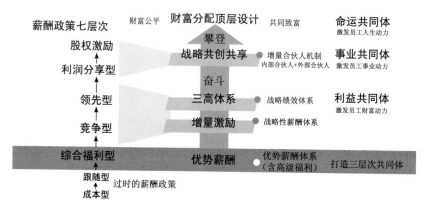

图 5-27 跨量级激励体系的五大层次

万科的乐跑文化,缔造的是企业的攀登文化,激活的是员工对人生的思考和对世界的热爱。企业应围绕三大动力建设三高体系,激发人性的力量,做好财富分配的顶层设计,确保企业财富公平分配;给奋斗者尤其是超级奋斗者高收入,使员工在奋斗过程中获得物质和精神双幸福,从而不断攀登,享受事业和生活。

**优势薪酬:用领先薪酬和增量收入打好激励基础**

松下前高管小川守正在《穿越周期:实践松下幸之助的经营哲学》一书中介绍说:给员工高于同行的工资,是几十年以前松下就开始的做法。为了广纳贤才,在薪酬福利方面提供有吸引力的基础保障,吸纳新人,厚实人才根基,这就是优势薪酬。

优势薪酬一般包括五大方面:基本收入领先,员工不用愁吃愁穿;基础福利保障性好,工作体面;企业提供多样化的公平机会,激发员工的大向往；实施增量激励，每位员工都能创造增量收入，有拿大钱的机会；差异化的高级福利，激发员工的大可能。

对于奔亿、亿级和奔十亿企业来说，要做全国人才运营，在留住基层人才的基础上吸引优秀人才，优势薪酬是确保企业人丁兴旺的现实基础，要用优势薪酬和增量收入打好激励基础。

## 增量激励：用 BU 增量利润分享孵化作战单元

企业经营要有余量，不能满打满算、吃光用光，因此每年都要创造增量、多存粮食、备战备荒。鼓励员工超越历史、突破目标，多打粮食、多种优质品种，不打粮食就不分粮食，多打粮食就多分粮食，种优质品种的更要多分粮食。业绩高增量，则员工高收入，用 BU 增量利润分享来孵化作战单元，这是企业激励突破的第二个层次。

增量激励有很多方法：超标奖励，多超多奖；重大超越，重大奖励；重大突破，重大奖励；多种增量，多样奖励；论功行赏，功大赏多。高增量拿高收入，让奋斗者尤其是超级奋斗者发家致富。企业要在优势薪酬的基础上，在小核算单元、小作战单元层面塑造以奋斗者为本的攀登文化，激活一线员工小分队作战。

对于奔十亿、十亿级和奔百亿企业来说，增量激励是必然选择。

## 三高体系：用事业部增量利润分享锻造经营团队

制定高目标、创造高业绩、回报高收入，这是众所周知的华为三高体系（见图 5-28）。制定高目标，将企业使命落实到做企业战略，具体化、数字化；创造高业绩，这是目标实现的程度，也是担当责任的结果性评价；回报高收入，这是以奋斗者为本的三大途径之一，也是团队能力的结果性评价。

图 5-28　华为的三高体系

企业要用多元化激励措施，制定综合激励包，支撑战略目标按期达成，在事业部层面用增量利润分享锻造经营团队。

高目标来自于企业中期战略，大增量，求发展；高业绩是指作战队伍大担当、打胜仗；回报高收入，让高业绩作战队伍享受战果，获得大回报。这里的高收入既包括经济方面的，例如增量奖金、专项奖励、增量业务费、增量利润分享和多元化特殊津贴等现金奖励，甚至包括汽车、住房等大件实物奖励，也包括精神方面的，例如政治荣誉、进入内部和外部专家库、工作环境升级、快速晋升（贡献职务）、高级福利、培训等多样化机会。

综合激励包是打造三高体系常用的工具，第一个子包是由增量业务费、专项奖励、增量奖金构成的综合奖金包，第二个子包是增量利润分享，第三个子包是股权激励。

对于奔百亿、百亿级和奔千亿企业来说，综合激励包是企业为大业务板块（事业部）准备的一揽子多元化激励措施，是企业为实现战略性发展，基于财富公平和财富分配的顶层设计，向员工提供的一揽子激励方案和回报机会。

## 用多级股权激励让奋斗者发家致富

每个员工都要建设自己的家庭，创造人生物质财富和精神财富，员工希望收入以年为单位不断提高，在三年、五年、十年的长期坐标上，员工希望财富不断增长——财富自由是很多人的梦想。

从提高收入到股权激励，都旨在激发员工的财富动力。股权激励是企业发展到一定阶段回避不了的激励措施，也是激励突破的最高层次。

### 案例5-11 四级多期股权计划激励全球美的人，格力股权激励刚起步

用全球人创人类事业，股权激励在美的集团的跨量级发展中发挥了重大作用。美的的股权激励按四个级别（见图5-29）分期持续推出：面向全球合伙人的员工持股计划，面向事业合伙人的员工持股计划，面向BU事业伙伴的限制性股票激励计划，面向项目战斗团队的股票期权激励计划。

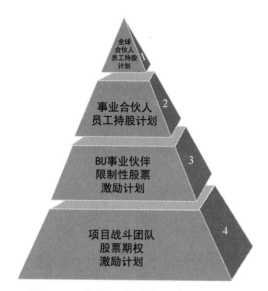

图 5-29　美的四级多期股权激励体系

美的的全球合伙人是企业一级合伙人，也就是集团核心高管，其中有不少外国人；事业合伙人是企业二级合伙人，也就是各业务核心高管；BU 事业伙伴是各业务单位高管；项目战斗团队则是中基层管理人员，也就是说，美的的股权激励计划覆盖到了一线核心骨干。

根据美的年报信息，2022 年美的四级股权激励计划由上至下已经分别进行到第七期、第四期、第五期和第八期。

2022 年 5 月 20 日晚，格力发布公告，调低第一期员工持股计划业绩考核指标○，同时推出第二期员工持股计划。对比之下，格力的股权激励起步晚、成熟度低，与美的形成鲜明对比。

○ "十万小股东懵了！格力电器任性下调股权激励业绩目标，未来业绩或不及预期"，壹零，新浪财经，2022 年 5 月 24 日。

在综合激励包中，股权激励是企业最高层次的员工激励，包括虚拟股票、股票增值权、限制性股票、股票期权和业绩股票五级。

L1——虚拟股票：员工享受分红和股价升值收益，企业支付现金、等值股票或两者相结合。

L2——股票增值权：员工享受股价升值收益，企业支付增值的现金或相应金额的企业股票。

L3——限制性股票：企业按预设条件授予员工企业股票，满足条件时员工可出售套现。

L4——股票期权：员工在规定时期内以预设价格购买企业流通股票。

L5——业绩股票：企业授予员工一定数量的股票，或员工提取奖励基金购买企业股票。

奔千亿、千亿级和奔万亿企业要创造资本增值，活用财富杠杆，让员工在社会高层次上经营家庭财富。为创造资本增值，企业要制定中期战略和发展目标，针对核心人才，在满足预设条件之后给予其部分股东权益——让奋斗者尤其是超级奋斗者发家致富，这是股权激励的直接目标。

对于大集团而言，国家级人才和世界级人才凭什么从其他大平台跳过来？对于小型企业来说，外部大人才凭什么从工作条件优越的大型企业、大机构跳出来加盟小团队？在今天和未来，中国企业在迈向全球的进程中，导入多级多期的股权激励才能实现全国人才运营和全球人才运营。

## 圆梦走天下，不断创造员工的人生满足

企业有组织梦想，员工有个人梦想。企业要逐步完善财富分配的顶层设计，实现财富公平，员工与企业由利益共同体迈上事业共同体，迈向命运共同体。

利益共同体：以企业经营为载体，全员共创价值、共享成果，企业以此激发员工财富动力，使其为经营目标贡献增量；短期利益兑现，多劳多得。

事业共同体：以事业为载体，共同奋斗、共创价值，共担风险、共享繁荣，保持一致的战略高度和经营思维，企业以此激发员工事业动力，使其为战略目标贡献增量；提高整体利益，分享利润。

命运共同体：以命运为载体，全员有共同的价值观，共同进退，相融共生，企业要给奋斗者尤其是超级奋斗者高收入，以此激发员工的人生动力；创造企业长期发展，让员工迈向财富自由之路。

建设员工与企业的三层次共同体，在价值取向上创造一致性，在作战行动上创造协同性，在财富分配上创造共生性，在战队锻造上打造共同体。

建设以奋斗者为本的攀登文化，激励突破是关键抓手，要用打江山、拓疆土的发展过程塑造团队的战斗精神，从以下五个方面塑造企业战斗军魂：神圣的使命感，非常清楚为谁而战；战场上的奉献精神，一切为了大目标；大无畏的勇气，敢于打大仗、打硬仗；战之必胜的自信，打胜仗的坚定；英雄主义，一往无前的精气神。

军魂是在战斗中铸就的团队精神，要用战斗精神升华企业文化，并将之代代传承，以此永葆企业青春。

## 文化升级：组织修为、身心健康、茁壮成长

伴随着企业的创业和发展，企业文化也自然形成，直到掌舵人文化觉醒，企业开始在组织层面主动建设企业文化：从精神文化到制度文化、物质文化，再到行为文化。随着时间的推移，企业文化也必然经历由企业家文化（老板文化）、团队文化再到组织文化的演变。在精神层面，企业文化必然从成功原点上升到经营哲学，从创业初心上升到天道经营，其根本的原因是组织的生命在危机中涅槃，组织的灵魂在九死一生中升华，经历大灾大难和历史风雨的洗礼，组织有了信仰。

文化建设就是组织修为，它使企业思想成熟、境界升华，身心健康、茁壮成长。从创业，到营收过亿、破十、越百、进千，企业穿越周期、走向百年，其文化建设一般都会走过五大阶段：铸就灵魂、学会思考、升华思想、追求健康和修炼长寿之道。

### 铸就灵魂：萃取精神文化，让企业有灵魂

企业文化建设首先要建设企业的精神文化体系，包括核心价值观、经营宗旨、使命、愿景、思考方法和行为准则（包括红线机制）。从精神到行为，企业精神文化体系让组织有灵魂、员工日常工作有指引。

企业的精神文化从哪里来？它是从已有的创业和发展历程中萃取的，这可是脑力活儿加体力活儿，既需要活用方法工具，也需要洞察思想和发现本质。萃取精神文化，赋予企业灵魂，在初期的企业文化建设中，每个企业都需要外部文化导师启智点拨。

企业要 BU 化（化小经营单元）、活力化，尽早开启文化建设，及时进行文化升级。企业要对员工常态化地开展事业观和工作观教育，赋予普通的工作以不平凡的意义，强化每位员工的风险意识。为什么企业要设红线、建红线机制？因为企业要确保每位员工不踩坑、不触雷，企业文化建设让战斗队伍越来越纯洁。

在时代巨变中前行，没有随随便便的成功，长期经营必遇危机，危机感和奋斗精神是企业文化不可或缺的两大元素。"不出汗赚来的钱不是财富"。日本长寿企业普遍有家训、社训等组织戒律。企业文化不仅仅是成功之道，更是不死之道，企业要用企业文化确保战略基本正确，尤其是在重大危机、重大决策时绝对不能投机、侥幸和自私，绝对不能犯大错。

## 学会思考：从企业家文化升级到团队文化

随着经营时间变长，经营边界和人员规模逐步扩大。企业在营收跨量级发展的同时，也要及时加强总部职能建设。企业文化是总部职能的重点之一，尤其要重视建设奋斗者文化。

创业开启奋斗之旅，发展是奋斗之路，创业者的价值观、世界观和人生观是企业文化的源泉，要从掌舵人在重大事件、大是大非时的思考原点，发现企业文化基因，甚至将其上升到经营哲学，代代传承，从而使组织生生不息。

左手危机感，右手奋斗精神。企业要永续经营，只有危机感是不够的，在企业文化的指引下，企业一定要建立风险管理机制，包括战略风险管理机制、业务风险管理机制和危机管理机制（见图 5-30）。

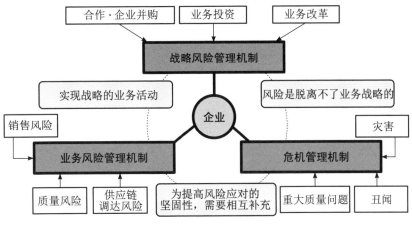

图 5-30 完整的企业风险管理机制

人类经历了农业经济、工业经济和服务经济，现在开启了数字经济。10年、20年、50年、100年，企业要在历史浪潮中长期活下去，必然要导入创新的业务，改革老化的组织，摒弃过时的观念，剔除过时的文化。

导入危机感，塑造变革文化，企业文化不只要传承，还要创新。企业要在精神文化中明确宣告"创新""变革"，从企业家文化升级为一代又一代的团队文化。

### 升华思想：从团队文化升级到组织文化

物竞天择，企业基因要持续进化。

松下幸之助很早就说过：企业是社会的公器。也就是说，在本质上企业是属于社会的，企业的所有权只是暂时记录在企业家名下，因为企业所有的经营资源都来自社会，不论是员工、客户、供应商还是资金、土地，甚至企业家本人都是属于社会的。国企更不能忘记自身还有国家属性。

服务大众，推动社会进步，贡献于国家发展，确保国家安全和国家利益，是企业经营的重大责任。忘记了这一点，企业家就可能在大是大非面前犯错误，尤其是可能在企业上市或者营收突破千亿迈向万亿的过程中得意忘形，乐极生悲。

企业家的最终责任是将一个具有健康持续发展机制的企业交还给社会。因此，企业文化必须有国家格局，产业报国是基本情怀，精神文化要持续升级，要用文化使企业成熟。

## 追求健康：升级企业文化，完善企业治理

跟人一样，企业要长寿就要身心健康、充满活力，其最大的考验是在极端环境下生存下去，因此企业需要有顽强的生命力。企业经营就像跑马拉松，长寿是唯一的胜出标准，要保障企业的长寿就要从危机管理上升到企业治理。

做企业，只有民族自豪感是不够的。不管世界政经格局如何变化，人类都是命运共同体。在全球化时代企业必然迈向国际化经营，企业文化必须超越国家格局，企业必须有人类观，即对于人类的基本认知，对于人类与自然的基本观点。

国际化企业（跨国企业）是跨国界经营的，甚至是无国界经营的。企业要在国际市场经营下去，就要以造福全球人作为企业经营最高层

面的大义，这也是无国界经营的基石。

松下的企业文化当中有著名的七精神，第一就是产业报国的精神。与一般人的理解不同，此处"产业报国"的"国"并不是专指日本，而是指所在的国家，也就是说松下的子公司一定要贡献于所在国家的发展，受到当地社会的欢迎。

伟大的企业家都是思想家、哲学家，只有把对人类的大爱融入企业文化，不偏执、不狭隘，用文化保持企业身心健康，企业才能融入全球经济主场，与各国人民、各民族员工共同服务当地社会、报效所在国家、贡献于人类进步和地球可持续发展。

## 修炼长寿之道：思考经营哲学，构建企业经营方法论

企业文化最终都将迈上经营哲学的高度，只有经营哲学才能解决企业经营与人、社会、地球和宇宙的关系问题。

广义的经营哲学包含企业文化，狭义的经营哲学则是指基于人类观和宇宙观的最高经营原则。京瓷哲学强调"敬天爱人"，松下幸之助强调"遵循自然天地之理法"，日本关西商人则将"天道经营"作为最高准则，这些都超越了社会、国家和民族，上升到了人类和宇宙的高度，用最深邃、最长远的眼光确立企业经营最底层的根基。

从现实来看，以华为为代表，目前中国企业的经营哲学正在形成当中，即将破壳而出。华为作为企业公民，面对非经济因素的巨大挑战，其思考和应对堪称有大格局、大风范。华为用超越国家和民族的格局、人类大爱，引领全体员工正确、恰当地应对这场关乎企业生死

存亡的大危机，充分显示了世界级企业的坦荡和担当。

"一杯咖啡吸收宇宙能量"；"真心诚意磨好豆腐"服务好客户；"力出一孔，利出一孔"；"一切为了多打粮食，一切为了胜利"和"增加土地肥力"；吃着碗里的，做着锅里的，想着地里的；在攀登珠峰的路上沿途下蛋；丛林生存，活下去就是硬道理。这些都体现了华为的经营哲学。

华为认为全人类的命运紧紧地维系在一起，没有谁能独善其身，因此它将"开放、合作、共赢"作为自己的发展理念。华为的愿景与使命是把数字世界带入每个人、每个家庭、每个组织，构建万物互联的智能世界。

无数企业家和职业经理人从华为的经营中汲取营养，感到豁然开朗、醍醐灌顶。我们相信，随着时间推移，华为的经营哲学会被不断萃取和升华。2017年11月，参加第26届中外管理官产学恳谈会的松下（中国）前总裁木元哲说："如果未来有'中国式管理'，华为应该是原型之一。"

将人类和宇宙高度的经营哲学转化为企业的精神文化，通过制度文化和物质文化，最终将其建设为全员的行为文化，从而创造有生命力的跨国企业。

完整的企业理论由上往下应该包括四大层次：最底层次是人性理解，用文化和机制激发员工活力，确保组织肌体健康、青春、蓬勃、有力量；第二层次是管理思想，指引企业在战略层面正确思考、确保方向基本正确；第三层次是管理方法，企业在经营过程中正确地行动、提高经营质量；最高层次是经营哲学，确保企业正确地经营、穿越历史风云，实现可持续发展。

人类哲学有三问：我是谁？我从哪里来？我到哪里去？哲学研究宇宙的性质、人在宇宙中的位置等最基本的问题，是关于世界观的一整套理论体系，是具有严密逻辑系统的宇宙观。同样，企业哲学也有三问：企业是谁？企业从哪里来？企业要到哪里去？企业也需要有正确的世界观、人类观和宇宙观，只有这样才能不犯大的错误，才能不夭折，才能长寿经营。所以，经营哲学要研究：企业的本质是什么？企业发展的根本规律是什么？企业的思维与存在的根本关系如何？基于经营哲学形成企业经营的方法论，直接指引企业处理环境关系，直接指引企业正确地经营、不犯大的错误，直接指引企业化解危机、迈向可持续发展。

## 案例 5-12　松下幸之助：经营哲学的提出者、思考者和倡导者

企业文化作为管理学理论，源于美国专家学者对松下的研究，"经营哲学"这个词是松下幸之助首先提出来的。

卓越的经营实践孕育卓越的企业家，思考的企业家创造卓越的经验实践。松下幸之助有明确的经营哲学，他用一生的时间把松下做成了世界级企业，被誉为"经营之神"。企业是社会的公器，企业来自社会、属于社会。企业为了贡献于社会而创立——大义经营：以义取利，先义后利，无义不利，义利合一，这应该是企业的初心。企业要回归社会、永续经营下去——天道经营：遵循自然天地之理，"不易流行"⊖（传承＋创新）。

---

⊖ "不易流行"的思想来自《易经》："易"是变化的意思，不易就是要坚守、要传承；流行就是要顺势而为，要创新。

基于创始人的世界观、人类观和宇宙观所形成的正确的经营哲学，要揭示企业的本质、经营的本质和办企业的真正目的，这是企业安身立命的根本。松下幸之助有很多一听就懂的松下语言，如"水库式经营""自来水哲学""下雨就打伞"等。而很多日本经营哲学都浸染了中国儒家、佛教和易经文化。

跨量级发展没有一招制胜的秘籍，企业经营是系统工程，其根本是建设组织力、缔造生命力。

不论是要实现过亿小目标，还是踏上破十新征程、参加越百大战役乃至千亿大决战、迈向万亿长征路，企业都需要战略驱动、资本助飞，建设组织、人才、营销、制造、降本、科技、品牌和数字化八大硬实力，强化激励和文化两大软实力，在十二个维度上实现增量突破，支撑营收、地位和市值的跨量级发展。

不管在跨量级发展的道路上是否成功，即便企业因为经营不善而破产、关闭，只要在经营过程中没有发黑心财、做恶毒事，创业者、掌舵人和经营者都是值得尊敬的，他们服务客户、产业报国、贡献于人类，在人生征途上写下了极有意义的光辉篇章。

## 后 记

"世上无难事,只要肯登攀。"这是毛泽东在《水调歌头·重上井冈山》中写下的诗句。人们反复引用它,使它成了传诵最多、影响最广的名句之一。

之前,华耐家居董事长贾锋一度对王石攀登珠穆朗玛峰的行为表示不理解。一次他从四姑娘山下来,似乎明白了:"中国的企业家在物质财富达到一定程度之后,就会处于比较迷茫的阶段,会迷失方向。这时候就会出现分化,或沉溺于古董、收藏,或热衷于奢侈品牌,而王石的登山行为,则是一种新的方式,通过磨砺意志和精神,提升气质,追求新的生活。我认为这是最进取的企业家的代表!"

是的,所谓强者,就是能战胜所有困难的人。人人向往富裕与安定的生活,但不应因此降低精神品质。回首曾经的岁月,我们常常被前辈们大无畏的气概所震撼——他们不为一己得失而失魂落魄,他们在不断寻找更高的山峰,他们坚信一定可以征服它。还有什么能比"世上无难事,只要肯登攀"更好地概括这种精神呢?"多少事,从来急;天地转,光阴迫。一万年太久,只争朝夕。"难怪他们能创造出无数个第一。

用今天的眼光看，1960年中国登山队那次珠穆朗玛峰登顶成功堪称奇迹。正因为如此，它成为那个时代的精神地标，曾激励着千千万万的人。感谢《攀登者》将这段传奇搬上银幕，留下了宝贵的集体记忆。一个民族理应牢记曾创造过的那些奇迹，因为在奇迹的背后，是人类的勇气、忠诚、热爱与奉献。不论时代如何变化，我们都有义务将这些精神财富传承下去。

且让我们，继续登攀，创造增量突破，实现跨量级发展！

| 附 录 |

# 案例清单

案例 1-1　富耐克走出徘徊跌宕　　4

案例 1-2　泰豪科技的两次爬坡　　6

案例 1-3　某建材企业的十亿爬坡路　　8

案例 1-4　五家"大而强"的日本隐形冠军企业　　15

案例 1-5　美国通用电气公司：万亿经济王国的分拆决断　　22

案例 1-6　双童吸管：隐形冠军企业为什么不再只做吸管　　29

案例 1-7　亿纬锂能营收与市值推移对照　　32

案例 1-8　三家奔万亿企业的海外营收占比　　35

案例 1-9　三一是龙头企业、国家级企业还是世界级企业　　43

案例 2-1　中集集团："饿"出来的世界级企业　　56

案例 2-2　橡果美健：从减肥业务到美健事业　　58

案例 2-3　中集集团的"世界级"愿景实现了吗　　61

案例 2-4　产融平衡：通用电气去金融化　　74

案例 2-5　事业部制支撑美的突破百亿　　85

案例 2-6　美的也做金融业务　　90

案例 2-7　从你教人才怎么做，到人才教你怎么做　96

案例 2-8　为什么奔百亿、进千亿民企喜欢用美的战将　99

案例 3-1　唐人神千亿工程　104

案例 3-2　通用电气、松下、华为的万亿长征路　108

案例 3-3　亿纬锂能、广州酒家，跟海底捞、老干妈有什么不同　110

案例 3-4　四家企业：中小型企业如何过亿奔十亿　113

案例 3-5　利元亨：小型企业用什么招数行走江湖　129

案例 3-6　瑞松科技：专精特新"小巨人"是怎么长成的　131

案例 3-7　温氏、牧原和海大三大龙头企业的三年对比　135

案例 3-8　六年营收从6亿元到10亿元，为什么利润却接近地平线　143

案例 3-9　温氏、牧原和海大三大龙头企业的"秘籍"　152

案例 3-10　上榜和落榜：中国动力电池企业装车量TOP 10两年变化　161

案例 3-11　春兰集团：从崛起到风光不再　164

案例 3-12　奔百亿多氟多：高平台拉动大人才，大人才拉动大发展　167

案例 3-13　在量级坐标中判断：美的、海尔和格力有什么差别　172

案例 3-14　营收十亿级的瑞德智能与奔十亿的松井股份，谁更厉害　174

案例 3-15　瑞松科技：从技术盘点到技术开发规划　178

案例 4-1　美的和格力"恩怨将了"　189

案例 4-2　欧派：一家用数字目标拉着跑的企业　　197

案例 4-3　江小白：全产业链经营开启奔百亿征程　　200

案例 4-4　动不动就要翻番：松下吹过的牛都实现了吗　　205

案例 4-5　松下手提电脑的专精特新之路　　211

案例 4-6　京瓷：在松下"欺负"下壮大　　230

案例 4-7　利元亨：两颗冠军种子支撑高速增长　　233

案例 4-8　红罐王老吉：从亿级单品到冠军单品再到单品龙头之路　　242

案例 4-9　西顿照明：从细分市场冠军单品开启破十奔百之路　　244

案例 4-10　汇川技术：打造冠军单品族，迈向品类龙头　　252

案例 4-11　三一重工：建设全国品牌，赋能营收越百亿　　256

案例 4-12　千亿三一重工：工程机械龙头企业向多产业拓展　　260

案例 4-13　三一腾飞：由全国领导品牌迈向国际化品牌　　266

案例 4-14　2011年就开始了：美的为什么要进军生物医疗　　269

案例 4-15　创业第10年就进入世界500强：小米为什么长这么快　　275

案例 4-16　提早布局海外，广场协议激活松下马来西亚出口基地　　283

案例 5-1　日本日清纺：每过若干年就发生一次巨大变化　　291

案例 5-2　爱尔眼科：从30亿元到3000亿元的资本驱动幸运儿　　305

案例 5-3　资本运营：奔万亿美的跨量级发展和向科技集团转型的关键能力　310

案例 5-4　东呈集团：金融业务护航，企业逆势增长　312

案例 5-5　中集集团：金融业务助力多产业拓展　315

案例 5-6　从松下的逆算营销看一体化团队作战　325

案例 5-7　苹果公司：一家地地道道的制造企业　328

案例 5-8　用软件替代硬件：通用医疗进军中国农村市场　337

案例 5-9　奔万亿马士基：数字化创造新价值　350

案例 5-10　南方航空持续推进数字化　351

案例 5-11　四级多期股权计划激励全球美的人，格力股权激励刚起步　357

案例 5-12　松下幸之助：经营哲学的提出者、思考者和倡导者　367